파이썬
GUI
프로그래밍
쿡북 3/e

파이썬 GUI

GUI

프로그래밍

쿡북 3/e

Tkinter, PyQt5를 활용한
반응형 사용자 인터페이스 개발

김동호 옮김
부르크하르트 메이어 지음

i!i
에이콘

옮긴이 소개

김동호(histerhaack@gmail.com)

PC 통신 시절부터 인터넷으로 전환되는 시점까지 개발자로서 패러다임의 흥망성쇠를 겪으며 10년이 넘는 시간을 보냈다. 돌아보니 C부터 시작해 인기 있던 스크립트 언어들까지 참으로 넓고도 얄팍한 삶을 살아왔다는 생각도 든다. 지금은 개발자로서의 시간을 보내고 있지 않지만 혹시 대박의 기회가 생기지 않을까 하는 생각에 여전히 곁눈질만 하고 있는 게으른 직장인이다. 개발 환경은 점점 편해지고, 툴의 생산성은 점점 높아져 감에 혹시나 하면서 말이다.

옮긴이의 말

2판의 인기에 힘입어 새롭게 출간되는 3판의 번역을 맡게 됐다. 자바스크립트를 포함해 데스크탑용 GUI 프로그램을 만들 수 있는 다양한 플랫폼이 존재함에도 이 책의 3판이 나올 수 있었던 것은 파이썬이라는 언어의 인기와 무관하지 않을 것이다.

2판에서 부족했거나 오류가 있었던 부분이 수정됐고 Tkinter와 함께 가장 인기 있는 GUI 프레임워크인 PyQT 관련된 내용이 새롭게 추가됐다.

Tkinter와 같은 내장 모듈의 아쉬운 부분을 채워주고 강력한 PyQT를 통해 좀 더 미려하고 전문적인 데스크탑용 애플리케이션을 개발할 수 있을 것이다. 현실에서는 많은 서비스가 웹 서비스 형태로 제공되고 있지만, 여전히 데스크톱 환경에서의 애플리케이션이 필요한 분야도 존재한다. 이 책으로 업무에 필요한 다양한 툴이 더 쉽게 개발돼 업무 자동화 및 비즈니스용 툴이 많이 나왔으면 하는 바람이다.

지은이 소개

부르크하르트 메이어^{Burkhard Meier}

소프트웨어 산업에서 소프트웨어 테스터 및 개발자, 소프트웨어 테스트 자동화 개발, 실행과 분석을 전문으로 19년 이상의 경력이 있다. 파이썬 3 소프트웨어 테스트 자동화 개발과 SQL 관계형 데이터베이스 관리, 저장 프로시저 개발, 디버깅 코드에 능숙하다. InfoGenesis(현재 Agilysys), QAD, InTouch Health 및 FLIR Systems의 선임 테스트 자동화 엔지니어 및 디자이너로 일하고 있다. 링크드인(https://www.linkedin.com/pub/burkhard-meier/5/246/296)을 통해 연락할 수 있다. 지난 3년 동안 팩트출판사에서 파이썬 관련 여러 비디오 과정을 개발했으며, 최신 과정은 파이썬을 사용한 객체지향 프로그래밍 마스터링이다.

레오나르도 다 빈치^{Leonardo da Vinci}, 샤를 보들레르^{Charles Baudelaire}, 에드거 앨런 포^{Edgar Allan Poe}와 같은 진정한 위대한 예술가들에게 감사드린다. 이 책은 파이썬 프로그래밍 언어로 작성된 매우 아름다운 GUI를 만드는 것에 관한 것으로, 이 위대한 예술가들로부터 영감을 얻었다.

이 책을 만든 위대한 사람들 모두에게 감사드리고 싶다. 여러분이 없었다면 이 책은 제 마음속에만 있었을 것이다. 팩트출판사의 모든 편집자들에게 감사드린다. 아누락^{Anurag}, 프라샨트^{Prashant}, 비벡^{Vivek}, 아르와^{Arwa}, 수미트^{Sumeet}, 사우라브^{Saurabh}, 프라모드^{Pramod}, 닉힐^{Nikhil}, 케탄^{Ketan} 등등. 이 책의 코드를 검토한 모든 분들에게도 감사드린다. 그들 없이는 이 책을 읽고 실제 문제를 적용하는 것이 더 어려웠을 것이다. 마지막으로 이 책의 2판과 3판을 쓰는 동안 지원해준 아내, 딸, 부모님께 감사드린다. 또한 진정으로 매우 아름답고 강력한 프로그래밍 언어 파이썬의 창시자에게 감사드린다. 고마워요, 귀도.

기술 감수자 소개

모리스 HT 링 Maurice HT Ling

페르다나대학교 데이터과학 분야의 연구 조교수다. 2004년 호주 멜버른대학교에서 분자 및 세포 생물학 BScHons를, 2007년 영국 포츠머스대학교에서 컴퓨팅 학사학위를 취득한 후 박사학위를 취득했다. 2009년 호주 멜버른대학교에서 생물 정보학 박사학위를 받았다. 파이썬 사용자 그룹(싱가포르)을 공동 설립했으며 아시아 태평양 파이콘을 전 세계 3대 파이썬 콘퍼런스 중 하나로 출범시키는 데 큰 역할을 했다. 여가 시간에 독서, 커피 한잔, 개인 일기에 글을 쓰고 삶의 다양한 측면에 관해 철학하기를 좋아한다.

라울 센지 Rahul Shendge

인도 푸네대학교에서 컴퓨터공학 학사학위를 받았으며 여러 기술에서 인증을 받았다. 오픈소스 마니아이며 소프트웨어 엔지니어 수석으로 일하고 있다. 금융, 의료, 교육을 포함한 여러 분야에서 일했다. 클라우드 및 머신러닝을 통한 거래 알고리즘 설계에 관한 실무 경험이 있다. 끊임없이 기술적인 참신함을 탐구하고 있으며 열린 마음으로 새로운 기술을 배우고자 한다. 고객이 각자의 영역에서 분석을 사용해 가치 있는 비즈니스 결정을 내리도록 돕는 데 열정적이다. 주요 관심사는 데이터 분석 솔루션을 연구하고 탐색하는 것이다.

에이콘출판의 기틀을 마련하신 故 정완재 선생님 (1935-2004)

차례

들어가며

3판에서는 파이썬 프로그래밍 언어를 사용해 아름다운 그래픽 사용자 인터페이스GUI 세계를 살펴본다. 최신 버전의 파이썬 3를 사용하며 파이써닉하지 않은 오래된 OpenGL 라이브러리를 제외하고는 첫 번째, 두 번째 버전의 모든 레시피가 포함돼 있다.

3판에는 완전히 새로운 장을 추가했으며, 스타일을 극적으로 변경해 더 많은 레시피를 제공했다. 이를 통해 실제 프로그래밍 상황에 레시피를 더 쉽게 적용해 테스트하고 작동하는 솔루션을 제공할 수 있기를 바란다.

이 책은 프로그래밍 쿡북이다. 모든 장은 자체적으로 구성된 특정 프로그래밍 솔루션을 설명한다. 간단하게 시작해 여러 단계를 거쳐 파이썬 3로 작성된 애플리케이션을 만든다. 각 레시피는 이 애플리케이션의 구축을 확장한다. 이 과정에서 네트워크, 큐, 데이터베이스, PyQt5 그래픽 라이브러리 및 기타 여러 기술에 대해 이야기한다. 디자인 패턴을 적용하고 모범 사례를 사용한다.

파이썬 프로그래밍 언어에 약간의 경험이 있다고 가정했지만, 필수적인 건 아니다. 이 책은 파이썬 프로그래머가 되고 싶다면 파이썬 프로그래밍 언어에 대한 입문서로도 사용할 수 있다.

다른 언어에 숙련된 개발자라면 도구 상자에 파이썬으로 GUI 개발 능력을 추가해 전문적인 도구 상자를 확장하는 재미있는 시간을 가질 수 있다.

이 책의 대상 독자

GUI를 개발하려는 프로그래머를 대상으로 한다. 파이썬 프로그래밍 언어를 사용해 아름답고 기능적이며 강력한 GUI를 개발할 수 있는 것에 놀랄 수 있다. 파이썬은 훌륭하고 직관적인 프로그래밍 언어이며 매우 배우기 쉽다.

이 책의 구성

1장, GUI 폼 만들기 및 위젯 추가하기 파이썬에서 첫 번째 GUI를 개발하는 방법을 설명한다. 실행 중인 GUI 애플리케이션을 빌드하는 데 필요한 최소 코드부터 시작한다. 그런 다음 각 레시피는 GUI에 여러 위젯을 추가한다.

2장, 레이아웃 관리 파이썬 GUI를 만들기 위해 위젯을 정렬하는 방법을 설명한다. 그리드 레이아웃 관리자는 사용할 tkinter에 내장된 가장 중요한 레이아웃 도구 중 하나다.

3장, 사용자 정의 룩앤필 좋은 룩앤필의 GUI를 만드는 방법에 관한 몇 가지 예를 보여준다. 실용적인 수준에서 레시피에서 만든 Help > About 메뉴 항목에 기능을 추가한다.

4장, 데이터 및 클래스 GUI에 표시되는 데이터를 저장하는 방법에 관해 설명한다. 파이썬의 내장 기능을 확장하기 위해 객체지향 프로그래밍OOP을 사용할 것이다.

5장, Matplotlib 차트 시각적으로 데이터를 표현하는 아름다운 차트를 만드는 방법을 설명한다. 데이터 소스의 형식에 따라 동일한 차트 내에 하나 또는 여러 개의 데이터 열을 그릴 수 있다.

6장, 스레드와 네트워킹 스레드, 대기열 및 네트워크 연결을 사용해 파이썬 GUI의 기능을 확장하는 방법을 설명한다. GUI가 사용자 PC의 지역 범위에 전혀 제한되지 않는다는 것을 보여줄 것이다.

7장, GUI를 통해 MySQL 데이터베이스에 데이터 저장하기 MySQL 데이터베이스 서버에 연결하는 방법을 보여준다. 7장의 첫 번째 레시피에서는 무료 MySQL 서버 커뮤니티 에디션을 설치하는 방법을 알려주며 다음 레시피에서는 데이터베이스, 테이블을 생성한 다음 해당 데이터를 로드하고 이러한 데이터를 수정할 것이다. 또한 MySQL 서버에서 나온 데이터를 GUI로 읽어 들일 것이다.

8장, 국제화 및 테스트 라벨, 버튼, 탭 및 기타 위젯을 다른 언어로 표시해 GUI를 국제화하는 방법을 설명한다. 간단히 시작해 설계 단계에서 국제화를 위한 GUI를 준비할 수 있는 방법을 살펴볼 것이다. 또한 파이썬의 내장된 유닛 테스팅 프레임워크를 사용해 GUI를 자동 테스트하는 몇 가지 방법을 살펴볼 것이다.

9장, wxPython 라이브러리로 GUI 확장하기 현재 파이썬과 함께 제공되지 않는 다른 파이썬 GUI 툴킷을 소개한다. wxPython이라고 하며 파이썬 3에서 잘 동작하도록 디자인된 피닉스 버전의 wxPython을 사용할 것이다.

10장, PyQt5로 GUI 만들기 멋진 PyQt5 GUI 프로그래밍 프레임워크를 사용하는 방법을 보여준다. 테슬라는 이를 사용해 GUI 소프트웨어를 구축하며, 10장에서는 C++를 기반으로 구축된 Qt5와 파이썬 바인딩을 사용해 드래그 앤 드롭 IDE GUI 개발의 멋진 세계를 살펴본다. 파이썬 GUI 개발에 대해 진지하게 알고 싶다면 tkinter와 함께 10장을 공부해야 한다.

11장, 베스트 프랙티스 GUI를 효율적으로 작성하고 유지보수 가능하고 확장 가능한 GUI를 유지하는 데 도움이 되는 다양한 베스트 프랙티스에 관해 살펴본다. 모범 사례는 모든 훌륭한 코드에 적용할 수 있으며 훌륭한 소프트웨어 실무를 설계하고 구현하는 데는 GUI도 예외가 아니다.

이 책의 활용 방법

이 책의 내용을 최적으로 사용하려면 다음 사항에 유의하자.

- 모든 레시피는 64비트 윈도우 10에서 파이썬 3.7로 개발됐다. 다른 환경에서는 테스트되지 않았다. 파이썬은 크로스플랫폼 언어이므로 각 레시피의 코드는 어디에서 실행될 거라 생각한다.
- 맥을 사용한다면 내장된 파이썬이 있겠지만, 이 책 전체에 사용되는 tkinter 같은 몇몇 모듈은 없을 수도 있다.
- 파이썬 3.7을 사용하며, 파이썬 창시자는 의도적으로 파이썬 2와 하위 호환이 되

지 않도록 했다. 여러분이 맥이나 파이썬 2를 사용한다면 레시피들을 성공적으로 실행하기 위해 파이썬 사이트(www.python.org)에서 파이썬 3.7을 설치해야 한다.

- 코드들을 파이썬 2.7에서 실행하길 원한다면 몇 가지 조정을 해야 한다. 예를 들면 파이썬 2.x 버전에서의 tkinter는 T가 대문자다. 파이썬 2.7에서 print 구문은 파이썬 3.7에서는 함수이며, 괄호가 필요하다.
- 파이썬 2.x의 브랜치 수명은 2020년까지 연장돼지만 파이썬 3.7 이상을 사용하길 강력히 추천한다.
- 불필요하게 과거에 집착하지 말자. 다음은 파이썬 2의 EOL에 언급된 파이썬 강화 제안[PEP] 373의 링크(https://www.python.org/dev/peps/pep-0373/)다.

예제 코드 다운로드

이 책에서 사용된 예제 코드는 http://www.packt.com의 계정에서 다운로드할 수 있다. 이 책을 다른 곳에서 구입한 경우 http://www.packtpub.com/support를 방문해 등록하면 파일을 이메일로 받아 볼 수 있다.

또한 깃허브 https://github.com/PacktPublishing/Python-GUI-Programming-Cookbook-third-Edition에서도 예제 코드를 다운로드할 수 있으며, 에이콘출판사의 도서정보 페이지인 http://www.acornpub.co.kr/book/python-gui-3e에서도 동일한 예제 코드를 다운로드할 수 있다.

컬러 이미지 다운로드

이 책에서 사용된 스크린샷/다이어그램의 컬러 이미지를 포함하고 있는 PDF 파일을 제공한다. 컬러 이미지를 보면 내용을 이해하는 데 도움이 될 것이다. https://static.packt-cdn.com/downloads/9781838827540_ColorImages.pdf에서 해당 파일을 다운로드할 수 있다.

편집 규약

독자의 이해를 돕고자 다루는 정보에 따라 글꼴 스타일을 다르게 적용했다. 화면에 나타난 단어나 메뉴 또는 대화창에 나온 단어는 다음과 같이 표시한다.

문장과 같이 있는 코드: 문장 안에 있는 코드 단어, 데이터베이스 테이블 이름, 폴더 이름, 파일 이름, 파일 확장자, 경로 이름, 더미 URL, 유저 입력, 트위터 핸들 같은 것들을 말한다. 다음과 같은 예제와 같이 표기된다. "다음은 이 장의 Python 모듈(.py 확장자로 끝남)에 대한 개요다."

코드 블록은 다음과 같다.

```
action = ttk.Button(win, text="Click Me!", command=click_me)
action.grid(column=2, row=1)
```

명령행 입력 또는 출력은 다음과 같다.

```
pip install pyqt5
```

굵은 글씨: 새로운 용어나 중요한 단어, 화면에 보이는 단어를 의미한다. 예를 들어 메뉴의 이름이나 팝업창에 뜨는 텍스트 등이다. 예제: "**File** 메뉴를 클릭한 다음 **New**를 클릭한다."

 주의 사항이나 중요한 노트는 이렇게 표시한다.

 팁이나 유용한 방법은 이렇게 표시한다.

18

절

이 책에는 자주 나타나는 여러 제목(시작하기, 실행 방법, 동작 원리, 추가 사항 및 참고 항목)이 있다. 레시피를 완료하는 방법에 관한 명확한 지침을 제공하려면 다음 절을 사용한다.

시작하기

이 절에서는 레시피에서 예상할 수 있는 사항을 설명하고 레시피에 필요한 소프트웨어 또는 예비 설정을 하는 방법을 설명한다.

실행 방법

레시피를 따르는 데 필요한 단계가 포함돼 있다.

동작 원리

일반적으로 이전 절에서 발생한 일에 대한 자세한 설명으로 구성된다.

추가 사항

레시피에 관해 더 잘 알 수 있도록 관련 추가 정보로 구성돼 있다.

참고 항목

레시피에 대한 다른 유용한 정보에 관한 링크를 제공한다.

고객 지원

오탈자

콘텐츠의 정확성을 위해 모든 노력을 기울였음에도 실수가 있을 수 있다. 이 책의 오류를 발견하고 전달해준다면 매우 감사할 것이다. https://www.packtpub.com/submiterrata에서 해당하는 도서명을 선택한 다음 정오표 제출 양식 링크를 클릭해 상세 정보를 입력하면 된다.

한국어판의 정오표는 에이콘출판사의 도서정보 페이지 http://www.acornpub.co.kr/book/python-gui-3e에서 찾아볼 수 있다.

저작권 침해

인터넷상에서 어떤 형태로든 당사 저작물의 불법적 사본을 발견한 경우, 해당 자료의 링크 또는 웹사이트 이름을 제공해주면 감사하겠다. 해당 자료의 링크를 포함해 copyright@packtpub.com으로 이메일을 보내주길 바란다.

문의 사항

이 책에 관한 질문은 questions@packtpub.com으로 하길 바라며, 팩트출판사는 문제 해결을 위해 최선을 다할 것이다. 한국어판에 관한 질문은 이 책의 옮긴이의 이메일이나 에이콘출판사 편집 팀(editor@acornpub.co.kr)으로 문의해주길 바란다.

1
GUI 폼 만들기와
위젯 추가하기

1장에서는 파이썬으로 첫 GUI 프로그램을 개발한다. 실행되는 GUI 애플리케이션을 빌드하기 위해 필요한 최소한의 코드로 시작한다. 이후 각 레시피에서 GUI 폼에 다른 위젯들을 추가한다. tkinter GUI 툴킷을 사용해 시작한다.

 tkinter는 파이썬에 들어 있다. 파이썬 3.7 이상을 설치하면 따로 설치가 필요 없다. tkinter GUI 툴킷을 사용해 파이썬으로 GUI 코드를 작성할 수 있다.

오래된 DOS 명령 프롬프트의 세계는 오래전에 구식이 됐다. 일부 개발자들은 여전히 이런 방식의 개발 작업을 좋아한다. 프로그램의 최종 사용자는 더욱 현대적이고 보기 좋은 GUI를 기대한다. 이 책에서는 파이썬 프로그래밍 언어를 사용해 GUI를 개발하는 방법을 배운다.

최소한의 코드로 시작하면 tkinter 및 파이썬으로 작성된 모든 GUI 패턴을 볼 수 있다. 먼저 import문이 나오고 이어서 tkinter 클래스를 생성한다. 그런 다음 메서드를 호출하고 속성을 변경할 수 있다. 마지막에는 항상 윈도우 이벤트 루프를 호출한다. 이제 코드를 실행할 수 있다. 가장 간단한 코드에서 진행해 다음 레시피마다 점점 더 많은 기능을 추가하고 다양한 위젯 컨트롤과 속성 변경 및 검색 방법을 소개한다.

첫 두 개의 레시피는 단지 몇 라인으로 구성된 전체 코드를 보여준다. 그다음 레시피에서는 이전 레시피에 추가된 코드를 보여준다. 그렇지 않으면 책이 너무 길어지고, 같은 코드를 계속 보는 건 지루하기 때문이다.

직접 코드를 입력할 시간이 없다면 전체 책의 모든 코드를 웹사이트(https://github.com/PacktPublishing/Python-GUI-Programming-Cookbook-Third-Edition)에서 다운로드할 수 있다.

각 장의 시작 부분에서 각 장에서 해당하는 파이썬 모듈을 알려줄 것이다. 그다음 표시된 코드에 속한 다른 모듈을 참조하고 학습하고 실행한다.

1장의 마지막에서는 라벨, 버튼, 텍스트박스, 콤보박스, 다양한 상태의 체크 버튼과 GUI 배경색을 변경하는 라디오 버튼으로 구성된 동작하는 GUI 애플리케이션을 만든다.

1장을 위한 파이썬 모듈의 개요는 다음과 같다.

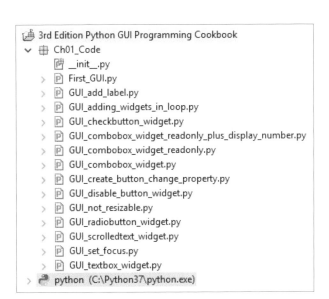

1장에서는 파이썬 3.7 이상을 사용해 놀랄 만한 GUI를 만들어본다. 다음 주제들을 다룬다.

- 첫 파이썬 GUI 만들기
- GUI 크기 조정 방지하기
- GUI 폼에 라벨 추가하기
- 버튼 생성 및 텍스트 속성 변경하기
- 텍스트박스 위젯 생성하기
- 위젯에 포커스 설정하고 비활성화하기
- 콤보박스 위젯 생성하기
- 초기 상태가 다른 체크 버튼 만들기
- 라디오 버튼 위젯 사용하기
- 스크롤되는 텍스트 위젯 사용하기
- 순환문에서 위젯 추가하기

첫 파이썬 GUI 만들기

파이썬은 매우 강력한 언어다. 내장된 tkinter 모듈이 함께 제공된다. 단 몇 줄의 코드로 첫 번째 파이썬 GUI를 만들 수 있다.

 tkinter 파이썬 인터페이스는 tk이다. tk는 Tcl 명령어 도구로 관련된 GUI 툴킷이다. tk에 관한 더 많은 정보는 https://docs.python.org/3/library/tk.html에서 배울 수 있다. tcl, tk와 관련된 다른 웹사이트는 https://www.tcl.tk/이다.

준비하기

레시피를 따라 하려면 동작하는 파이썬 개발 환경이 사전에 준비돼야 한다. 파이썬에 딸려 오는 IDLE GUI는 시작하기에 충분하다. IDLE는 tkinter를 사용해 만들어졌다.

실행 방법

첫 번째 파이썬 GUI를 생성하는 방법을 살펴보자.

1. 새로운 파이썬 모듈을 생성하고 이름을 First_GUI.py로 한다.
2. First_GUI.py의 가장 윗부분에서 tkinter를 임포트한다.

   ```
   import tkinter as tk
   ```

3. Tk 클래스의 인스턴스를 생성한다.

   ```
   win = tk.Tk()
   ```

4. 제목을 설정하기 위해 인스턴스 변수를 사용한다.

   ```
   win.title("Python GUI")
   ```

5. 윈도우 메인 이벤트 순환문을 시작한다.

```
win.mainloop()
```

다음 스크린샷은 GUI 결과를 생성하는 데 필요한 First_GUI.py의 4줄의 코드를 보여준다.

```
 6 #=====================
 7 # imports
 8 #=====================
 9 import tkinter as tk
10
11 # Create instance
12 win = tk.Tk()
13
14 # Add a title
15 win.title("Python GUI")
16
17 #=====================
18 # Start GUI
19 #=====================
20 win.mainloop()
```

6. GUI 모듈을 실행한다. 이전 코드를 실행하면 다음과 같은 결과를 얻는다.

이제 코드를 더 잘 이해하기 위해 동작 원리를 살펴보자.

동작 원리

9번째 라인에서 내장 tkinter 모듈을 임포트하고 파이썬 코드 단순화를 위해 tk 별칭을 줬다. 12번째 라인에서 생성자를 호출해 Tk 클래스의 인스턴스를 생성한다(클래스에서 인스턴스로 바뀌면서 Tk에 괄호를 추가했다).

tk라는 별칭을 사용하므로 tkinter라는 긴 단어를 사용할 필요가 없다. win 변수(window 약자)에 클래스 인스턴스를 할당한다. 파이썬은 동적 타입 언어이므로 할당하기 전에 이 변수를 선언할 필요가 없고, 특정 타입을 할당할 필요가 없다.

파이썬은 이 구문 할당에서 타입을 유추한다. 파이썬은 강한 타입의 언어이므로 모든 변수는 항상 타입을 가진다. 다른 언어처럼 사전에 타입을 정의하지 않아도 된다. 이 점이 파이썬을 프로그래밍에서 매우 강력하고 생산적인 언어로 만든다.

 클래스와 타입에 관한 간단 노트:

파이썬에서 모든 변수는 항상 타입을 가진다. 타입이 없는 변수는 생성할 수 없다. 하지만 파이썬에서는 C 언어처럼 사전에 타입을 선언할 필요가 없다.

파이썬은 타입을 유추할 만큼 똑똑하다. 이 책을 쓸 시점에 C# 또한 같은 기능을 가졌다. 파이썬을 사용하면 def 키워드 대신 class 키워드를 사용해 고유한 클래스를 생성할 수 있다.

클래스를 변수에 할당하기 위해 맨 처음 고유한 클래스의 인스턴스를 생성해야 한다. 인스턴스를 생성하고 변수에 이 인스턴스를 할당한다. 예는 다음과 같다.

```
class AClass(object):
    print('Hello from AClass')
class_instance = AClass()
```

이제 변수 class_instance 는 AClass 타입이다. 혼란스럽게 들린다면 걱정하지 말자. 2장에서 OOP를 다룬다.

15번째 줄에서 클래스의 인스턴스 변수(win)를 사용해 title 속성을 통해 윈도우에 제목을 지정한다.

 타이틀 전체를 보려면 실행 중인 GUI를 확대해야 할 수도 있다.

20번째 줄에서는 클래스 인스턴스 win에서 mainloop 메서드를 호출해 윈도우의 이벤트 순환문을 시작한다. 지금까지 코드에서 인스턴스를 만들고 하나의 속성을 설정했지만 GUI는 메인 이벤트 순환문을 시작할 때까지 표시되지 않는다.

> ⓘ 이벤트 순환문은 GUI를 작동시키는 메커니즘이다. GUI는 이벤트가 전달되기를 기다리는 무한 루프라고 생각할 수 있다. 버튼을 클릭하면 GUI 내부에서 이벤트를 생성하거나 GUI 크기를 재조정하는 이벤트를 생성한다.
>
> GUI 코드 전체를 작성했고 무한 루프를 호출할 때까지 사용자 화면에 아무것도 표시되지 않는다. 사용자가 빨간 X 버튼이나 GUI를 종료하도록 프로그램된 위젯을 클릭하면 이벤트 순환문은 끝난다. 이벤트 순환문이 끝나면 GUI도 종료된다.

이 레시피는 첫 GUI 프로그램을 만들기 위해 최소한의 코드를 사용했다. 하지만 이 책을 통해서는 타당한 경우에만 OOP를 사용할 것이다.

첫 파이썬 GUI를 만드는 방법을 성공적으로 배웠다. 이제 다음 레시피로 넘어가보자.

GUI 크기 조정 방지하기

기본적으로 tkinter를 사용해 만들어진 GUI는 크기를 조정할 수 있다. 이 방식이 항상 이상적인 것은 아니다. 이번 레시피에서 GUI 폼 위에 배치한 위젯이 적합하지 않은 방법으로 크기가 조정되지 않게 하는 방법을 배울 것이다.

준비하기

이 레시피는 '첫 파이썬 GUI 만들기'라는 이전 레시피를 확장하므로 첫 번째 레시피를 자신의 프로젝트에 직접 입력하거나 다음 사이트에서 코드를 다운로드한다.

https://github.com/PacktPublishing/Python-GUI-Programming-Cookbook-third-Edition/

실행 방법

사이즈 조정 시 GUI를 보호하는 방법은 다음 단계와 같다.

1. 이전 레시피 모듈로 시작하고 GUI_not_resizable.py로 저장한다.
2. Tk 인스턴스 변수 win의 resizable 메서드를 호출한다.

```
win.resizable(False, False)
```

사이즈가 변경되지 않도록 처리한 GUI_not_resizable.py 코드는 다음과 같다.

```
 6 #======================
 7 # imports
 8 #======================
 9 import tkinter as tk
10
11 # Create instance
12 win = tk.Tk()
13
14 # Add a title
15 win.title("Python GUI")
16
17 # Disable resizing the GUI by passing in False/False
18 win.resizable(False, False)
19
20 # Enable resizing x-dimension, disable y-dimension
21 # win.resizable(True, False)
22
23 #======================
24 # Start GUI
25 #======================
26 win.mainloop()
```

3. 코드를 실행하면 GUI를 생성하는 코드가 실행된다.

코드를 더 잘 이해하기 위해 동작 원리를 살펴보자.

18번 라인은 파이썬 GUI 크기가 변경되는 것을 막는다. resizable( ) 메서드는 Tk( ) 클래스에 속하고 (False, False)를 전달해 GUI가 크기 조정되는 걸 막는다. GUI가 x, y축 크기가 모두 조정되지 않도록 하거나 True 또는 0이 아닌 숫자를 전달해 모든 축을 활성화할 수 있다. (Ture, False)는 x축은 활성화하지만 y축은 크기가 조정되지 않도록 한다.

이 코드를 실행하면 첫 레시피에서 만들었던 것과 비슷한 GUI가 생성된다. 하지만 사용자는 더 이상 크기를 조정할 수 없다. 또한 윈도우 툴바의 최대화 버튼이 회색으로 표시된다. 이것이 왜 중요한가? 폼에 위젯을 추가하면 GUI 크기를 조정할 수 있기 때문에 원하는 대로 보이지 않을 수 있다. 다음 레시피 'GUI 폼에 라벨 추가하기'에서 GUI에 위젯을 추가한다.

또한 이 책에 포함된 레시피의 준비된 코드에 주석을 추가했다.

 비주얼 프로그래밍 IDE 환경에서 비주얼 스튜디오 닷넷, C# 개발자는 가끔 사용자가 GUI 크기를 조정하지 못하도록 하는 것을 잊는 경우가 있다. 이로 인해 나쁜 GUI가 생성된다. 이 한 줄의 파이썬 코드를 추가하면 사용자가 고마워할 수 있다.

크기 조정이 되지 않는 GUI를 만드는 방법을 성공적으로 배웠다. 이제 다음 레시피로 넘어가 보자.

GUI 폼에 라벨 추가하기

라벨은 GUI에 값을 추가하는 매우 간단한 위젯이다. 다른 위젯의 용도를 설명하고 추가적인 정보를 제공한다. 이는 사용자에게 엔트리 위젯의 의미를 안내하며 사용자가 데이터를 입력할 필요 없이 위젯이 표시하는 데이터를 설명할 수도 있다.

첫 번째 레시피 '첫 파이썬 GUI 생성하기'를 확장한다. GUI의 크기를 재조정할 수 있도록 두 번째 레시피의 코드를 사용하지 않는다(또는 `win.resizable` 행을 주석 처리한다).

GUI 폼에 라벨을 추가하기 위해 다음 단계를 수행한다.

1. `First_GUI.py` 모듈로 시작하며 `GUI_add_label.py`라는 이름으로 저장한다.
2. `ttk`를 임포트한다.

   ```
   from tkinter import ttk
   ```

3. `ttk`를 사용해 라벨을 추가한다.

   ```
   ttk.Label(win, text="A Label")
   ```

4. 라벨의 위치를 조정하려면 grid 레이아웃 매니저를 사용한다.

   ```
   .grid(column=0, row=0)
   ```

   GUI에 Label 위젯을 추가하기 위해 `tkinter`에서 `ttk` 모듈을 임포트한다. 9행과 10행에 있는 2개의 `import`문에 주목한다.

   첫 번째 및 두 번째 레시피의 맨 아래에 있는 `win.mainloop()` 바로 위에 다음 코드를 추가한다.

```
6⊝ #====================
7  # imports
8  #====================
9⊝ import tkinter as tk
10 from tkinter import ttk
11
12 # Create instance
13 win = tk.Tk()
14
15 # Add a title
16 win.title("Python GUI")
17
18 # Adding a Label
19 ttk.Label(win, text="A Label").grid(column=0, row=0)
20
21⊝ #====================
22 # Start GUI
23 #====================
24 win.mainloop()
```

5. 코드를 실행하고 GUI에 라벨이 어떻게 추가되는지 살펴본다.

코드를 더 잘 이해하기 위해 동작 원리를 살펴보자.

동작 원리

위 코드의 10번째 줄에서는 tkinter 패키지에서 별도의 모듈을 가져온다. ttk 모듈에는 GUI를 멋지게 보이게 하는 노트북, 프로그레스바, 라벨과 색다른 버튼과 같은 고급 위젯이 있다. 이는 GUI를 더 멋지게 만들어 준다. 어떤 면에서 ttk는 tkinter 패키지 내의 확장이다.

여전히 tkinter 패키지 자체를 가져와야 하지만 tkinter 패키지의 ttk도 사용하도록 지정해야 한다.

19번째 줄은 `mainloop`를 호출하기 직전에 라벨을 GUI에 추가한다. window 인스턴스를 `ttk.Label` 생성자에 전달하고 `text` 속성을 설정한다. 라벨에 표시할 텍스트가 된다. 또한 2장, '레이아웃 관리'에서 자세히 살펴볼 그리드 레이아웃 관리자를 사용한다.

GUI가 갑자기 이전의 레시피보다 훨씬 작아졌는지 살펴본다.

더 작아진 이유는 위젯을 폼에 추가했기 때문이다. 위젯이 없으면 tkinter 패키지는 기본 크기를 사용한다. 위젯을 추가하면 일반적으로 위젯을 표시하는 데 필요한 만큼의 작은 공간을 사용하는 최적화가 발생한다.

라벨의 텍스트가 길면 GUI가 자동으로 확장된다. 이후 2장, '레이아웃 관리'에서 자동 폼 크기 조정에 관해 다룰 것이다. 라벨 있는 GUI의 크기를 조정해 최대화해보고 어떤 일이 일어나는지 살펴본다.

GUI 폼에 라벨을 추가하는 방법을 성공적으로 배웠다. 이제 다음 레시피를 살펴보자.

버튼 생성 및 텍스트 속성 변경하기

이 레시피에서는 버튼 위젯을 추가하고 이 버튼을 사용해 GUI의 일부인 다른 위젯의 속성을 변경한다. 파이썬 GUI 환경에서 콜백함수와 이벤트 핸들링을 소개한다.

준비하기

이번 레시피는 이전 레시피 'GUI 폼에 라벨 추가하기'를 확장한다. https://github.com/PacktPublishing/Python-GUI-Programming-Cookbook-Third-Edition/에서 전체 코드를 다운로드할 수 있다.

이 레시피에서는 이전 레시피에서 추가한 라벨과 버튼의 텍스트 속성을 업데이트한다. 클릭하면 동작을 수행하는 버튼을 추가하는 단계는 다음과 같다.

1. GUI_add_label.py 모듈로 시작하고 이름은 GUI_create_button_change_property.py로 저장한다.

2. click_me( )라는 이름의 함수를 정의한다.

   ```
   def click_me( )
   ```

3. ttk를 사용해 버튼을 생성하고 text 속성을 전달한다.

   ```
   action.configure(text="** I have been Clicked! **")
   a_label.configure (foreground='red')
   a_label.configure(text='A Red Label')
   ```

4. 버튼에 함수를 바인딩한다.

   ```
   action = ttk.Button(win, text="Click Me!", command=click_me)
   ```

5. 그리드 레이아웃 매니저를 사용해 버튼 위치를 조정한다.

   ```
   action.grid(column=1, row=0)
   ```

   앞의 지침은 다음과 같은 코드를 생성한다. (GUI_create_button_change_property.py):

```
18  # Adding a Label that will get modified
19  a_label = ttk.Label(win, text="A Label")
20  a_label.grid(column=0, row=0)
21
22  # Button Click Event Function
23  def click_me():
24      action.configure(text="** I have been Clicked! **")
25      a_label.configure(foreground='red')
26      a_label.configure(text='A Red Label')
27
28  # Adding a Button
29  action = ttk.Button(win, text="Click Me!", command=click_me)
30  action.grid(column=1, row=0)
31
32  #=====================
33  # Start GUI
34  #=====================
35  win.mainloop()
```

6. 코드를 실행하고 결과를 살펴보자.

다음 스크린샷은 버튼을 클릭하기 전에 GUI가 어떻게 나타나는지 보여준다.

버튼을 클릭하면 라벨의 색상이 변경되고 버튼의 텍스트도 다음 스크린샷과 같이 변경된다.

코드를 더 잘 이해하기 위해 동작 원리를 살펴보자.

동작 원리

19번째 줄에서는 a_label 변수에 라벨을 지정하고 20번째 줄에서는 이 변수를 사용해 폼에 라벨을 배치한다. click_me() 함수의 속성을 변경하려면 이 변수가 필요하다. 기본적으로 이 변수는 모듈 수준의 변수이므로 함수를 호출하는 함수 위에 이 변수를 선언하는 한 함수 내부에서 액세스할 수 있다.

23번째 줄은 버튼이 클릭되면 호출되는 이벤트 핸들러다. 29번째 줄에서 버튼을 만들고 click_me() 함수에 명령을 바인딩한다.

> GUI는 이벤트 중심이다. 버튼을 클릭하면 이벤트가 생성된다. ttk.Button 위젯의 command 속성을 사용해 콜백함수에서 이 이벤트가 발생할 때 일어나는 일을 바인드한다. click_me에는 괄호가 없음에 주목한다.

34

20번째 줄과 30번째 줄 모두 그리드 레이아웃 관리자를 사용하는데, 이는 2장에서 논의한다. 이 방법으로 라벨과 버튼을 정렬한다. 또한 색상이 변경됐음을 더 분명하게 나타내기 위해 red를 포함하도록 라벨 텍스트를 변경한다.

계속해 GUI에 점점 더 많은 위젯을 추가하고 이 책의 다른 레시피에서 많은 내장 속성을 사용할 것이다.

텍스트박스 위젯 생성하기

tkinter에서 일반적인 한 줄짜리 텍스트박스 위젯을 엔트리(Entry)라고 한다. 이번 레시피에서는 GUI에 엔트리 위젯을 추가한다. 엔트리 위젯이 무엇을 하는지 설명함으로써 라벨을 더욱 유용하게 만든다.

준비하기

이 레시피는 '버튼 생성 및 텍스트 속성 변경하기' 레시피에 기본을 두며 저장소에서 다운로드하고 작업을 시작한다.

실행 방법

텍스트박스 위젯을 만드는 방법은 다음 단계를 따른다.

1. GUI_create_button_change_property.py로 시작하고 이름은 GUI_textbox_widget.py로 저장한다.
2. StringVar 변수를 생성하고 tkinter의 별칭으로 tk를 사용한다.

   name = tk.StringVar()

3. ttk.Entry 위젯을 생성하고 다른 변수에 할당한다.

   name_entered = ttk.Entry(win, width=12, textvariable=name)

4. 이 변수를 사용해 엔트리 위젯의 위치를 조정한다.

```
name_entered.grid(column=0, row=1)
```

위 지침대로 다음 코드를 생성한다.

```
22  # Modified Button Click Function
23  def click_me():
24      action.configure(text='Hello ' + name.get())
25
26  # Changing our Label
27  ttk.Label(win, text="Enter a name:").grid(column=0, row=0)
28
29  # Adding a Text box Entry widget
30  name = tk.StringVar()
31  name_entered = ttk.Entry(win, width=12, textvariable=name)
32  name_entered.grid(column=0, row=1)
```

5. 코드를 실행하고 결과를 관찰한다. GUI는 다음과 같다.

6. 텍스트를 입력하고 버튼을 클릭한다. GUI에서 다음과 같은 변경을 볼 수 있다.

코드를 더 잘 이해하기 위해 동작 원리를 살펴보자.

동작 원리

1단계에서는 새로운 파이썬 모듈을 만들고, 2단계에서 tkinter의 StringVar 타입을 추가하고 name 변수에 저장한다. 엔트리 위젯을 생성할 때 이 변수를 사용하고 엔트리 위젯

36

의 textvariable 속성에 할당한다. 엔트리 위젯에서 텍스트를 입력할 때마다 이 텍스트는 name 변수에 저장된다.

4단계에서는 엔트리 위젯의 위치를 조정하며 전체 코드는 이전 스크린샷과 같다. 스크린샷의 24번째 줄에서 보듯 name.get()을 사용해 엔트리 위젯의 값을 가져온다. 버튼을 생성할 때 action 변수에 참조를 저장한다. action 변수를 사용해 버튼의 configure 메서드를 호출하고 버튼의 텍스트를 업데이트한다.

OOP를 아직 사용하지 않으므로, 아직 선언되지 않은 변숫값에 어떻게 접근할 수 있을까? OOP 클래스를 사용하지 않고, 파이썬 절차적 코딩에서 그 이름을 사용하려고 하는 구문 위에 물리적으로 이름을 두어야 한다. 그러면 어떻게 작동할까?

그 답은 버튼 클릭 이벤트가 콜백함수이며, 사용자가 버튼을 클릭할 때 이 함수에서 참조된 변수가 알려지고 존재한다.

27번째 줄에서 라벨에 좀 더 의미 있는 이름을 부여한다. 지금은 아래에 있는 텍스트박스를 설명한다. 두 버튼을 시각적으로 연결하기 위해 버튼 옆으로 라벨을 이동했다. 여전히 그리드 레이아웃 관리자를 사용한다. 자세한 내용은 2장, '레이아웃 관리'에서 설명한다.

30번째 줄은 변수 name을 생성한다. 이 변수는 엔트리 위젯에 바인딩돼 있으며 click_me() 함수에서 이 변수에 대해 get()을 호출해 엔트리 위젯의 값을 검색할 수 있다. 이것은 매력적으로 동작한다.

이제 버튼에 입력한 텍스트 전체가 표시되는 반면 텍스트박스 엔트리 위젯은 확장되지 않았음에 주목한다. 그 이유는 31번째 줄의 너비를 12로 하드코딩했기 때문이다.

파이썬은 동적으로 타입이 지정된 언어이며 할당에서 타입을 유추한다. 즉, name 변수에 문자열을 할당하면 문자열 타입이 되고 name에 정수를 할당하면 해당 타입이 정수가 된다. tkinter를 사용하기 전에 name 변수를 tk.StringVar () 유형으로 선언해야 한다. tkinter가 파이썬이 아니기 때문이다. 파이썬에서 사용할 수 있지만 같은 언어는 아니다. 더 자세한 내용은 https://wiki.python.org/moin/Tkinter에서 살펴본다.

텍스트박스 위젯을 생성하는 방법을 성공적으로 배웠다. 이제 다음 레시피를 살펴보자.

위젯에 포커스 설정하고 비활성화하기

GUI는 훌륭하게 개선되고 있지만 GUI가 나타나는 즉시 커서를 Entry 위젯에 표시하는 것이 더 편리하고 유용하다. 이 레시피에서 사용자가 엔트리 위젯에 입력하기 전에 focus 메서드를 제공해 엔트리 위젯을 클릭할 필요 없이 텍스트 입력을 위해 바로 엔트리 상자에 커서를 표시하는 방법을 배운다.

준비하기

이 레시피는 이전 레시피 '텍스트박스 위젯 생성하기'를 확장한다. 파이썬은 정말 훌륭하다. GUI가 나타날 때 포커스를 특정 컨트롤로 설정하기 위해 해야 할 일은 이전에 생성한 tkinter 위젯의 인스턴스에서 focus() 메서드를 호출하는 것이다. 현재 GUI 예제에서 ttk.Entry 클래스 인스턴스를 name_entered 라는 이름의 변수에 할당했다. 이제 포커스를 줄 수 있다.

실행 방법

이전 레시피에서 했던 것처럼 모듈의 맨 아래 코드 바로 앞에 다음 코드를 삽입하고 기본 윈도우의 이벤트 순환문을 시작한다.

1. GUI_textbox_widget.py 모듈로 시작하고 이름은 GUI_set_focus.py로 저장한다.

2. name_entered 변수를 사용해 ttk 엔트리 위젯 인스턴스를 할당하고 이 변수를 통해 focus( ) 메서드를 호출한다.

name_entered.focus( )

위 지침은 다음과 같은 코드를 생성한다(GUI_set_focus.py).

```
29  # Adding a Textbox Entry widget
30  name = tk.StringVar()
31  name_entered = ttk.Entry(win, width=12, textvariable=name)
32  name_entered.grid(column=0, row=1)
33
34  # Adding a Button
35  action = ttk.Button(win, text="Click Me!", command=click_me)
36  action.grid(column=1, row=1)
37
38  name_entered.focus()       # Place cursor into name Entry
39 #=====================
40  # Start GUI
41  #=====================
42  win.mainloop()
```

3. 코드를 실행하고 결과를 살펴본다.

오류가 발생하면 선언된 코드 아래에 변수 호출을 배치해야 한다. 현재 OOP를 사용하지 않기 때문에 이 방법이 여전히 필요하다. 나중에는 더 이상 이렇게 할 필요가 없다.

 맥(Mac)에서는 포커스를 이 윈도우 안의 엔트리 위젯으로 설정하기 전에 GUI 윈도우에 포커스를 먼저 설정해야 할 수 있다.

이 38번째 줄에 파이썬 코드를 추가하면 텍스트 Entry 위젯에 커서가 위치하게 돼 Entry 위젯에 텍스트를 포커스한다. GUI가 나타나면 먼저 클릭할 필요 없이 이 텍스트박스에 입력할 수 있다. 이제 GUI는 다음과 같이 나타나며, 커서는 엔트리 위젯 내부에 위치한다.

 TIP 이제 커서가 텍스트 입력 상자 안에 기본으로 표시되는 것에 유의한다.

또한 위젯을 비활성화할 수 있다. 여기에서는 원리를 보여주기 위해 버튼을 비활성화한다. 큰 규모의 GUI 애플리케이션에서 읽기 전용으로 만들고 싶을 때 위젯을 사용하지 않도록 설정할 수 있다.

대부분 콤보박스 위젯과 엔트리 위젯일 수 있지만 아직 해당 위젯을 사용하지 않았으므로 버튼을 사용한다. 위젯을 비활성화하기 위해 위젯에 속성을 설정한다. 37번째 줄 아래 파이썬 코드를 추가해 비활성화된 버튼을 만들 수 있다.

1. GUI_set_focus.py 모듈을 사용하고 이름은 GUI_disable_button_widget.py로 저장한다.

2. action 버튼 변수를 사용해 configure 메서드를 호출하고 state 속성에 disabled 를 설정한다.

   action.configure(state='disabled')

3. name_entered 변수의 focus() 메서드를 호출한다.

   name_entered.focus()

   위 지침은 다음과 같은 코드를 생성한다(GUI_disable_button_widget.py).

```
34  # Adding a Button
35  action = ttk.Button(win, text="Click Me!", command=click_me)
36  action.grid(column=1, row=1)
37  action.configure(state='disabled')     # Disable the Button Widget
38
39  name_entered.focus()        # Place cursor into name Entry
```

4. 코드를 실행한다. 파이썬 코드의 이전 줄을 추가한 후에 버튼을 클릭하면 더 이상 액션이 생성되지 않는다.

코드를 더 잘 이해하기 위해 동작 원리를 살펴보자.

동작 원리

이 코드는 설명이 필요 없이 명확하다. 39번째 줄에서 하나의 컨트롤에 포커스를 설정하고 다른 위젯을 비활성화한다. 프로그래밍 언어에서 올바른 이름 짓기는 긴 설명을 없애는 데 도움이 된다. 이 책의 끝부분에는 직장에서 프로그래밍하거나 집에서 프로그래밍 기술을 연습할 때 이 작업을 수행하는 방법에 대한 몇 가지 고급 팁이 있다.

위젯에 포커스를 설정하는 방법과 비활성화하는 방법을 성공적으로 배웠다. 이제 다음 레시피를 살펴보자.

콤보박스 위젯 생성하기

이 레시피에서는 초기 기본값을 가질 수 있는 드롭다운 콤보박스를 추가해 GUI를 개선한다. 사용자의 선택을 제한할 수 있지만 사용자가 원하는 대로 입력하도록 허용할 수도 있다.

준비하기

이 레시피는 이전 레시피 위젯에 포커스를 설정하고 위젯을 비활성화하기를 확장한다.

그리드 레이아웃 관리자를 사용해 엔트리 위젯과 버튼 위젯 사이에 다른 칼럼을 삽입한다. 다음은 파이썬 코드다.

1. GUI_set_focus.py 모듈로 시작하고 이름은 GUI_combobox_widget.py로 저장한다.

2. 버튼의 칼럼을 2로 변경한다.

   ```
   action = ttk.Button(win, text="Click Me!", command=click_me)
   action.grid(column=2, row=1)
   ```

3. 새로운 ttk.Label 위젯을 생성한다.

   ```
   ttk.Label(win, text="Choose a number:").grid(cloumn=1, row=0)
   ```

4. 새로운 ttk.Combobox 위젯을 생성한다.

   ```
   number_chosen = ttk.Combobox(win, width=12, textvariable=number)
   ```

5. 콤보박스 위젯에 값을 할당한다.

   ```
   number_chosen['value'] = (1, 2, 4, 42, 100)
   ```

6. 콤보박스 위젯을 1 칼럼에 위치시킨다.

   ```
   number_chosen.grid(column=1, row=1)
   number_chosen.current(0)
   ```

   이 지침은 다음 코드를 생성한다(GUI_combobox_widget.py).

```
31  # Adding a Textbox Entry widget
32  name = tk.StringVar()
33  name_entered = ttk.Entry(win, width=12, textvariable=name)
34  name_entered.grid(column=0, row=1)                          # column 0
35
36  # Adding a Button
37  action = ttk.Button(win, text="Click Me!", command=click_me)
38  action.grid(column=2, row=1)                                # <= change column to 2
39
40  ttk.Label(win, text="Choose a number:").grid(column=1, row=0)
41  number = tk.StringVar()
42  number_chosen = ttk.Combobox(win, width=12, textvariable=number)
43  number_chosen['values'] = (1, 2, 4, 42, 100)
44  number_chosen.grid(column=1, row=1)                         # <= Combobox in column 1
45  number_chosen.current(0)
46
47  name_entered.focus()       # Place cursor into name Entry
48  #=====================
49  # Start GUI
50  #=====================
51  win.mainloop()
```

7. 코드를 실행한다.

이 코드를 이전 레시피에 추가하면 다음 GUI를 생성한다. 앞의 코드 43번째 줄에서 콤보박스에 기본값이 있는 튜플을 할당한 방법에 유의하자. 그런 다음 이 값이 드롭다운 상자에 나타난다. 원할 경우 (애플리케이션이 실행 중일 때 다른 값을 입력해) 다음과 같이 변경할 수도 있다.

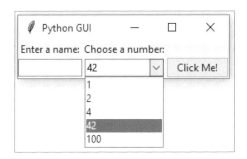

코드를 더 잘 이해하기 위해 동작 원리를 살펴보자.

40번째 줄은 새로 작성된 콤보박스(42행에서 작성)와 일치하는 두 번째 라벨을 추가한다. 41번째 줄은 이전 레시피에서 했던 것처럼 특별한 tkinter 유형 StringVar의 변수에 상자의 값을 지정한다.

44번째 줄은 이전 GUI 레이아웃 내에서 두 개의 새로운 컨트롤(라벨 및 콤보박스)을 정렬하고 45번째 줄은 GUI가 처음 표시될 때 표시할 기본값을 할당한다. 이것은 number_chosen['values'] 튜플의 첫 번째 값인 문자열 "1"이다.

43번째 줄의 정수 튜플을 따옴표로 묶지 않았지만 41번째 줄에서 값을 tk.StringVar 유형으로 선언했기 때문에 문자열에 캐스팅됐다.

앞의 스크린샷은 사용자가 42를 선택한 것을 보여준다. 이 값은 숫자 변수에 할당된다.

콤보박스에서 100을 선택하면 number 변수의 값이 100이 된다. 42번째 줄은 콤보박스에서 선택한 값을 textvariable 속성을 통해 number 변수에 바인딩한다.

추가 사항

사용자가 Combobox 위젯에 프로그램한 값만 선택할 수 있도록 제한하려면 state 속성을 생성자에 전달하면 된다. 다음과 같이 42행을 수정한다.

1. GUI_combobox_widget.py 모듈로 시작하고 이름은 GUI_combobox_widget_read only.py로 저장한다.
2. 콤보박스 위젯을 생성할 때 state 속성을 설정한다.

```
number_chosen = ttk.Combobox(win, width=12, textvariable=number,
state='readonly')
```

위 지침으로 생성한 코드는 다음과 같다(GUI_combobox_widget_readonly.py).

```
40  ttk.Label(win, text="Choose a number:").grid(column=1, row=0)
41  number = tk.StringVar()
42  number_chosen = ttk.Combobox(win, width=12, textvariable=number, state='readonly')
43  number_chosen['values'] = (1, 2, 4, 42, 100)
44  number_chosen.grid(column=1, row=1)
45  number_chosen.current(0)
```

이제 사용자는 더 이상 Combobox 위젯에 값을 입력할 수 없다. 버튼 클릭 이벤트 콜백함수에 다음 코드 행을 추가해 사용자가 선택한 값을 표시할 수 있다.

1. GUI_combobox_widget_readonly.py 모듈로 시작하고 이름은 GUI_combobox_widget_readonly_plus_display_number.py로 저장한다.

2. name 변수의 get() 메서드를 사용해 버튼 이벤트 핸들러를 확장하고 ' '로 연결해 number_chosen 변수에서 숫자를 가져온다. get() 메서드를 호출한다.

```
def click_me():
    action.configure(text='Hello ' + name.get() + ' ' + number_chosen.get())
```

3. 코드를 실행한다.

숫자를 선택하고 이름을 입력한 다음 버튼을 클릭하면 다음과 같은 GUI 결과가 표시되고 입력한 이름 다음에 선택한 숫자도 표시된다(GUI_combobox_widget_readonly_plus_display_number.py).

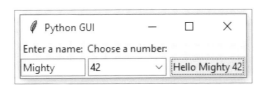

콤보박스 위젯을 추가하는 방법을 성공적으로 배웠다. 이제 다음 레시피를 살펴보자.

초기 상태가 다른 체크 버튼 만들기

이번 레시피에서는 세 개의 체크 버튼 위젯을 추가하고 각각 다른 초기 상태를 가진다.

- 상태가 다른 3개의 체크 버튼 위젯을 만든다. 첫 번째 항목은 비활성화돼 있으며 체크 표시가 돼 있다. 위젯이 비활성화돼 있어 사용자는 이 체크 표시를 제거할 수 없다.
- 두 번째 체크 버튼이 활성화돼 있으며 기본적으로 체크 표시가 없지만 사용자가 클릭해 체크 표시를 추가할 수 있다.
- 세 번째 체크 버튼은 기본적으로 활성화돼 있고 선택돼 있다. 사용자는 원하는 만큼 위젯을 선택 취소하고 다시 체크할 수 있다.

준비하기

이 레시피는 이전 레시피 '콤보박스 위젯 생성하기'를 확장한다.

실행 방법

상태가 서로 다른 3개의 체크 버튼 위젯을 생성하는 코드는 다음과 같다.

1. GUI_combobox_widget_readonly_plus_display_number.py 모듈로 시작하고 이름은 GUI_checkbutton_widget.py로 저장한다.

2. 3개의 tk.IntVar 인스턴스를 생성하고 로컬 변수들에 저장한다.

```
chVarDis = tk.IntVar()
chVarUn = tk.IntVar()
chVarEn = tk.IntVar()
```

3. text 속성에 생성한 콤보박스 위젯들을 설정한다.

```
text="Disabled"
text="UnChecked"
```

```
                          text="Enabled"
```

4. 각각의 상태를 deselect/select로 설정한다.

```
check1.select( )
check2.deselect( )
check3.select( )
```

5. 배치를 위해 grid를 사용한다.

```
check1.grid(column=0, row=4, sticky=tk.W)
check2.grid(column=1, row=4, sticky=tk.W)
check3.grid(column=2, row=4, sticky=tk.W)
```

위 지침으로 최종적으로 다음과 같은 코드가 생성된다(GUI_checkbutton_widget.
py).

```
35  # Adding a Button
36  action = ttk.Button(win, text="Click Me!", command=click_me)
37  action.grid(column=2, row=1)
38
39  # Creating a label and a Combobox
40  ttk.Label(win, text="Choose a number:").grid(column=1, row=0)
41  number = tk.StringVar()
42  number_chosen = ttk.Combobox(win, width=12, textvariable=number, state='readonly')
43  number_chosen['values'] = (1, 2, 4, 42, 100)
44  number_chosen.grid(column=1, row=1)
45  number_chosen.current(0)
46  # Creating three checkbuttons
47  chVarDis = tk.IntVar()
48  check1 = tk.Checkbutton(win, text="Disabled", variable=chVarDis, state='disabled')
49  check1.select()
50  check1.grid(column=0, row=4, sticky=tk.W)
51
52  chVarUn = tk.IntVar()
53  check2 = tk.Checkbutton(win, text="UnChecked", variable=chVarUn)
54  check2.deselect()
55  check2.grid(column=1, row=4, sticky=tk.W)
56
57  chVarEn = tk.IntVar()
58  check3 = tk.Checkbutton(win, text="Enabled", variable=chVarEn)
59  check3.select()
60  check3.grid(column=2, row=4, sticky=tk.W)
61
62  name_entered.focus()         # Place cursor into name Entry
63  #======================
64  # Start GUI
65  #======================
66  win.mainloop()
```

6. 모듈을 실행한다. 새로운 코드가 실행된 결과는 다음 GUI와 같다.

코드를 더 잘 이해하기 위해 동작 원리를 살펴보자.

동작 원리

1단계에서 4단계까지 자세하게 보여주고 5단계 스크린샷은 코드의 중요한 부분을 보여 준다.

47, 52, 57번째 줄에서 IntVar 유형의 세 변수를 만든다. 이 각각의 변수 다음 줄에서 이 러한 변수를 전달하는 Checkbutton 위젯을 생성한다. Checkbutton 위젯의 상태를 유지한 다(선택되지 않았거나 선택됨). 기본적으로 0(선택되지 않음) 또는 1(선택됨)이므로 tkinter 변수 타입은 정수이다.

이 Checkbutton 위젯을 메인 윈도우에 넣는다. 따라서 생성자에 전달된 첫 번째 인수는 위젯의 부모이고, 이 경우에는 win이 된다. Text 속성을 통해 각 Checkbutton 위젯에 다른 라벨을 지정한다. 그리드의 고정 속성을 tk.W로 설정하면 위젯이 그리드 서쪽에 정렬된다. 자바 구문과 매우 유사하며 왼쪽에 정렬을 의미한다. GUI 크기를 조정하면 위젯이 왼쪽에 유지되고 GUI 중앙으로 이동하지 않는다.

49번째 줄과 59번째 줄은 이 두 Checkbutton 클래스 인스턴스에서 select( ) 메서드를 호출해 Checkbutton 위젯에 체크 표시를 한다.

그리드 레이아웃 관리자를 사용해 위젯을 계속 정렬한다. 더 자세한 내용은 2장, '레이아웃 관리'에서 설명한다.

서로 다른 초기 상태의 체크 버튼을 생성하는 방법을 성공적으로 배웠다. 이제 다음 레시피를 살펴보자.

라디오 버튼 위젯 사용하기

이 레시피에서는 3개의 라디오 버튼 위젯을 생성한다. 또 어떤 라디오 버튼이 선택됐는지에 따라 기본 폼의 색상을 변경하는 코드를 추가한다.

준비하기

이 레시피는 이전 레시피 초기 상태가 다른 체크 버튼 만들기를 확장한다.

실행 방법

이전 레시피에 다음 코드를 추가한다.

1. GUI_checkbutton_widget.py 모듈로 시작하고 이름은 GUI_radiobutton_widget .py로 저장한다.
2. 색상 이름을 저장하는 모듈 레벨의 전역변수를 생성한다.

```
COLOR1 = "Blue"
COLOR2 = "Gold"
COLOR3 = "Red"
```

3. 라디오 버튼을 위한 콜백함수를 생성한다.

```
if radSel == 1: win.configure(background=COLOR1)
    elif radSel == 2: win.configure(background=COLOR2)
    elif radSel == 3: win.configure(background=COLOR3)
```

4. 3개의 tk 라디오 버튼을 생성한다.

```
rad1 = tk.Radiobutton(win, text=COLOR1, variable=radVar, value=1,
                        command=radCall)
rad2 = tk.Radiobutton(win, text=COLOR2, variable=radVar, value=2,
                        command=radCall)
rad3 = tk.Radiobutton(win, text=COLOR3, variable=radVar, value=3,
                        command=radCall)
```

5. 그리드 레이아웃을 사용해 배치한다.

```
rad1.grid(column=0, row=5, sticky=tk.W, columnspan=3)
rad2.grid(column=1, row=5, sticky=tk.W, columnspan=3)
rad3.grid(column=2, row=5, sticky=tk.W, columnspan=3)
```

이 단계를 거쳐 최종 생성된 코드는 다음과 같다(GUI_radiobutton_widget.py).

```
74  # Radiobutton Globals
75  COLOR1 = "Blue"
76  COLOR2 = "Gold"
77  COLOR3 = "Red"
78
79  # Radiobutton Callback
80  def radCall():
81      radSel=radVar.get()
82      if   radSel == 1: win.configure(background=COLOR1)
83      elif radSel == 2: win.configure(background=COLOR2)
84      elif radSel == 3: win.configure(background=COLOR3)
85
86  # create three Radiobuttons using one variable
87  radVar = tk.IntVar()
88
89  rad1 = tk.Radiobutton(win, text=COLOR1, variable=radVar, value=1, command=radCall)
90  rad1.grid(column=0, row=5, sticky=tk.W, columnspan=3)
91
92  rad2 = tk.Radiobutton(win, text=COLOR2, variable=radVar, value=2, command=radCall)
93  rad2.grid(column=1, row=5, sticky=tk.W, columnspan=3)
94
95  rad3 = tk.Radiobutton(win, text=COLOR3, variable=radVar, value=3, command=radCall)
96  rad3.grid(column=2, row=5, sticky=tk.W, columnspan=3)
97
98  name_entered.focus()      # Place cursor into name Entry
99  #=====================
100 # Start GUI
101 #=====================
102 win.mainloop()
```

6. 이 코드를 실행하고 Gold라는 라디오 버튼을 선택하면 다음과 같은 창이 생성
된다.

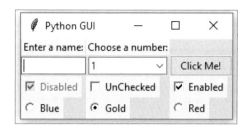

코드를 더 잘 이해하기 위해 동작 원리를 살펴보자.

동작 원리

75~77번째 줄에서 각 라디오 버튼을 생성할 때 사용하는 모듈 수준의 전역변수와 기본 폼의 배경색을 변경하는 액션을 생성하는 콜백함수를 생성한다(인스턴스 변수 win 사용).

전역변수를 사용하면 코드를 더 쉽게 변경할 수 있다. 변수 이름에 색상 이름을 지정하고 이 변수를 여러 위치에서 사용하면 다른 색상으로 쉽게 실험할 수 있다.

하드코딩된 문자열(오류가 발생하기 쉽다)의 전역 검색 및 교체를 수행하는 대신 한 줄의 코드만 변경하면 나머지는 모두 작동한다. 이것은 DRY 철학으로 알려져 있으며, Don't Repeat Yourself의 약자이다. 이는 나중에 책의 레시피에서 사용할 OOP 개념이다.

 변수(COLOR1, COLOR2 ...)에 할당하는 색상의 이름은 tkinter 키워드다(기술적으로 심볼릭 이름). tkinter 색상 키워드가 아닌 이름을 사용하면 코드가 작동하지 않는다.

80번째 줄은 사용자의 선택에 따라 메인 폼(win)의 백그라운드를 변경하는 콜백함수다.

87번째 줄에서 tk.IntVar 변수를 만든다. 여기서 중요한 것은 3개의 라디오 버튼 모두에서 사용할 변수를 하나만 만들면 된다는 것이다. 스크린샷에서 볼 수 있듯이 어떤 Radiobutton을 선택하든 다른 모든 라디오 버튼은 자동으로 선택 해제된다.

89~96번째 줄은 3개의 라디오 버튼을 만들어 메인 폼에 할당하고 콜백함수에서 사용할

변수를 전달해 메인 윈도우의 배경을 변경하는 액션을 생성한다.

 이는 위젯의 색상을 변경하는 첫 번째 레시피지만, 솔직히 보기 좋지 않다. 이 책의 다음 레시피 중 상당 부분은 GUI를 실제로 보기 좋게 만드는 방법을 설명한다.

추가 사항

다음은 http://www.tcl.tk/man/tcl8.5/TkCmd/colors.htm에 있는 공식 tcl 문서를 살펴볼 수 있는 사용 가능한 기호 색상 이름의 작은 샘플이다.

Name	Red	Green	Blue
alice blue	240	248	255
AliceBlue	240	248	255
Blue	0	0	255
Gold	255	215	0
Red	255	0	0

이름 중 일부는 동일한 색상을 생성하므로 alice blue는 AliceBlue와 동일한 색상을 만든다. 이 레시피에서는 상징적인 이름인 Blue, Gold 및 Red를 사용했다.

라디오 버튼 위젯을 사용하는 방법을 성공적으로 배웠다. 이제 다음 레시피를 살펴보자.

스크롤되는 텍스트 위젯 사용하기

ScrolledText 위젯은 간단한 엔트리 위젯보다 훨씬 더 크며 여러 줄로 돼 있다. 메모장 같은 위젯으로 줄 바꿈과 텍스트가 ScrolledText 위젯의 높이보다 커지면 자동으로 세로 스크롤 막대가 활성화된다.

이 레시피는 이전 레시피 '라디오 버튼 위젯 사용하기'를 확장한다. 이 책의 각 장에 관한 코드는 https://github.com/PacktPublishing/Python-GUI-Programming-Cookbook-Third-Edition/에서 다운로드할 수 있다.

실행 방법

다음 코드 줄을 추가해 ScrolledText 위젯을 만든다.

1. GUI_radiobutton_widget.py 모듈로 시작하고 이름은 GUI_scrolledtext_widget.py로 저장한다.

2. scrolledtext를 임포트한다.

   ```
   from tkinter import scrolledtext
   ```

3. 높이와 넓이를 위한 변수를 정의한다.

   ```
   scrol_w = 30
   scrol_h = 3
   ```

4. ScrolledText 위젯을 생성한다.

   ```
   scr = scrolledtext.ScrolledText(win, width=scrol_w, height=scrol_h,
   wrap=tk.WORD)
   ```

5. 위젯의 위치를 설정한다.

   ```
   scr.grid(column=0, columnspan=3)
   ```

   지침을 거쳐 최종적으로 완성된 코드는 다음과 같다(GUI_scrolledtext_widget.py).

```
 6⊖ #=====================
 7  # imports
 8  #=====================
 9⊖ import tkinter as tk
10  from tkinter import ttk
11  from tkinter import scrolledtext

99  # Using a scrolled Text control
100 scrol_w  = 30
101 scrol_h  =  3
102 scr = scrolledtext.ScrolledText(win, width=scrol_w, height=scrol_h, wrap=tk.WORD)
103 scr.grid(column=0, columnspan=3)
104
105 name_entered.focus()       # Place cursor into name Entry
106⊖ #=====================
107 # Start GUI
108 #=====================
109 win.mainloop()
```

6. 코드를 실행한다. 위젯에 실제로 입력할 수 있으며, 충분한 단어를 입력하면 자동으로 줄이 바뀐다.

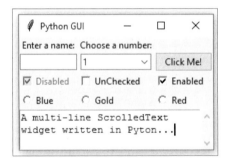

위젯이 표시할 수 있는 높이보다 더 많은 단어를 입력하면 세로 스크롤 막대가 활성화된다. 이를 위해 더 이상의 코드를 작성할 필요가 없이 즉시 사용할 수 있다.

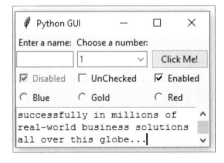

코드를 더 잘 이해하기 위해 동작 원리를 살펴보자.

동작 원리

11번째 줄에서는 ScrolledText 위젯 클래스가 포함된 모듈을 가져온다. 다른 두 import문 바로 아래 모듈의 맨 위에 추가한다. 100번째 줄과 101번째 줄은 만들고자 하는 Scrolled Text 위젯의 너비와 높이를 정의한다. 이 값은 102번째 줄의 ScrolledText 위젯 생성자에 전달되는 하드코딩된 값이다. 이 값은 실험을 통해 발견된 잘 동작하는 매직 넘버다. scol_w를 30에서 50으로 변경해 효과를 관찰할 수 있다.

102번째 줄에서 wrap=tk.WORD를 전달해 위젯에 대한 속성을 설정한다.

wrap 속성을 tk.WORD로 설정하면 ScrolledText 위젯에 단어별로 줄 바꿈을 표시해 단어 내에서 줄 바꿈하지 않도록 한다. 기본 옵션은 단어 중간에 있는지 여부에 관계없이 모든 문자를 래핑하는 tk.CHAR이다.

두 번째 스크린샷은 SrolledText 컨트롤의 x, y차원에 완전히 맞지 않는 긴 텍스트를 읽고 있기 때문에 세로 스크롤 막대가 아래로 이동했음을 보여준다. SrolledText 위젯에 대해 그리드 레이아웃의 columnspan 속성을 3으로 설정하면 이 위젯이 3개의 모든 칼럼으로 확장된다. 이 속성을 설정하지 않으면 SrolledText 위젯에는 원하지 않은 첫 번째 열만 존재하게 된다.

스크롤되는 텍스트 위젯을 사용하는 방법을 성공적으로 배웠다. 이제 다음 레시피를 살펴보자.

순환문에서 위젯 추가하기

지금까지 기본적으로 동일한 코드를 복사해 붙여 넣은 다음 변형(예: 열 번호)을 수정해 동일한 유형(예: Radiobutton)의 여러 위젯을 만들었다. 이 레시피에서는 코드가 덜 중복되도록 리팩터링을 시작한다.

이전 레시피 스크롤되는 텍스트 위젯 코드의 일부를 사용해 리팩터링하므로 이 레시피를 적용할 코드가 필요하다.

다음은 코드를 리팩터링하는 방법이다.

1. GUI_scrolledtext_widget.py 모듈로 시작하고 이름은 GUI_adding_widgets_ in_loop.py로 저장한다.

2. 전역변수를 삭제하고 대신 파이썬 리스트를 생성한다.

   colors = ["Blue", "Gold", "Red"]

3. 라디오 버튼 변수의 get( ) 함수를 사용한다.

   radSel=radVar.get( )

4. if..elif 구조로 로직을 생성한다.

   ```
   if radSel == 0: win.configure(background=colors[0])
       elif radSel == 1: win.configure(background=color[1])
       elif radSel == 2: win.configure(background=color[2])
   ```

5. 라디오 버튼을 생성하고 위치를 잡기 위해 순환문을 사용한다.

   ```
   for col in range(3):
       curRad = tk.Radiobutton(win, text=colors[col], cariable=radVar,
       alue = col, command=radCall)
       curRad.grid(column=col, row=5, sticky=tk.W)
   ```

6. GUI_adding_widgets_in_loop.py 코드를 실행한다.

```
76  # First, we change our Radiobutton global variables into a list
77  colors = ["Blue", "Gold",  "Red"]
78
79  # We have also changed the callback function to be zero-based, using the list
80  # instead of module-level global variables
81  # Radiobutton Callback
82  def radCall():
83      radSel=radVar.get()
84      if   radSel == 0: win.configure(background=colors[0])  # now zero-based
85      elif radSel == 1: win.configure(background=colors[1])  # and using list
86      elif radSel == 2: win.configure(background=colors[2])
87
88  # create three Radiobuttons using one variable
89  radVar = tk.IntVar()
90
91  # Next we are selecting a non-existing index value for radVar
92  radVar.set(99)
93
94  # Now we are creating all three Radiobutton widgets within one loop
95  for col in range(3):
96      curRad = tk.Radiobutton(win, text=colors[col], variable=radVar,
97                              value=col, command=radCall)
98      curRad.grid(column=col, row=5, sticky=tk.W)
99
```

이 코드를 실행하면 이전과 같은 윈도우를 만들지만 코드는 훨씬 깔끔하고 유지 보수가 쉽다. 다가올 레시피에서 GUI를 확장할 때 도움이 될 것이다.

동작 원리

77번째 줄에서 전역변수를 리스트로 변환했다. 89번째 줄에서 radVar라는 이름의 tk.IntVar 변수에 기본값을 설정한다. 이전 레시피에서는 Radiobutton 위젯의 값을 1에서 시작했지만 새 순환문에서는 파이썬의 0부터 시작하는 인덱싱을 사용하는 것이 훨씬 편리하기 때문이다.

기본값을 Radiobutton 위젯 범위 밖의 값으로 설정하지 않으면 GUI가 나타날 때 라디오 버튼 중 하나가 선택된다. 이는 그다지 나쁘지는 않지만 콜백을 트리거하지 않고, 그 작업을 하지 않는 라디오 버튼을 선택하게 된다(즉, 메인 win 폼의 색상을 변경한다).

95번째 줄에서 이전에 하드코딩된 위젯 3개를 동일하게 반복하는 순환문으로 대체했다.

더 간결하고(코드 줄 수가 적음) 유지 관리가 훨씬 쉽다.

예를 들어 단 3개의 라디오 버튼 위젯 대신 100개를 만들려면 파이썬의 범위 연산자 내에서 숫자를 변경해야 한다. 97개의 중복 코드 섹션을 한 번에 입력하거나 복사해 붙여 넣을 필요가 없다. 82번째 줄은 수정된 콜백함수를 보여준다.

이 레시피로 이 책의 첫 장을 마무리한다. 2장의 모든 레시피는 지금까지 구축한 GUI를 토대로 그것을 크게 발전시킬 것이다.

2
레이아웃 관리

2장에서는 파이썬 GUI를 생성하고 위젯 안에 위젯을 배치하는 방법을 살펴본다. GUI 레이아웃 디자인의 기본에 대해 배우게 되면 멋진 GUI를 만들 수 있다. 이런 레이아웃 디자인에 도움이 되는 특정 기술이 있다. 그리드 레이아웃 매니저는 tkinter에 내장된 가장 중요한 레이아웃 도구 중의 하나다. tkinter를 사용해 메뉴 막대, 탭 컨트롤(일명 노트북) 및 더 많은 위젯을 매우 쉽게 만들 수 있다.

2장을 마치면 GUI를 멋져 보이게 만드는 위젯 배열 방법을 배울 수 있다. 다른 프로그래밍 언어를 사용하더라도 GUI 디자인을 위해 기본적인 레이아웃 관리를 배워야 하지만 파이썬은 정말 대단하다.

2장에서 사용된 파이썬 모듈의 개요는 다음과 같다.

```
⊞ Ch02_Code
  🐍 _init_.py
> 🐍 GUI_add_padding_loop.py
> 🐍 GUI_add_padding.py
> 🐍 GUI_arranging_labels_vertical.py
> 🐍 GUI_arranging_labels.py
> 🐍 GUI_embed_frames_align_entry_west.py
> 🐍 GUI_embed_frames_align_west.py
> 🐍 GUI_embed_frames_align.py
> 🐍 GUI_embed_frames.py
> 🐍 GUI_grid_layout.py
> 🐍 GUI_LabelFrame_column_one_vertical.py
> 🐍 GUI_LabelFrame_column_one.py
> 🐍 GUI_LabelFrame_no_name.py
> 🐍 GUI_long_label.py
> 🐍 GUI_menubar_exit_quit.py
> 🐍 GUI_menubar_exit.py
> 🐍 GUI_menubar_file.py
> 🐍 GUI_menubar_help.py
> 🐍 GUI_menubar_separator.py
> 🐍 GUI_menubar_tearoff.py
> 🐍 GUI_remove_columnspan.py
> 🐍 GUI_remove_sticky.py
> 🐍 GUI_tabbed_all_widgets_both_tabs_radio.py
> 🐍 GUI_tabbed_all_widgets_both_tabs.py
> 🐍 GUI_tabbed_all_widgets.py
> 🐍 GUI_tabbed_two_mighty_labels.py
> 🐍 GUI_tabbed_two_mighty.py
> 🐍 GUI_tabbed_two.py
> 🐍 GUI_tabbed.py
```

2장에서는 파이썬 3.7 이상을 사용해 GUI 레이아웃을 다룬다. 다음 레시피를 제공할 예정이다.

- 라벨 프레임 위젯 안에 여러 개의 라벨 배열하기
- 패딩을 이용해 위젯 주변에 공간 추가하기
- 위젯으로 GUI 동적 확장하기
- 프레임 내 프레임을 포함해 GUI 위젯 정렬하기
- 메뉴바 만들기
- 탭 위젯 만들기
- 그리드 레이아웃 관리자 사용하기

라벨 프레임 위젯 안에 여러 개의 라벨 배열하기

LabelFrame 위젯을 사용해 체계적인 GUI로 디자인할 수 있다. 여전히 주요 레이아웃 디자인 도구로 그리드 레이아웃 관리자를 사용하지만, LabelFrame 위젯을 사용해 GUI 디자인을 훨씬 더 효율적으로 제어할 수 있다.

준비하기

GUI에 더 많은 위젯을 추가하고, 다음 레시피에서 GUI를 완벽하게 작동시킬 것이다. 여기에서는 LabelFrame 위젯을 사용한다. 1장, 'GUI 폼 생성 및 위젯 추가하기'에서 '순환문에서 여러 위젯 추가하기' 레시피의 GUI를 재사용한다.

실행 방법

1. 1장, 'GUI 폼 생성 및 위젯 추가하기'에서 GUI_adding_widgets_in_loop.py를 열어 모듈 이름을 GUI_LabelFrame_column_one.py로 저장한다.

2. 그리드에 ttk.LabelFrame을 생성하고 배치한다.

```
buttons_frame = ttk.LabelFrame(win, text=' Labels in a Frame ')
buttons_frame.grid(column=0, row=7)
# button_frame.grid(column=1, row=7)
```

3. 그리드에 3개의 ttk.Label을 만들고 텍스트 속성을 설정한다.

```
ttk.Label(buttons_frame, text="Label1").grid(column=0, row=0,sticky=tk.W)
ttk.Label(buttons_frame, text="Label2").grid(column=1, row=0,sticky=tk.W)
ttk.Label(buttons_frame, text="Label3").grid(column=2, row=0,sticky=tk.W)
```

GUI_LabelFrame_column_one.py 파일에서 위 지침으로 만들어진 코드는 다음과 같다.

```
108  # Create a container to hold labels
109  buttons_frame = ttk.LabelFrame(win, text=' Labels in a Frame ')
110  buttons_frame.grid(column=0, row=7)
111  # buttons_frame.grid(column=1, row=7)                    # now in col 1
112
113  # Place labels into the container element
114  ttk.Label(buttons_frame, text="Label1").grid(column=0, row=0, sticky=tk.W)
115  ttk.Label(buttons_frame, text="Label2").grid(column=1, row=0, sticky=tk.W)
116  ttk.Label(buttons_frame, text="Label3").grid(column=2, row=0, sticky=tk.W)
117
118  name_entered.focus()        # Place cursor into name Entry
119  #=====================
120  # Start GUI
121  #=====================
122  win.mainloop()
```

4. 코드를 실행한 결과는 다음 GUI이다.

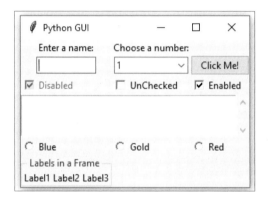

 TIP 111번째 줄의 주석을 지우고 LabelFrame의 다른 정렬에 주목한다.

추가적으로 코드를 변경해 라벨을 세로로 쉽게 정렬할 수 있다. 이를 위해 다음 단계를 수행한다.

1. GUI_LabelFrame_column_one.py 파일을 열어 GUI_LabelFrame_column_one_ver
   tical.py라는 이름으로 저장한다.
2. 행과 열 값을 다음처럼 변경한다.

62

```
ttk.Label(button_frame, text="Label1").grid(column=0, row=0)
ttk.Label(button_frame, text="Label2").grid(column=0, row=1)
ttk.Label(button_frame, text="Label3").grid(column=0, row=2)
```

 유일한 변경은 열과 행 번호를 바꾼 것뿐이다.

3. GUI_LabelFrame_column_one_vertical.py 파일을 실행한다. 이제 GUI 라벨 프레임은 다음처럼 보인다.

코드의 동작을 더 잘 이해하기 위해 동작 원리를 살펴보자.

동작 원리

109번째 줄에서 첫 번째 ttk LabelFrame 위젯을 만들고 결과 인스턴스를 buttons_frame 변수에 할당한다. 부모 컨테이너 win은 메인 윈도우다. 114~116번째 줄에서는 라벨을 만들고 LabelFrame 안에 배치한다. buttons_frame은 라벨의 부모다. 중요한 그리드 레이아웃 도구를 사용해 LabelFrame 내에 라벨을 정렬한다. 이 레이아웃 관리자의 열 및 행 속성은 GUI 레이아웃 제어 권한을 준다.

라벨의 부모는 메인 윈도우의 인스턴스 변수가 아닌 LabelFrame의 buttons_frame 인스턴스 변수다. 여기서 레이아웃 계층 구조의 시작을 알 수 있다.

열과 행 속성을 통해 레이아웃을 변경하는 것이 얼마나 쉬운지 알 수 있다. 열을 0으로 변경하는 방법과 행 값에 순차적으로 번호를 매기는 방법으로 라벨을 세로로 배열하는 방법에 유의한다.

 ttk라는 이름은 테마 tk를 의미한다. tk 테마 위젯 세트가 Tk 8.5에 도입됐다.

LabelFrmae 위젯 내에서 여러 라벨을 배치하는 방법을 성공적으로 배웠다.

추가 사항

프레임 내부에 프레임을 포함하기 위해 GUI 위젯 정렬하기 레시피에서 LabelFrame 위젯 안에 LabelFrame 위젯을 포함해 GUI 레이아웃을 제어할 수 있다.

이제 다음 레시피를 살펴보자.

패딩을 이용해 위젯 주변에 공간 사용하기

GUI가 잘 만들어져 가고 있다. 다음으로 위젯의 주위에 여유를 두기 위한 약간의 공간을 추가해 시각적인 측면을 개선한다.

준비하기

tkinter가 아름답지 않은 GUI를 만든다는 평이 있지만 버전 8.5 이후로 극적으로 변화

64

했다.

 Tk의 주요 개선 사항을 더 잘 이해하기 위해 공식 웹사이트를 인용한 내용은 다음과 같다. https://tkdocs.com/tutorial/onepage.html에서 확인할 수 있다.

"이 튜토리얼은 Tk, 특히 Tk 8.5 및 8.6과 함께 주요 데스크톱 그래픽 사용자 인터페이스를 구축해 사람들이 빠르게 속도를 내도록 돕기 위해 디자인됐다. Tk 8.5는 놀라울 정도로 획기적인 릴리스였으며 대부분의 사람들이 알고 있는 Tk의 이전 버전과는 상당한 차이를 보였다."

사용 가능한 도구와 기술을 사용하는 방법을 알아야 한다. 그건 다음에 다룬다.

 tkinter 버전 8.6은 파이썬 3.6과 함께 제공한다.

위젯 주위에 간격을 추가하는 간단한 방법을 먼저 보고, 순환문을 사용해 훨씬 더 좋은 방법으로 동일하게 만들 것이다. LabelFrame은 주 윈도우에 아래쪽으로 섞여서 조금 빡빡해 보인다. 이제 이 문제를 고쳐보자.

실행 방법

위젯 주변에 패딩을 추가하려면 다음 단계를 따른다.

1. GUI_LabelFrame_column_one.py 파일을 열고 GUI_add_padding.py라는 이름으로 저장한다.

2. grid 메서드에 padx, pady를 추가한다.

```
buttons_frame.grid(column=0, row=7, padx=20, pady=40)
# padx, pady
```

3. 코드를 실행한다. 이제 LabelFrame에 여유 공간이 생겼다. 다음과 같은 화면을 볼 수 있다.

순환문을 사용해 LabelFrame에 포함된 라벨 주위에 공간을 추가할 수 있다. 다음 단계를 따른다.

1. GUI_add_padding.py 파일을 열고 GUI_add_padding_loop.py라는 이름으로 저장한다.

2. 다음 순환문에 3개의 라벨을 생성하는 코드를 추가한다.

```
for child in buttons_frame.winfo_children():
    child.grid_configure(padx=8, pady=4)
```

위 지침에 따라 다음 코드가 생성됐다.

```
113  # Place labels into the container element
114  ttk.Label(buttons_frame, text="Label1").grid(column=0, row=0)
115  ttk.Label(buttons_frame, text="Label2").grid(column=0, row=1)
116  ttk.Label(buttons_frame, text="Label3").grid(column=0, row=2)
117
118  for child in buttons_frame.winfo_children():
119      child.grid_configure(padx=8, pady=4)
120
121  name_entered.focus()        # Place cursor into name Entry
122  #=====================
123  # Start GUI
124  #=====================
125  win.mainloop()
```

3. GUI_add_padding_loop.py 파일 코드를 실행한다. 이제 LabelFrame 위젯 내의 라벨에도 약간의 공간이 있다.

더 나은 효과를 보려면 다음과 같이 한다.

1. GUI_add_padding_loop.py 파일을 열고 GUI_long_label.py라는 이름으로 저장한다.

2. 다음처럼 Label1 텍스트를 변경한다.

```
ttk.Label(buttons_frame, text="Label1 -- sooooo much
loooonger...").grid(column=0, row=0)
```

3. 코드를 실행한다. 그러면 GUI를 보여주는 다음 스크린샷에 표시된 내용이 생성된다. 이제 어떻게 긴 라벨의 오른쪽에서 점 옆에 공간이 만들어졌는지 주목한다. 마지막 점은 LabelFrame(라벨 프레임)에 닿지 않는다. 추가 공간이 없었다면 닿았을 것이다.

LabelFrame 이름을 제거해도 padx가 라벨 위치에 미치는 영향을 확인할 수 있다. 시작해보자.

1. GUI_add_padding_loop.py 파일을 열어 GUI_LabelFrame_no_name.py라는 이름으로 저장한다.

2. 버튼을 생성하고 text 속성을 빈 문자열로 설정한다.

```
buttons_frame = ttk.LabelFrame(win, text='')  # LabelFrame 이름을 주지 않는다.
```

3. 코드를 실행한다. text 속성을 빈 문자열로 설정하면 이전에 LabelFrame에 대해 표시됐던 이름이 제거된다. 이는 다음 스크린샷에서 확인할 수 있다.

코드를 더 잘 이해하기 위해 동작 원리를 살펴보자.

동작 원리

tkinter에서는 padx와 pady라는 내장 속성을 사용해 가로, 세로로 공간을 추가한다. 이는 많은 위젯 주위에 공간을 추가해 수평 및 수직 정렬을 향상시킬 수 있다.

LabelFrame의 왼쪽과 오른쪽에 20픽셀의 공간을 하드코딩하고 프레임의 상단과 하단에 40픽셀을 추가했다. 이제 LabelFrame은 이전보다 훨씬 나아졌다.

grid_configure() 함수는 메인 루프가 UI 요소를 표시하기 전에 수정을 허용한다. 따라서 처음 위젯을 만들 때 값을 하드코딩하는 대신 레이아웃을 작성한 다음 GUI가 생성되기 직전에 파일 끝으로 간격을 배치할 수 있다. 이는 알아야 할 깔끔한 기법이다.

winfo_children() 함수는 buttons_frame 변수에 속한 모든 자식 목록을 반환한다. 루프를 반복해 각 라벨에 패딩을 할당할 수 있다.

 한 가지 주의해야 할 점은 라벨 오른쪽의 간격이 실제로 보이지 않는다는 것이다. Label Frame의 제목이 라벨 이름보다 길기 때문이다. 라벨 이름을 더 길게 만들어 실험해보는 걸 추천한다.

패딩을 사용해 위젯 주위에 공간을 추가하는 방법을 성공적으로 배웠다. 이제 다음 레시피를 살펴보자.

위젯으로 GUI 동적 확장하기

스크린샷과 이전 코드를 실행해 위젯이 텍스트를 시각적으로 표시하기 위해 필요한 만큼의 공간을 차지하도록 스스로를 확장할 수 있음을 알았다.

 자바는 동적 GUI 레이아웃 관리 개념을 도입했다. 이에 비해 VS.NET과 같은 시각적 개발 IDE는 GUI를 시각적으로 배치하고 기본적으로 UI 요소의 x 및 y 좌표를 하드코딩한다. tkinter를 사용하면 이 동적인 기능이 장점과 함께 약간의 어려움을 만들어낸다. 동적이지 않기를 원할 때 GUI가 동적으로 확장되기 때문이다. 동적인 파이썬 프로그래머이기 때문에 이 환상적인 동작을 최대한으로 활용하는 방법을 찾아낼 수 있다!

준비하기

이전 레시피의 시작 부분에서 패딩을 사용해 위젯 주위에 공간을 추가하기 위해 LabelFrame 위젯을 추가했다. 이로 인해 컨트롤 중 일부가 열 0의 중심으로 이동했다. GUI 레이아웃에서 이 변경을 원치 않을 수 있다. 이번 레시피에서 이 문제를 해결하는 몇 가지 방법을 살펴본다.

먼저 더 잘 이해하기 위해 GUI 레이아웃에서 진행되고 있는 미묘한 세부 사항을 알아보자.

그리드 레이아웃 관리자 위젯을 사용하고 위젯을 0 기반 그리드에 배치한다. 이것은 엑셀 스프레드 시트 또는 데이터베이스 테이블과 매우 비슷하다.

다음은 2행 3열의 그리드 레이아웃 관리자의 예다.

Row 0; Col 0	Row 0; Col 1	Row 0; Col 2
Row 1; Col 0	Row 1; Col 1	Row 1; Col 2

 그리드 레이아웃 관리자를 사용하면 주어진 열의 너비가 그 열의 가장 긴 이름이나 위젯에 의해 결정된다. 이는 모든 행에 영향을 준다.

LabelFrame 위젯을 추가하고 그 아래에 왼쪽 위 라벨과 텍스트 입력과 같은 하드코딩된 크기의 위젯보다 긴 제목을 지정하면 해당 위젯을 동적으로 0열의 중심으로 이동해 왼쪽에 공백을 추가한다. 이를 통해 위젯의 오른쪽과 왼쪽에 공간을 추가할 수 있다.

덧붙여 Checkbutton 및 ScrolledText 위젯에 sticky 속성을 사용했기 때문에 위젯은 프레임의 왼쪽에 고정된 채로 남아 있다.

2장의 첫 번째 레시피의 스크린샷, 라벨 프레임 위젯 내에서 여러 개의 라벨 정렬에 대해 자세히 살펴보자.

LabelFrame의 제목으로 표시되는 LabelFrame의 text 속성은 'Enter a name' 라벨과 그 아래에 있는 텍스트박스 항목보다 길기 때문에 이 두 위젯은 0열의 새로운 너비로 가운데에 동적으로 배치된다.

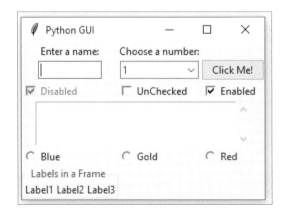

라벨과 라벨 아래의 항목이 모두 더 이상 왼쪽에 배치되지 않고 그리드 열 내의 중앙으로 이동되는 과정에 주목하자.

GUI_LabelFrame_no_name.py에 다음 코드를 추가해 LabelFrame을 만든 다음 이 프레임에 라벨을 배치해 Label 프레임과 여기에 포함된 위젯을 모두 확장한다.

```
buttons_frame = ttk.LabelFrame(win, text='Labels in a Frame')
buttons_frame.grid(column=0, row=7)
```

위젯을 만들 때 sticky = tk.WE 속성을 사용했기 때문에 0열의 Checkbutton 및 Radiobutton 위젯이 가운데에 맞춰지지 않았다. ScrolledText 위젯의 경우, 위젯을 프레임의 서쪽(왼쪽)과 동쪽(오른쪽) 양쪽에 바인딩하는 sticky = tk.WE를 사용했다.

 tkinter에서 sticky 속성을 사용해 그리드 컨트롤 내에 위젯들을 정렬한다.

실행 방법

이 레시피 완성을 위해 다음 단계들을 실행한다.

1. GUI_arranging_labels.py 파일을 열어서 GUI_remove_sticky.py라는 이름으로 저장한다.
2. ScrolledText 위젯에서 sticky 속성을 제거하고 그 변화를 관찰한다.
   위 지침대로 다음 코드를 생성한다. 원본 src.grid(...)가 더 이상 sticky 속성을 갖지 않도록 주석 처리하는 방법에 주목한다.

```
# Using a scrolled Text control
scrol_w = 30
scrol_h = 3
scr = scrolledtext.ScrolledText(win, width=scrol_w, height=scrol_h, wrap=tk.WORD)
#### scr.grid(column=0, row=5, sticky='WE', columnspan=3)
scr.grid(column=0, row=5, columnspan=3)                # sticky property removed
```

3. 코드를 실행한다. 이제 GUI는 왼쪽과 오른쪽 모두에 스크롤된 텍스트 위젯을 둘
   러싼 새로운 공간이 확보됐다. columnspan=3 속성을 사용했기 때문에 스크롤된
   텍스트 위젯은 여전히 세 열 모두에 걸쳐 있다. 다음 화면과 같다.

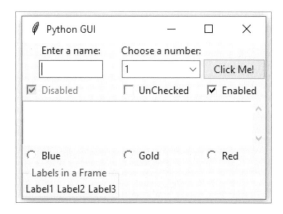

원하는 형태로 GUI를 조정하려면 columnspan을 사용해야 한다. columnspan 속성을 사용
하지 않으면 다음의 과정처럼 좋은 GUI 설계가 엉망이 될 수 있다.

1. GUI_remove_sticky.py 파일을 열어 GUI_remove_columnspan.py라는 이름으로
   저장한다.

2. columnspan=3을 제거하면 다음 스크린샷에 표시된 GUI가 제공되지만 원하는
   GUI가 아니다. 이제 ScrolledText는 0열만 사용하고 크기 때문에 레이아웃이
   늘어난다.

3. GUI_remove_columnspan.py 파일을 실행하고 결과를 살펴본다.

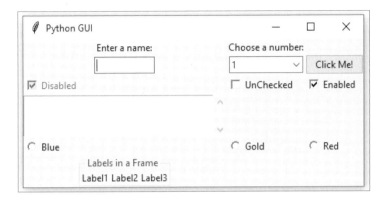

LabelFrame을 추가하기 전에 레이아웃을 다시 원래 위치로 되돌릴 수 있는 한 가지 방법은 그리드 열 위치를 조정하는 것이다.

1. GUI_remove_columnspan.py 파일을 열어 GUI_LabelFrame_column_one.py라는 이름으로 저장한다.

2. 열 값을 0에서 1로 변경한다.

3. 코드를 실행한다. 이제 GUI는 다음처럼 보인다.

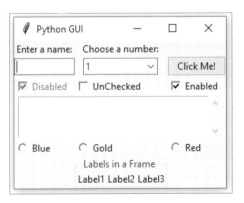

코드를 더 잘 이해하기 위해 동작 원리를 살펴보자.

여전히 개별 위젯을 사용하고 있기 때문에 레이아웃이 엉망이 될 수 있다. LabelFrame 의 열 값을 0에서 1로 이동시켜서 컨트롤을 원래 위치로 되돌릴 수 있다. 적어도 가장 왼 쪽 라벨, 텍스트, Checkbutton, ScrolledText 및 Radiobutton 위젯은 이제 의도한 위치 에 있다.

두 번째 라벨과 첫 번째 열에 위치한 텍스트 엔트리는 프레임 내부 라벨 위젯 길이의 중심 에 맞춰 정렬되므로 기본적으로 정렬 문제를 한 열 오른쪽으로 옮겼다.

Choose a number 라벨의 크기가 프레임 제목의 라벨 크기와 거의 같아서 열 너비가 이 미 LabelFrame으로 생성된 새 너비에 가까워서 표시되지 않는다.

추가 사항

다음 레시피에서는 프레임 내에 프레임을 임베드해 GUI 위젯을 정렬하고, 이 레시피에서 방금 경험한 위젯의 우발적인 오정렬을 피하기 위해 프레임 내에 프레임을 임베드한다.

프레임 내 프레임을 포함해 GUI 위젯 정렬하기

프레임 내에 프레임을 포함시키면 GUI 레이아웃을 훨씬 잘 제어할 수 있다. 이번 레시피 에서 다룰 것이다.

준비하기

파이썬과 GUI 모듈의 동적인 동작은 원하는 방식으로 GUI를 실제로 구현할 수 있는 약 간의 도전 과제를 만들 수 있다. 여기서는 레이아웃을 좀 더 잘 제어하기 위해 프레임 내 에 프레임을 포함시킨다. 이렇게 하면 서로 다른 UI 요소 간에 더 강한 계층 구조가 설정 돼 시각적인 모양을 더욱 쉽게 구현할 수 있다. 이전 레시피인 '위젯으로 GUI 동적 확장하기'에서 만들었던 GUI를 계속 사용한다.

여기에서는 다른 프레임과 위젯을 포함하는 최상위 프레임을 만든다. 이렇게 하면 원하는 대로 GUI 레이아웃을 얻을 수 있다. 이를 위해 현재의 컨트롤을 ttk.LabelFrame이라는 중앙 프레임 안에 포함해야 한다. 이 ttk.LabelFrame 프레임은 메인 부모 윈도우의 자식 이며 모든 컨트롤은 이 ttk.LabelFrame의 자식이 된다.

지금까지 이 레시피에서 모든 위젯을 기본 GUI 프레임에 직접 할당했다. 이제 LabelFrame 을 메인 윈도우에만 할당한 후에 이 LabelFrame을 모든 위젯의 부모 컨테이너로 만든다.

그러면 GUI 레이아웃에 다음과 같은 계층 구조가 만들어진다.

위 다이어그램에서 win은 기본 GUI 프레임 창에 대한 참조를 가지는 변수이고 mighty는 LabelFrame에 대한 참조를 보유하고 기본 윈도우 프레임(win)의 자식이며 Label 및 기타 모든 위젯들은 이제 LabelFrame 컨테이너(mighty)에 배치된다.

실행 방법

이 레시피 완성을 위해 다음 단계들을 실행한다.

1. GUI_LabelFrame_column_one.py 파일을 열어 GUI_embed_frames.py로 저장한다.
2. 파이썬 모듈의 맨 위쪽에 다음 코드를 추가한다.

```
mighty = ttk.LabelFrame(win, text=' Mighty Python ')
mighty.grid(column=0, row=0, padx=8, pady=4)
```

다음으로 컨트롤을 수정해 mighty를 부모로 사용해 win을 대체한다. 실행 예는 다음과 같다.

3. Label의 부모를 win에서 mighty로 변경한다.

```
a_label = ttk.Label(mighty, text="Enter a name:")
a_label.grid(column=0, row=0)
```

4. 그 결과 다음 GUI가 생성된다.

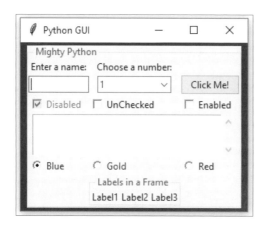

이제 모든 위젯이 거의 보이지 않는 얇은 선으로 모든 위젯을 둘러싸는 Mighty Python LabelFrame에 어떻게 포함되는지 확인한다. 다음으로 GUI 레이아웃을 엉망으로 만들지 않고 프레임 위젯의 라벨을 왼쪽으로 재설정할 수 있다.

1. GUI_embed_frames.py를 열어서 GUI_embed_frames_align.py로 저장한다.
2. column 값을 0으로 변경한다.

```
buttons_frame = ttk.LabelFrame(mighty, text=' Labels in a Frame ')
buttons_frame.grid(column=0, row=7)
```

3. GUI_embed_frames_align.py 파일을 실행한다. GUI 결과는 다음 스크린샷처럼 나타난다.

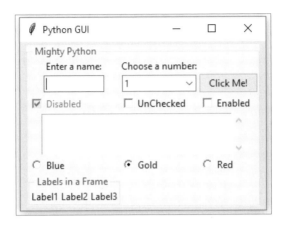

아닐 수도 있다. 다른 프레임 내의 프레임이 왼쪽에 잘 정렬된 반면, 이 프레임은 다시 최상위 위젯을 가운데로 밀어 넣었다(기본값).

왼쪽에 맞추기 위해 sticky 속성을 사용해 GUI 레이아웃을 강제해야 한다. 'W'(West)를 할당하면 위젯이 왼쪽 정렬되도록 제어할 수 있다.

1. GUI_embed_frames_align.py를 열어서 GUI_embed_frames_align_west.py로 저장한다.

2. 라벨에 sticky 속성을 추가한다.

```
a_label = ttk.Label(mighty, text="Enter a name:")
a_label.grid(column=0, row=0, sticky='W')
```

3. 그 결과 다음 GUI가 생성된다.

컬럼 0의 엔트리 위젯을 왼쪽으로 정렬해보자.

1. GUI_embed_frames_align_west.py를 열어서 GUI_embed_frames_align_entry_ west.py로 저장한다.

2. 엔트리를 왼쪽에 정렬하기 위해 sticky 속성을 사용한다.

```
name = tk.StringVar()
name_entered = ttk.Entry(mighty, width=12, textvariable=name)
name_entered.grid(column=0, row=1, sticky=tk.W) # 왼쪽 정렬
```

3. GUI_embed_frames_align_entry_west.py 파일을 실행한다. 이제 라벨과 엔트리 가 모두 왼쪽으로 정렬된다.

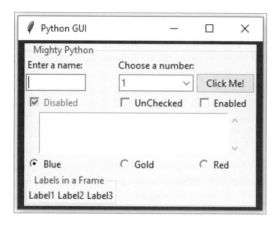

코드를 더 잘 이해하기 위해 동작 원리를 살펴보자.

동작 원리

그 아래에 있는 텍스트박스 말고 라벨 정렬 방법에 주목한다. 왼쪽 정렬하려는 모든 컨트 롤에 sticky 속성을 사용해야 한다. 2장에서는 채우기를 사용해 위젯 주위에 공간을 추가 하기 레시피에서와 마찬가지로 winfo_children() 및 grid_configure (sticky = 'W') 속 성을 사용해 반복적으로 작업을 수행할 수 있다.

winfo_children( ) 함수는 부모에 속한 모든 자식 목록을 반환한다. 이렇게 하면 모든 위젯을 반복해 속성을 변경할 수 있다.

 tkinter를 사용해 왼쪽, 오른쪽, 위 또는 아래로 이름을 지정하는 것은 자바와 매우 유사하다. 서쪽, 동쪽, 북쪽 및 남쪽은 약자로 'W'와 같이 표시한다. 또한 'W'대신 tk.W와 같이 사용할 수 있다. 이를 위해 tkinter 모듈을 tk 앨리어스로 가져와야 한다.

이전 레시피에서는 'W'와 'E'를 조합한 'WE'를 사용해 ScrolledText 위젯을 컨테이너의 왼쪽 및 오른쪽에 붙였다. 'NSE'는 위젯을 위, 아래 및 오른쪽으로 확장하듯 더 많은 조합을 추가할 수 있다. 예를 들어 버튼과 같이 폼에 하나의 위젯만 있는 경우 'NSWE' 옵션을 사용해 전체 프레임을 채울 수 있다. 튜플 문법 sticky = (tk.N, tk.S, tk.W, tk.E)도 사용할 수 있다.

LabelFrame 프레임의 라벨 길이가 다른 GUI 레이아웃에 미치는 영향을 분리하려면 이 LabelFrame을 다른 위젯과 동일한 LabelFrame에 배치하지 말고 기본 GUI 폼(win)에 직접 할당해야 한다. 이후 장에서 다룰 것이다.

메뉴바 만들기

이 레시피에서는 메인 윈도우에 메뉴바를 추가하고 메뉴 막대에 메뉴를 추가한 다음 메뉴에 메뉴 항목을 추가한다.

준비하기

메뉴바, 여러 메뉴 및 몇 가지 메뉴 항목을 추가하는 기술을 배우기 시작해 이를 수행하는 방법의 원리를 보여준다. 처음에는 메뉴 항목을 클릭해도 변화가 없다. 그런 다음 메뉴 항목에 기능을 추가한다. 예를 들면 종료 메뉴 항목을 클릭할 때 기본 창을 닫고 Help > About 대화창을 보여준다.

이전 레시피에서 만든 GUI를 프레임 내에서 프레임을 임베드해 GUI 위젯 정렬을 계속 확장한다.

메뉴바를 생성하기 위해 다음 단계들을 따른다.

1. GUI_embed_frames_align_entry_west.py를 열어서 GUI_menubar_file.py로 저장한다.

2. 먼저 tkinter에서 Menu 클래스를 임포트해야 한다. import문이 있는 파이썬 모듈의 맨 위에 다음 코드 행을 추가한다.

```
import tkinter as tk
from tkinter import ttk
from tkinter import scrolledtext
from tkinter import Menu
```

3. 다음으로 메뉴바를 만든다. 메인 이벤트 루프를 생성하는 바로 위의 모듈 하단에 다음 코드를 추가한다.

```
# 메뉴바 생성하기
menu_bar = Menu(win)
win.config(menu=menu_bar)

# 메뉴를 생성하고 메뉴 아이템 추가하기
file_menu = Menu(menu_bar) # create File menu
file_menu.add_command(label="New") # add File menu item
```

이 지침을 수행하면 GUI_menubar_file.py 파일에 다음 코드가 생성된다.

```
118   # Creating a Menu Bar
119   menu_bar = Menu(win)
120   win.config(menu=menu_bar)
121
122   # Create menu and add menu items
123   file_menu = Menu(menu_bar)                    # create File menu
124   file_menu.add_command(label="New")            # add File menu item
```

119번째 줄에서 가져온 Menu 모듈 클래스의 생성자를 호출하고 메인 GUI 인스턴스인 win을 전달한다. Menu 객체의 인스턴스를 menu_bar 변수에 저장한다. 120번째 줄에서는 방금 생성한 메뉴를 GUI용 메뉴로 사용하도록 GUI를 설정한다.

4. 이 작업을 수행하려면 메뉴바에 메뉴를 추가하고 라벨을 지정해야 한다.
   메뉴 항목은 이미 메뉴에 추가됐지만 메뉴바에 메뉴를 추가해야 한다.

   ```
   menu_bar.add_cascade(label="File", menu=file_menu) # 메뉴 바에 파일 메뉴를 추가
   하고 라벨 지정
   ```

5. 이 코드를 실행하면 메뉴 항목을 가지는 메뉴가 메뉴바에 추가된다.

ℹ️ 이 tkinter 메뉴바 구문이 조금 혼란스러워 보여도 걱정하지 말자. 이는 단지 메뉴바를 만드는 tkinter의 문법이다. 이는 매우 파이썬스럽지(Pythonic) 않다.

다음으로 메뉴바에 추가한 첫 번째 메뉴에 두 번째 메뉴 항목을 추가한다.

1. GUI_menubar_file.py를 열어서 GUI_menubar_exit.py로 저장한다.
2. Exit 메뉴 아이템을 추가한다.

   ```
   file_menu.add_command(label="Exit")
   ```

3. 코드를 실행하면 다음과 같은 결과가 생성된다.

메뉴의 생성자에 tearoff 속성을 전달하면 기본적으로 메뉴의 첫 번째 메뉴 항목 위에 나타나는 첫 번째 점선을 제거할 수 있다.

다음 단계를 수행할 수 있다.

1. GUI_menubar_sperator.py를 열어서 GUI_menubar_tearoff.py로 저장한다.

2. tearoff 속성을 **0**으로 설정한다.

```
file_menu = Menu(menu_bar, tearoff=0)
```

3. 앞의 코드를 실행한다. 다음 스크린샷에서 점선은 더 이상 나타나지 않으며 GUI가 훨씬 좋아 보인다.

다음으로 첫 번째 메뉴의 오른쪽에 가로로 배치된 두 번째 메뉴를 추가한다. About이라는 이름의 하나의 메뉴 아이템을 제공하고, 동작을 위해 메뉴바에 이 두 번째 메뉴를 추가해야 한다.

File 및 Help > About은 잘 알고 있는 매우 일반적인 Windows GUI 레이아웃이며 파이썬과 tkinter를 사용해 동일한 메뉴를 만들 수 있다.

1. GUI_menubar_tearoff.py를 열어서 GUI_menubar_menubar_help.py로 저장한다.
2. 이제 메뉴바에 메뉴 항목이 있는 두 번째 메뉴가 나타난다.

```
help_menu = Menu(menu_bar, tearoff=0)
menu_bar.add_cascade(label="Help", menu=help_menu)
help_menu.add_command(label="About")
```

이전 지침은 GUI_menubar_help.py 파일에서 찾을 수 있는 다음 코드를 생성한다.

```
# Creating a Menu Bar
menu_bar = Menu(win)
win.config(menu=menu_bar)

# Add menu items
file_menu = Menu(menu_bar, tearoff=0)
file_menu.add_command(label="New")
file_menu.add_separator()
file_menu.add_command(label="Exit")
menu_bar.add_cascade(label="File", menu=file_menu)

# Add another Menu to the Menu Bar and an item
help_menu = Menu(menu_bar, tearoff=0)
menu_bar.add_cascade(label="Help", menu=help_menu)
help_menu.add_command(label="About")

name_entered.focus()        # Place cursor into name Entry
#=====================
# Start GUI
#=====================
win.mainloop()
```

3. 앞의 코드를 실행하면 다음 스크린샷처럼 메뉴 항목이 있는 메뉴가 있는 메뉴 모음이 추가된다.

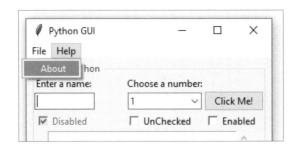

이 시점에서 GUI에는 메뉴바와 몇 가지 메뉴 항목이 포함된 두 개의 메뉴가 있다. 몇 가지 명령을 추가할 때까지 클릭해도 별다른 동작을 하지는 않는다. 다음에 할 일이다. 메뉴바 생성 부분 위에 다음 코드를 추가한다.

1. GUI_menubar_help.py를 열어서 GUI_menubar_exit_quit.py로 저장한다.
2. quit 함수를 생성한다.

```
def _quit():
    win.quit()
    win.destroy()
    exit()
```

3. 다음으로 아래 명령을 추가해 File > Exit 메뉴 항목에 이 기능을 연결한다.

```
file_menu.add_command(label="Exit", command=_quit)
```

이전 지침은 GUI_menubar_exit_quit.py 파일에서 찾을 수 있는 다음 코드를 생성한다.

```
# Exit GUI cleanly
def _quit():
    win.quit()
    win.destroy()
    exit()

# Creating a Menu Bar
menu_bar = Menu(win)
win.config(menu=menu_bar)

# Add menu items
file_menu = Menu(menu_bar, tearoff=0)
file_menu.add_command(label="New")
file_menu.add_separator()
file_menu.add_command(label="Exit", command=_quit)
menu_bar.add_cascade(label="File", menu=file_menu)
```

4. 코드를 실행하고 종료 메뉴 항목을 클릭한다. 다음 GUI는 우리가 실행하는 코드의 결과이다.

이제 **Exit** 메뉴 항목을 클릭하면 애플리케이션이 실제로 종료된다.

코드를 더 잘 이해하기 위해 동작 원리를 살펴보자.

동작 원리

먼저 Menu 클래스의 tkinter 생성자를 호출한다. 그런 다음 새로 만든 메뉴를 기본 GUI 창에 할당한다. 실제로 이것이 메뉴바가 된다. menu_bar라는 인스턴스 변수에 그것에 대한 참조를 저장한다.

다음으로 메뉴를 만들고 메뉴 항목을 추가한다. 그런 다음 두 번째 메뉴 항목을 메뉴에 추가한다. add_cascade( ) 메서드는 메뉴 항목을 수직 레이아웃으로 정렬한다.

그런 다음 두 메뉴 항목 사이에 구분선을 추가한다. 일반적으로 관련 메뉴 항목을 그룹화하고 덜 관련된 항목과 분리한다. 마지막으로, tearoff 점선을 비활성화해 메뉴를 훨씬 더 보기 좋게 만든다.

 이 기본 기능을 비활성화하지 않으면 사용자는 기본 윈도우에서 메뉴를 떼어 낼 수 있다. 이 기능은 별로 가치가 없다고 생각한다. 이 기능을 비활성화하기 전에 점선을 두 번 클릭해 자유롭게 사용할 수 있다. Mac을 사용하는 경우이 기능이 활성화되지 않을 수 있으므로 걱정할 필요는 없다.

다음 GUI를 확인하자.

그런 다음 메뉴바에 두 번째 메뉴를 추가한다. 이 기술을 통해 메뉴를 계속 추가할 수 있다.

다음으로 GUI 애플리케이션을 명확하게 종료하는 함수를 만든다. 이 방법은 메인 이벤트 루프를 끝내기 위한 권장되는 파이썬다운(Pythonic) 방식이다.

tkinter의 command 속성을 사용해 생성된 함수를 메뉴 항목에 바인딩한다. 메뉴 항목을 실제로 처리하고 싶을 때마다 각 항목을 함수에 바인딩해야 한다.

 클라이언트 코드에 의해 호출되지 않는 비공개 함수임을 나타내기 위해 quit 함수 앞에 밑줄을 하나 붙이는 권장되는 파이썬 명명 규칙을 사용한다.

추가 사항

메시지박스와 다른 많은 것들을 소개하는 3장, '사용자 정의 룩앤필'에서 Help > About 기능을 추가할 것이다.

탭 위젯 만들기

이 레시피에서는 tkinter로 작성된 확장 GUI를 좀 더 체계적으로 구성할 수 있도록 탭 위젯을 작성한다.

준비하기

탭을 사용해 파이썬 GUI를 개선하기 위해 필요한 최소 코드를 사용해 처음부터 시작한다. 이 레시피에서는 간단한 GUI를 만든 다음 이전 레시피의 위젯을 추가하고 이를 새로운 탭 레이아웃에 배치한다.

실행 방법

새로운 파이썬 모듈을 만들고 이 모듈에 다음 코드를 추가한다.

1. 새로운 파이썬 모듈을 생성하고 GUI_tabbed.py로 저장한다.
2. 모듈의 최상단에 tkinter를 임포트한다.

   ```
   import tkinter as tk
   from tkinter import ttk
   ```

3. Tk 클래스의 인스턴스를 생성한다.

   ```
   win = tk.Tk()
   ```

4. title 속성을 통해 제목을 추가한다.

   ```
   win.title ("Python GUI")
   ```

5. ttk 노트북을 사용해 탭컨트롤을 생성한다.

   ```
   tabControl = ttk.Notebook(win)
   ```

6. 탭컨트롤에 탭을 추가한다.

   ```
   tabControl.add(tab1, text-'Tab 1')
   ```

7. pack을 사용해 GUI 내부에 컨트롤을 가시화한다.

```
tabControl.pack(expand=1, fill="both")
```

이 지침을 통해 생성된 다음과 같은 코드를 GUI_tabbed.py 파일 내에서 볼 수 있다.

```
 6 #=====================
 7  # imports
 8  #=====================
 9 import tkinter as tk
10  from tkinter import ttk
11
12  win = tk.Tk()                            # Create instance
13  win.title("Python GUI")                  # Add a title
14  tabControl = ttk.Notebook(win)           # Create Tab Control
15  tab1 = ttk.Frame(tabControl)             # Create a tab
16  tabControl.add(tab1, text='Tab 1')       # Add the tab
17  tabControl.pack(expand=1, fill="both")   # Pack to make visible
18
19 #=====================
20  # Start GUI
21  #=====================
22  win.mainloop()
```

8. 이전 코드를 실행한다. 코드가 실행되면 다음 화면과 같은 결과가 나타난다.

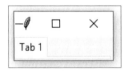

놀랄 만큼 인상적이지는 않지만 이 위젯은 GUI 디자인 툴킷에 또 다른 강력한 도구를 추가한다. 위의 간단한 예제에는 한계가 있다(예: GUI의 위치를 변경하거나 전체 GUI 제목을 표시할 수 없음).

 이전 레시피에서 좀 더 간단한 GUI를 위해 그리드 레이아웃 관리자를 사용했지만 더 간단한 레이아웃 관리자를 사용할 수 있으며 pack도 그중 하나다.

앞의 코드에서 tabControl 및 ttk.Notebook 위젯을 메인 GUI 폼에 압축해 노트북 탭 컨트롤을 확장해 모든 면을 채운다. 두 번째 탭을 컨트롤에 추가하고 탭들을 클릭할 수 있다.

1. GUI_tabbed.py를 열어 GUI_tabbed_two.py로 저장한다.

2. 두 번째 탭을 추가한다.

```
tab2 = ttk.Frame(tabControl) # 두 번째 탭 생성
tabControl.add(tab2, text='Tab 2') # 두 번째 탭 추가
```

3. 이제 탭이 두 개가 됐다. 초점을 맞추기 위해 **Tab 2**를 클릭한다.

윈도우 제목을 보고 싶다면 탭 중 하나에 위젯을 추가해야 한다. 위젯은 창 제목을 표시하기 위해 동적으로 GUI를 확장할 만큼 충분히 넓어야 한다.

1. GUI_tabbed_two.py를 열어 GUI_tabbed_two_mighty.py로 저장한다.

2. 라벨에 라벨프레임을 추가한다.

```
# tab1을 부모로 사용한 라벨프레임
mighty = ttk.LabelFrame(tab1, text=' Mighty Python ')
mighty.grid(column=0, row=0, padx=8, pady=4)

# mighty를 부모로 사용한 라벨
a_label = ttk.Label(mighty, text="Enter a name:")
a_label.grid(column=0, row=0, sticky='W')
```

3. 이제 Mighty Python을 **Tab1** 안에 넣었다. 이렇게 하면 GUI는 확장되지만 추가된 위젯은 GUI 제목을 표시할 만큼 충분히 크지 않다.

두 번째 라벨에 주변 공간을 더한 후 두 번째 라벨을 추가한 다음 GUI 제목을 다시 볼 수 있도록 레이아웃을 충분히 늘린다.

1. GUI_tabbed_two_mighty.py를 열어 GUI_tabbed_two_mighty_labels.py로 저장한다.

2. 순환문을 통해 두 번째 라벨과 공간을 추가한다.

```
# 다른 라벨 추가하기
ttk.Label(mighty, text="Choose a number:").grid(column=1, row=0)
```

```
# 각 라벨 주변에 공간 추가하기
for child in mighty.winfo_children():
    child.grid_configure(padx=8)
```

3. 앞의 코드를 실행한다. 다음 스크린샷은 GUI_tabbed_two_mighty_labels.py 파일에서도 볼 수 있는 이 코드를 실행한 결과를 보여준다.

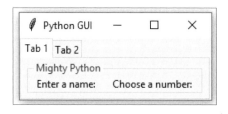

지금까지 생성한 모든 위젯을 새로 생성된 탭 컨트롤에 계속 배치할 수 있다.

GUI_tabbed_all_widgets.py 파일을 살펴보자.

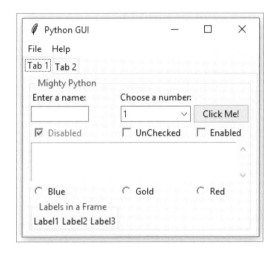

이제 모든 위젯은 Tab 1 안에 있다. 일부 Tab 2로 이동해보자.

1. 먼저 두 번째 LabelFrame을 작성해 위젯의 컨테이너가 되도록 Tab 2로 재배치한다.

```
mighty2 = ttk.LabelFrame(tab2, text=' The Snake ')
mighty2.grid(column=0, row=0, padx=8, pady=4)
```

2. 그다음에 mighty2라는 새로운 변수로 부모 컨테이너를 지정해 체크 버튼과 라디오 버튼을 Tab 2로 이동한다. 다음은 Tab 2로 옮겨 놓은 모든 컨트롤에 적용되는 예제다.

```
chVarDis = tk.IntVar()
check 1 = tk.Checkbutton(mighty2, text="Disabled", variable=chVarDis,
state='disabled')
```

3. `GUI_tabbed_all_widgets_both_tabs.py` 파일을 실행한다. 이전 코드를 실행한 후 받은 결과를 다음 스크린샷처럼 보여준다.

이제 Tab 2를 클릭하면 재배치된 위젯을 볼 수 있다.

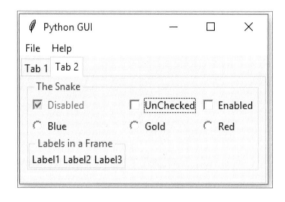

앞의 코드를 실행하면 GUI가 다르게 보인다. Tab 1에는 이전에 생성된 모든 위젯이 포함돼 있을 때보다 더 적은 수의 위젯이 있다.

재배치된 라디오 버튼을 클릭해도 더 이상 효과가 없으므로 LabelFrame 위젯의 제목에서 RadioButton이 표시되는 이름으로 텍스트 속성의 이름을 변경하는 작업을 변경한다. Gold 라디오 버튼을 클릭하면 더 이상 프레임의 배경을 금색으로 설정하지 않지만, 대신 LabelFrame 텍스트 제목을 바꾼다. 이제 The Snake는 금색이 된다.

```
def radCall():
    radSel=radVar.get()
    if radSel == 0: mighty2.configure(text ='Blue')
    if radSel == 1: mighty2.configure(text ='Gold')
    if radSel == 0: mighty2.configure(text ='Red')
```

4. 이제 라디오 버튼 위젯 중 하나를 선택하면 LabelFrame의 이름이 변경된다.

5. GUI_tabbed_all_widgets_both_tabs_radio.py 파일을 실행한다. 다음 스크린 샷은 이 파일에서 코드를 실행한 결과를 보여준다.

이제 라벨 프레임의 제목이 파란색인 것에 주목한다. 다음 스크린샷과 같이 **Gold 라디오 버튼**을 클릭하면 이 제목이 Gold로 변경된다.

이제 코드를 더 잘 이해하기 위해 동작 원리를 살펴보자.

동작 원리

두 번째 탭을 만든 후에 원래 Tab 1에 있던 위젯 중 일부를 Tab 2로 옮겼다. 탭을 추가해 점차 증가하는 GUI를 구성하는 것은 또 다른 좋은 방법이다. 이 방식은 GUI 디자인의 복잡성을 처리하는 아주 좋은 방법이다. 위젯을 자연스럽게 속한 그룹 단위로 정렬할 수 있으며 탭을 사용해 사용자를 혼란으로부터 자유롭게 할 수 있다.

 tkinter에서 탭 만들기는 탭 위젯을 추가할 수 있는 도구인 Notebook 위젯을 통해 수행된다. tkinter 노트북 위젯에는 다른 많은 위젯과 마찬가지로 사용 및 구성하는 추가 속성이 있다. 사용할 수 있는 tkinter 위젯의 추가 기능을 탐색하기에 좋은 곳은 공식 웹사이트다.
https://docs.python.org/3.1/library/tkinter.ttk.html#notebook

탭 위젯을 만드는 방법을 성공적으로 배웠다. 이제 다음 레시피로 넘어가보자.

그리드 레이아웃 관리자 사용하기

그리드 레이아웃 관리자는 사용할 수 있는 가장 유용한 레이아웃 도구 중 하나다. 너무 강력하기 때문에 이미 많은 레시피에서 사용했다.

준비하기

이 레시피에서는 그리드 레이아웃 관리자의 기술 중 일부를 검토한다. 앞에서 이미 그것들을 사용했으며, 더 살펴볼 것이다.

2장에서는 행과 열을 만들었다. 이 행과 열은 GUI 디자인을 통한 데이터베이스 접근 방식이다(MS 엑셀에서도 동일하다). 첫 번째 행을 하드코딩했지만, 다음 행에 저장할 위치를 지정하는 것을 잊었다. Tkinter는 눈치채지 못하게 이 부분을 채웠다.

다음은 코드에서 수행한 작업이다.

1. GUI_tabbed_all_widgets_both_tabs_radio.py 파일을 연다.
2. 다음처럼 src.gird 라인을 주석 처리한다.

```
# Using a scrolled Text control
scrol_w  = 30
scrol_h  = 3
scr = scrolledtext.ScrolledText(mighty, width=scrol_w, height=scrol_h, wrap=tk.WORD)
# scr.grid(column=0, row=2, sticky='WE', columnspan=3)
scr.grid(column=0, sticky='WE', columnspan=3)                          # row not specified
```

Tkinter는 특정 행을 지정하지 않은 누락 행을 자동으로 추가한다. 이것을 깨닫지 못할 수도 있다.

3. 코드를 실행한 후 라디오 버튼이 Text 위젯의 중간에 있는 것에 주목한다.

코드를 더 잘 이해하기 위해 동작 원리를 살펴보자.

1행에 Entry 위젯을 배치한 다음 scr 변수를 통해 참조하는 ScrolledText 위젯 행을 지정하는 것을 잊었다가 3행에 배치할 Radiobutton 위젯을 추가했다. 이것은 tkinter가 ScrolledText 위젯이 2행 다음으로 가장 높은 행 번호를 사용하도록 자동으로 행 위치를 증가시켰기에 훌륭하게 작동한다.

코드를 보고 ScrolledText 위젯을 두 번째 행에 명시적으로 배치하는 것을 잊었다는 것을 깨닫지 못하면 그곳에 아무것도 없다고 생각할 수 있다. 그래서 다음을 시도해볼 것이다. curRad 변수에 2행을 사용하도록 설정하면 뜻밖의 불쾌함을 얻을 수 있다.

이제 코드를 더 잘 이해하기 위해 동작 원리를 살펴보자.

RadioButton 행이 ScrolledText 위젯의 중간에 갑자기 어떻게 생겼는지 주목하자. GUI가 의도한 대로 보이지 않는다.

 행 번호를 명시적으로 지정하는 것을 잊어버린 경우, 기본적으로 tkinter는 사용 가능한 다음 행을 사용한다.

columnspan 속성을 사용해 위젯이 단 하나의 열로 제한되지 않도록 했다. 다음은 Scrolled Text 위젯이 GUI의 모든 열에 걸쳐 있도록 하는 방법이다.

```
scr = scrolledtext.ScrolledText(mighty, width=scrol_w, height=scrol_h, wrap=tk.WORD)
scr.grid(column=0, row=5, sticky='WE', columnspan=3)
```

3

사용자 정의 룩앤필

3장에서는 GUI의 일부 속성을 변경해 몇 가지 위젯을 사용자 정의한다. 또한 tkinter가 제공하는 몇 가지 새로운 위젯을 소개한다. 파이썬을 이용한 툴팁 생성 레시피는 OOP 스타일의 ToolTip 클래스를 만들고, 이 클래스는 지금까지 사용해온 단일 파이썬 모듈의 일부가 된다.

다양한 메시지박스를 만들고 GUI 창 제목을 변경하는 방법 등을 배운다. 스핀박스 컨트롤을 사용해 다양한 스타일을 적용하는 방법을 배운다. 사용자 정의 룩앤필은 GUI를 전문적으로 보이게 하기 때문에 GUI 디자인에서 매우 중요한 부분이다.

3장을 위한 파이썬 모듈의 개요는 다음과 같다.

```
∨ ⊞ Ch03_Code
    📄 _init_.py
  > P GUI_canvas.py
  > P GUI_icon.py
  > P GUI_independent_msg_info.py
  > P GUI_independent_msg_one_window_title.py
  > P GUI_independent_msg_one_window.py
  > P GUI_independent_msg.py
  > P GUI_message_box_error.py
  > P GUI_message_box_warning.py
  > P GUI_message_box_yes_no_cancel.py
  > P GUI_message_box.py
  > P GUI_progressbar.py
  > P GUI_spinbox_small_bd_scrol_values.py
  > P GUI_spinbox_small_bd_scrol.py
  > P GUI_spinbox_small_bd.py
  > P GUI_spinbox_small.py
  > P GUI_spinbox_two_ridge.py
  > P GUI_spinbox_two_sunken.py
  > P GUI_spinbox.py
  > P GUI_title.py
  > P GUI_tooltip.py
    ⬤ pyc.ico
```

3장에서는 파이썬 3.7 이상의 버전을 사용해 GUI를 커스터마이즈한다. 다음 레시피를 다룬다.

- 정보, 경고, 에러 메시지박스 생성하기
- 독립 메시지박스 생성 방법
- 윈도우 형식의 타이틀 생성 방법
- 메인 기본 윈도우 아이콘 변경하기
- 스핀박스 컨트롤 사용하기
- 릴리프, 썽큰, 레이즈 형태의 위젯 적용하기
- 파이썬으로 툴팁 생성하기
- GUI에 프로그레스바 추가하기
- 캔버스 위젯 사용법

정보, 경고, 에러 메시지박스 생성하기

메시지박스는 사용자에게 피드백을 제공하는 팝업창이다. 잠재적 문제와 치명적인 오류를 암시하는 정보가 될 수 있다. 파이썬을 사용해 메시지박스를 만드는 것은 매우 쉽다.

준비하기

2장, '레이아웃 매니지먼트 탭 위젯 생성하기' 레시피에서 만들었던 Help > Aboout 메뉴 아이템에 기능을 추가한다. 코드는 GUI_tabbed_all_widgets_both_tabs.py에 있다. 대부분의 애플리케이션은 Help > About 메뉴로 사용자에게 정보를 제공한다. 이 정보로 시작해 경고 및 오류를 표시하도록 디자인 패턴을 변경한다.

실행 방법

다음은 파이썬에 메시지박스를 생성하는 단계다.

1. 2장, '레이아웃 관리'의 GUI_tabbed_all_widgets_both_tabs.py 파일을 열어서 GUI_message_box.py라는 이름으로 저장한다.

2. import문이 있는 모듈의 맨 위에 다음 코드를 추가한다.

   ```
   from tkinter import messagebox as msg
   ```

3. 그런 다음 메시지박스를 표시하는 콜백함수를 만든다. 콜백을 메뉴 항목에 연결하는 코드 위에 콜백 코드를 위치시켜야 한다. 이 코드는 여전히 절차적이고 객체지향 코드가 아니기 때문이다. 도움말 메뉴를 작성하는 행 바로 위에 다음 코드를 추가한다.

   ```
   def _msgBox():
       msg.showinfo('Python Message Info Box', 'A Python GUI created
       using tkinter:\nThe year is 2019.')
   ```

   위 지침대로 다음 코드 GUI_message_box.py를 생성한다.

```
# Display a Message Box
def _msgBox():
    msg.showinfo('Python Message Info Box', 'A Python GUI created using tkinter:\nThe year is 2019.')

# Add another Menu to the Menu Bar and an item
help_menu = Menu(menu_bar, tearoff=0)
help_menu.add_command(label="About", command=_msgBox)    # display messagebox when clicked
menu_bar.add_cascade(label="Help", menu=help_menu)
```

4. 코드를 실행하고 Help > About 메뉴를 클릭하면 다음과 같은 팝업창이 나타난다.

코드를 경고 메시지박스 팝업창으로 변환해보자. 이전 줄을 주석으로 처리하고 다음 코드를 추가한다.

1. GUI_message_box.py 파일을 열어서 GUI_message_box_warning.py라는 이름으로 저장한다.

2. msg.showinfo행을 주석 처리한다.

3. 정보 상자 코드를 경고 상자 코드로 바꾼다.

   msg.showwarning('Python Message Warning Box', 'A Python GUI created using tkinter:' '\nWarning: There might be a bug in this code.')

   위 지침은 GUI_message_box_warning.py 코드를 생성한다.

```
# Display a Message Box
def _msgBox():
#    msg.showinfo('Python Message Info Box', 'A Python GUI created using tkinter:'
#                  '\nThe year is 2019.')
    msg.showwarning('Python Message Warning Box', 'A Python GUI created using tkinter:'
                     '\nWarning: There might be a bug in this code.')
```

4. 앞의 코드를 실행하면 다음과 같이 약간 수정된 메시지박스가 나타난다.

오류 메시지박스를 표시하는 것은 간단하며 일반적으로 사용자에게 심각한 문제를 경고한다. 이전 코드에서 했던 것처럼 이전 행을 주석 처리하고 여기에서 한 것처럼 다음 코드를 추가한다.

1. GUI_message_box_warning.py 파일을 열어서 GUI_message_box_error.py라는 이름으로 저장한다.

2. 경고 상자 코드를 에러 상자 코드로 바꾼다.

```
msg.showerror('Python Message Error Box', 'A Python GUI created using
tkinter:'
    '\nError: Houston ~ we DO have a serious PROBLEM! ')
```

위 지침은 다음 코드를 생성한다.

```
# Display a Message Box
def _msgBox():
#    msg.showinfo('Python Message Info Box', 'A Python GUI created using tkinter:\nThe year is 2019.')
#    msg.showwarning('Python Message Warning Box', 'A Python GUI created using tkinter:'
#                    '\nWarning: There might be a bug in this code.')
    msg.showerror('Python Message Error Box', 'A Python GUI created using tkinter:'
                  '\nError: Houston ~ we DO have a serious PROBLEM!')
```

3. GUI_message_box_error.py 파일을 실행한다. 에러 메시지는 다음과 같다.

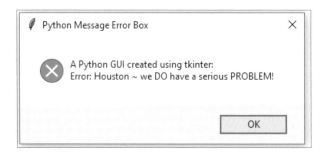

두 개 이상의 확인 버튼을 표시하는 여러 메시지박스가 있으며 사용자의 선택에 따라 응답을 프로그래밍할 수 있다.

다음은 이 기법을 보여주는 간단한 예다.

1. GUI_message_box_error.py를 열어 GUI_message_box_yes_no_cancel.py라는 이름으로 저장한다.

2. yes_no_cancel을 가지는 에러 상자로 바꾼다.

   answer = msg.askyesnocancel("Python Message Multi Choice Box", "Are you sure you really wish to do this?")

   위 지침은 다음 코드를 생성한다.

```
# Display a Message Box
def _msgBox():
#    msg.showinfo('Python Message Info Box', 'A Python GUI created using tkinter:\nThe year is 2019.')
#    msg.showwarning('Python Message Warning Box', 'A Python GUI created using tkinter:\nWarning: There might be a bug in this code.')
#    msg.showerror('Python Message Error Box', 'A Python GUI created using tkinter:\nError: Houston ~ we DO have a serious PROBLEM!')
    answer = msg.askyesnocancel("Python Message Multi Choice Box", "Are you sure you really wish to do this?")
    print(answer)
```

3. GUI_message_box_yes_no_cancel.py 파일을 실행한다. 이 GUI 코드를 실행하면 사용자 응답을 answer 변수에 저장해 이 이벤트 구동 GUI 순환문에서 응답으로 분기하는 데 사용할 수 있는 팝업이 나타난다.

이클립스를 사용하는 콘솔 출력은 Yes 버튼을 클릭하면 부울값 True가 answer 변수에 할당됨을 보여준다.

예를 들어 다음 코드를 사용할 수 있다.

```
If answer == True:
    <do something>
```

No를 클릭하면 False를 반환하고 Cancel을 클릭하면 None을 반환한다.

이제 코드를 더 잘 이해하기 위해 동작 원리를 살펴보자.

동작 원리

GUI_message_box 파이썬 모듈인 def_msgBox()에 또 다른 콜백함수를 추가하고 클릭 이벤트를 처리하기 위해 Help 메뉴 명령 속성에 추가했다. 이제 Help > About 메뉴에서 작업을 수행한다. 가장 일반적인 팝업 메시지 대화 상자를 만들고 표시한다. 그 상자는 모달이므로, 사용자가 OK 버튼을 클릭하기 전까지는 GUI를 사용할 수 없다.

첫 번째 예에서는 왼쪽에 있는 아이콘과 같이 정보 상자를 표시한다. 그런 다음 팝업과 관련된 아이콘을 자동으로 변경하는 경고 및 오류 메시지박스를 만든다. 해야 할 일은 표시할 메시지박스를 지정하는 것뿐이다. askyesnocancel 메시지박스는 사용자가 클릭한 버튼에 따라 다른 값을 반환한다. 답을 변수에 캡처해 어떤 답을 선택했는지에 따라 다른 코드를 쓸 수 있다.

메시지박스를 만드는 방법을 성공적으로 배웠다. 이제 다음 레시피를 살펴보자.

독립 메시지박스 생성 방법

이 레시피에서는 독립형 최상위 GUI 윈도우로 tkinter 메시지박스를 만든다. 이렇게 하면 먼저 추가 창이 나타나므로 이 윈도우를 숨길 방법을 찾아본다. 이전 레시피에서 GUI 폼의 Help > About 메뉴를 통해 tkinter 메시지박스를 실행했다. 그렇다면 왜 독립적인 메시지박스를 만들려고 할까?

한 가지 이유는 메시지박스를 사용자 정의하고 여러 GUI에서 재사용할 수 있기 때문이다. 디자인한 모든 파이썬 GUI에 동일한 코드를 복사해 붙여 넣는 대신, 그것을 주요 GUI 코드에서 제외시킬 수 있다. 이는 재사용 가능한 작은 컴포넌트를 생성해 다른 파이썬 GUI로 가져올 수 있다.

준비하기

이전 레시피인 '정보, 경고, 에러 메시지박스 만들기'에서 이미 메시지박스의 제목을 만들었다. 이전 레시피의 코드를 재사용하지는 않지만, 매우 적은 라인의 파이썬 코드를 사용해 새로운 GUI를 빌드한다.

다음과 같은 간단한 메시지박스를 생성할 수 있다.

1. 새로운 모듈을 만들고 GUI_independent_msg.py로 저장한다.

2. 다음 두 줄의 코드를 추가한다. 이게 필요한 전부다.

```
from tkinter import messagebox as msg
msg.showinfo('Python GUI created using tkinter:\nThe year is 2019')
```

3. GUI_independent_msg.py 파일을 실행한다. 그러면 다음과 같은 두 개의 윈도우가 나타난다.

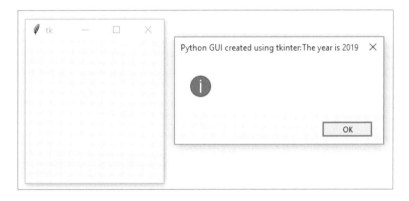

이 결과는 생각했던 것처럼 보이지 않는다. 이제 두 개의 윈도우가 열리며, 하나는 원하지 않는 것이고 두 번째는 제목으로 표시된 텍스트다.

이제 이 문제를 해결해보자. 작은 따옴표나 큰 따옴표 뒤에 쉼표를 추가해 파이썬 코드를 변경할 수 있다.

1. GUI_independent_msg.py 파일을 열고 GUI_independent_msg_info.py라는 이름으로 저장한다.

2. 빈 제목을 생성한다.

```python
from tkinter import messagebox as msg
msg.showinfo('', 'Python GUI created using tkinter:\nThe year is 2019')
```

3. GUI_independent_msg_info.py 파일을 실행한다. 이제 제목이 없지만 의도한 대로 텍스트가 팝업 내부에서 끝난다.

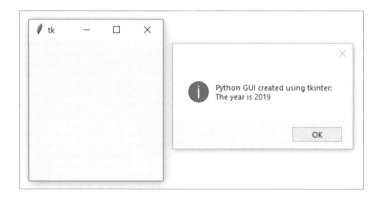

첫 번째 매개변수는 제목이고 두 번째 매개변수는 팝업 메시지박스에 표시된 텍스트다. 쉼표 뒤에 빈 작은 따옴표나 큰 따옴표 쌍을 추가해 제목에서 팝업 메시지박스로 텍스트를 이동할 수 있다. 여전히 제목이 필요하며 이 불필요한 두 번째 윈도우를 없애고 싶다. 두 번째 윈도우는 Windows 이벤트 루프에 의해 발생한다. 그것을 억제함으로써 제거할 수 있다.

다음 코드를 추가한다.

1. GUI_independent_msg_info.py 파일을 열어서 GUI_independent_msg_one_window.py라는 이름으로 저장한다.

2. Tk를 임포트해 Tk 클래스의 인스턴스를 생성하고 withdraw 메서드를 호출한다.

```python
from tkinter import Tk
root = Tk()
root.withdraw()
```

이제 하나의 윈도우만 남았다. `withdraw()` 메서드는 주변에 떠 있는 관심 없는 디버그 창을 제거한다.

3. 코드를 실행한다. 결과는 다음과 같다.

제목을 추가하려면 빈 문자열의 첫 번째 인수에 문자열을 입력하면 된다.

예를 들어 다음 코드 조각을 생각해보자.

1. GUI_independent_msg_one_window.py 파일을 열어 GUI_independent_msg_one_window_title.py라는 이름으로 저장한다.

2. 첫 번째 인수의 위치에 몇 가지 단어를 추가해 타이틀을 만든다.

   ```
   msg.showinfo('This is a Title', 'Python GUI created using tkinter:\nThe year is 2019')
   ```

   위 지침은 다음 코드를 생성한다.

```
from tkinter import messagebox as msg
from tkinter import Tk
root = Tk()
root.withdraw()
msg.showinfo('This is a Title', 'Python GUI created using tkinter:\nThe year is 2019')
```

3. GUI_independent_msg_one_window_title.py 파일을 실행한다. 이제 대화 상자에는 다음 스크린샷과 같은 제목이 있다.

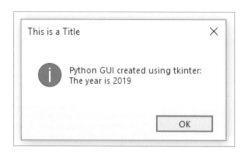

이제 코드를 더 잘 이해하기 위해 동작 원리를 살펴보자.

동작 원리

메시지박스의 tkinter 생성자에 더 많은 인수를 전달해 제목을 윈도우 폼에 추가하고 텍스트를 제목으로 표시하는 대신 메시지박스에 표시한다. 이는 전달하는 인수의 위치 때문에 발생한다.

빈 따옴표나 큰 따옴표를 생략하면 메시지박스 위젯은 메시지박스에 표시할 텍스트가 아닌 인수의 첫 번째 위치를 제목으로 사용한다. 빈 따옴표와 쉼표를 전달해 함수에 전달할 텍스트를 메시지박스에 표시하는 위치를 변경한다.

루트 윈도우에서 withdraw( ) 메서드를 호출해 tkinter 메시지박스 위젯으로 자동 생성되는 두 번째 팝업 윈도우를 없앤다. 이전에 빈 문자열에 일부 단어를 추가해 메시지박스에 제목을 지정한다. 이는 표시하는 기본 메시지 외에 다른 메시지박스에 고유한 사용자 정의 제목이 있음을 보여준다. 이는 여러 다른 메시지박스를 동일한 기능에 연결하는 데 유용하다.

독립적인 메시지박스를 생성하는 방법을 성공적으로 배웠다. 이제 다음 레시피를 살펴보자.

윈도우 형식의 타이틀 생성 방법

이전 레시피 '독립 메시지박스 생성 방법'에서와 같은 tkinter 메인 루트 윈도우의 제목을 바꾸는 주제에 관해 다뤘다. 위젯의 생성자에 첫 번째 인수로 문자열을 전달하기만 하면 된다.

준비하기

팝업 대화 상자 윈도우가 아니라 메인 루트 윈도우를 만들고 제목을 지정한다.

실행 방법

다음 코드는 기본 윈도우를 만들고 제목을 추가한다. 이미 2장, '레이아웃 관리'의 '탭 위젯 만들기'의 '탭 위젯 생성하기' 레시피에서 해봤다. 여기서 GUI의 이런 측면에 초점을 맞춘다.

1. GUI_tabbed_all_widgets_both_tabs.py 파일을 열어서 GUI_title.py라는 이름으로 저장한다.
2. 메인 윈도우에 타이틀을 추가한다.

```
import tkinter as tk
win = tk.Tk()                  # 인스턴스 생성하기
win.title("Python GUI")        # 타이틀 추가하기
```

3. GUI_title.py 파일을 실행한다. 결과로 다음 두 개의 탭이 나타난다.

이제 코드를 더 잘 이해하기 위해 동작 원리를 살펴보자.

동작 원리

내장된 tkinter의 title 속성을 사용해 메인 루트 윈도우에 제목을 설정한다. Tk( ) 인스턴스를 만든 후에는 내장된 모든 tkinter 속성을 사용해 GUI를 사용자 정의할 수 있다. tkinter 윈도우 형식의 타이틀을 만드는 방법을 성공적으로 배웠다. 이제 다음 레시피를 살펴보자.

메인 기본 윈도우 아이콘 변경하기

GUI를 사용자 정의하는 한 가지 방법은 tkinter를 사용해 기본 제공되는 아이콘과 다른 아이콘을 지정하는 것이다. 방법은 다음과 같다.

준비하기

2장, '레이아웃 관리'에서 '탭 위젯 만들기' 레시피로부터 GUI를 개선한다. 파이썬과 함께 제공되는 아이콘을 사용하지만 새로 발견한 유용한 다른 아이콘을 사용할 수도 있다. 코드에서 아이콘의 위치에 대한 전체 경로가 있는지 확인하지 않으면 오류가 발생할 수 있다.

실행 방법

이 예제에서는 파이썬 3.6이 설치된 곳의 아이콘을 코드가 있는 같은 폴더에 복사했다. 다음 스크린샷처럼 사용할 아이콘이 표시된다.

이 아이콘 파일 또는 다른 아이콘 파일을 사용하려면 다음 단계를 수행한다.

1. GUI_title.py 파일을 열어서 GUI_icon.py라는 이름으로 저장한다.

2. 다음 코드를 메인 이벤트 순환문 위쪽 적당한 곳에 넣는다.

```
# 메인 윈도우의 아이콘을 변경한다.
win.iconbitmap('pyc.ico')
```

3. GUI_icon.py 파일을 실행한다. GUI의 왼쪽 위 모서리에 있는 깃털 기본 아이콘이 어떻게 바뀌었는지 주목한다.

이제 코드를 더 잘 이해하기 위해 동작 원리를 살펴보자.

동작 원리

이것은 파이썬 3.7 이상과 함께 제공되는 tkinter와 함께 제공되는 또 다른 속성이다. iconbitmap 속성을 사용해 아이콘에 대한 상대 경로를 전달해 메인 루트 윈도우 폼의 아이콘을 변경한다. 이 명령은 tkinter의 기본 아이콘을 덮어쓰고 선택한 아이콘으로 대체한다.

 아이콘이 파이썬 모듈이 위치한 동일한 폴더에 있다면 아이콘 위치의 전체 경로를 전달하지 않고도 해당 이름으로 아이콘을 참조할 수 있다.

기본 루트 창의 아이콘을 변경하는 방법을 성공적으로 배웠다. 이제 다음 레시피를 살펴보자.

스핀박스 컨트롤 사용하기

이 레시피에서는 Spinbox 위젯을 사용하고 키보드의 **Enter** 키를 위젯 중 하나에 바인딩한다. 스핀박스 위젯은 엔트리 위젯과 같은 한 줄 위젯으로 표시되는 값을 제한하는 추가기능을 제공한다. 또한 값 사이를 위아래로 스크롤할 수 있는 작은 위쪽/아래쪽 화살표도 있다.

준비하기

tkinter 윈도우 타이틀을 생성하는 레시피에서 탭이 있는 GUI를 사용하고 ScrolledText 컨트롤 위에 Spinbox 위젯을 추가한다. 이렇게 하려면 ScrolledText 행 값을 하나씩 늘리고 새 Spinbox 컨트롤을 엔트리 위젯의 행에 삽입하면 된다.

실행 방법

먼저 다음 지침을 수행해 Spinbox 컨트롤을 추가한다.

1. GUI_title.py 파일을 열어서 GUI_spinbox.py라는 이름으로 저장한다.
2. ScrolledText 위젯 위에 다음 코드를 추가한다.

```
# Spinbox 위젯 추가하기
spin = Spinbox(mighty, from_=0, to=10)
spin.grid(column=0, row=2)
```

3. 코드를 실행한다. 다음과 같이 GUI를 수정할 수 있다.

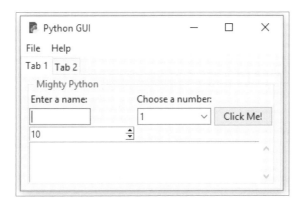

다음으로 Spinbox 위젯의 크기를 줄인다.

1. GUI_spinbox.py 파일을 열어 GUI_spinbox_small.py라는 이름으로 저장한다.
2. 스핀팍스 위젯을 생성할 때 width 속성을 추가한다.

   ```
   spin = Spinbox(mighty, from_=0, to=10, width=5)
   ```

3. 앞의 코드를 실행하면 다음 GUI가 표시된다.

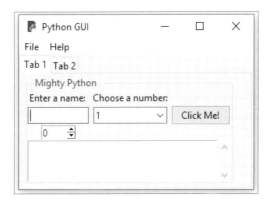

다음으로 위젯을 추가로 사용자 정의할 수 있는 또 다른 속성을 추가한다. bd는 border width 속성에 대한 간단한 표기법이고 스핀박스 주변에 경계의 넓이를 바꾼다.

1. GUI_spinbox_small.py 파일을 열어서 GUI_spinbox_small_bd.py라는 이름으로 저장한다.

2. 크기를 8로 설정해 bd 속성을 추가한다.

```
spin = Spinbox(mighty, from_=0, to=10, width=5 , bd=8)
```

3. 앞의 코드를 실행하면 다음 GUI가 표시된다.

다음으로 콜백을 생성하고 컨트롤에 연결해 위젯에 기능을 추가한다. 다음 단계에서는
Spinbox 위젯의 선택 사항을 ScrolledText 위젯 및 stdout으로 출력하는 방법을 보여준
다. scrol 변수는 ScrolledText 위젯에 대한 참조다.

1. GUI_spinbox_small_bd.py 파일을 열어서 GUI_spinbox_small_bd_scrol.py라
는 이름으로 저장한다.

2. 스핀박스 위젯 작성 바로 위에 콜백함수를 작성해 Spinbox의 command 속성에 할
당한다.

```
# Spinbox 콜백
def _spin():
    value = spin.get()
    print(value)
    scrol.insert(tk.INSERT, value + 'n')  # ← 새로운 행 추가

spin = Spinbox(mighty, from_=0, to=10, width=5, bd=8,
command=_spin) # ← command=_spin 설정
```

3. GUI_spinbox_small_bd_scroll.py 파일을 실행하고 스핀박스 화살표를 클릭하면 다음과 같은 GUI가 생성된다.

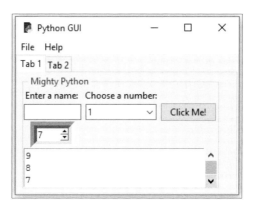

범위를 사용하는 대신 다음 지시대로 수행해 값의 집합을 지정할 수도 있다.

1. GUI_spinbox_small_bd_scrol.py를 열어서 GUI_spinbox_small_bd_scrol_values.py라는 이름으로 저장한다.

2. value 속성을 추가하고 0에서 10으로 값을 바꿔 Spinbox 위젯을 생성하는 동안 여러 개의 값을 튜플에 할당한다.

```
# values 집합을 사용해 Spinbox 위젯을 추가한다.
spin = Spinbox(mighty, values=(1, 2, 4, 42, 100), width=5, bd=8,
command=_spin)
spin.grid(column=0, row=2)
```

3. 코드를 실행한다. 다음 GUI 출력이 생성된다.

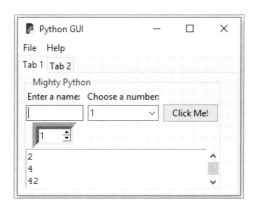

이제 코드를 더 잘 이해하기 위해 동작 원리를 살펴보자.

동작 원리

첫 번째 GUI_spinbox.py 파이썬 모듈에서 새로운 Spinbox 컨트롤은 너비가 20으로 기본 설정돼 이 열의 모든 컨트롤의 열 너비를 밀어낸다. 이는 원하는 것이 아니다. 위젯에 0에서 10까지의 범위를 지정했다.

두 번째 GUI_spinbox_small.py 파이썬 모듈에서는 Spinbox 컨트롤의 너비를 줄였다. Spinbox 컨트롤은 열의 중심에 정렬됐다.

세 번째 GUI_spinbox_small_bd.py 파이썬 모듈에서 Spinbox의 borderwidth 속성을 추가해 자동으로 Spinbox 전체가 더 이상 평면이 아닌 3차원으로 표시되도록 했다.

네 번째 GUI_spinbox_small_bd_scroll.py 파이썬 모듈에서 ScrolledText 위젯에서 선택한 번호를 표시하고 이를 표준 출력 스트림에 인쇄하는 콜백함수를 추가했다. 새 줄에 ₩ n을 추가했다. 기본값이 출력되지 않음에 주목한다.

콜백함수가 호출되는 컨트롤을 클릭할 때뿐이다. 기본값이 0인 아래쪽 화살표를 클릭하면 0 값을 인쇄할 수 있다. 마지막으로 GUI_spinbox_small_bd_scrol_values.py에서 하드 코딩된 집합에 사용할 수 있는 값을 제한한다. 이것은 데이터 원본(예: 텍스트 또는 XML 파일)에서 읽을 수도 있다.

스핀박스 컨트롤을 사용하는 법을 성공적으로 배웠다. 이제 다음 레시피를 살펴보자.

릴리프, 썽큰, 레이즈 형태의 위젯 적용하기

스핀박스 위젯의 모양을 SUNKEN, RAISED 같은 속성을 사용해 Spinbox 위젯의 모양을 제어할 수 있다. 이 속성을 relief 속성이라고 한다.

스핀박스 컨트롤의 relief 속성을 사용해 위젯의 사용 가능한 모습을 보여주기 위해 Spin box 컨트롤을 하나 더 추가한다.

두 번째 스핀박스를 생성하는 동안 첫 번째 스핀박스를 구별하기 위해 borderwidth를 증가시킨다.

1. GUI_spinbox_small_bd_scrol_values.py 파일을 열어서 GUI_spinbox_two_sunken.py라는 이름으로 저장한다.

2. 첫 번째 스핀박스 아래에 두 번째 Spinbox를 추가하고 bd=20으로 설정한다.

```
# 두 번째 스핀박스 위젯을 추가한다.
spin = Spinbox(mighty, values=(0, 50, 100), width=5, bd=20,
command=_spin)     # <-- 새로운 함수
spin.grid(column=1, row=2)
```

3. 또한 _spin2 명령 속성에 대한 새 콜백함수를 생성한다. 방금 표시된 코드 위에 이 기능을 배치해 두 번째 스핀박스를 생성한다.

```
# Spinbox2 콜백함수
def _spin2():
    value = spin2.get()
    print(value)
    scrol.insert(tk.INSERT, value + '\n')
    # <-- write to same ScrolledText
```

4. 코드를 실행한다. 이 코드는 다음과 같은 GUI 출력을 생성한다.

두 스핀박스는 다르게 보이지만 이는 단지 지정한 경계 너비(bd)의 차이 때문이다. 두 위젯 모두 3차원적으로 보이고, 추가한 두 번째 스핀박스에서 훨씬 더 잘 볼 수 있다.

스핀박스를 만들 때 relief 속성을 지정하지 않았음에도 둘 다 relief 스타일을 가지고 있다. 지정되지 않은 경우 relief 스타일은 기본적으로 SUNCKEN으로 설정된다.

설정할 수 있는 relief 속성 옵션은 다음과 같다.

- tk.SUNKEN
- tk.RAISED
- tk.FLAT
- tk.GROOVE
- tk.RIDGE

ⓘ tkinter를 tk로 가져왔다. 그래서 relief 속성을 tk.SUNKEN 등으로 호출할 수 있다.

relief 속성에 다른 사용 가능한 옵션을 지정하면 이 위젯에 대해 다른 모양을 만들 수 있다. tk.RIDGE 구조를 지정하고 테두리 폭을 첫 번째 Spinbox 위젯과 동일한 값으로 줄이면 다음 GUI가 생성된다.

1. GUI_spinbox_two_sunken.py 파일을 열어서 GUI_spinbox_two_ridge.py라는 이름으로 저장한다.
2. relief를 tk.RIDGE로 설정한다.

   ```
   spin2 = Spinbox(mighty, values=(0, 50, 100), width=5, bd=9,
   command=_spin2, relief=tk.RIDGE)
   ```

3. 코드를 실행한다. 실행한 결과는 다음 GUI와 같다.

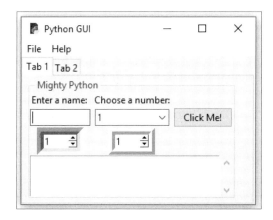

오른쪽의 두 번째 스핀박스 위젯의 모양에 차이가 있다. 이제 코드를 더 잘 이해하기 위해 동작 원리를 살펴보자.

동작 원리

먼저 두 번째 열(index == 1)에 정렬된 두 번째 Spinbox를 만들었다. 기본값은 SUNKEN 이므로 첫 번째 Spinbox와 유사하다. 두 번째 컨트롤(오른쪽에있는 컨트롤)의 테두리 너비를 늘려서 두 위젯을 구별했다.

다음으로 Spinbox 위젯의 relief 속성을 명시적으로 설정한다. 테두리 폭을 첫 번째 Spinbox와 동일하게 만들었기 때문에 다른 속성을 변경하지 않고 차이점을 볼 수 있다.

다음은 GUI_spinbox_two_ridge.py에서 다양한 relief 옵션의 예다.

```
# Adding a second Spinbox widget displaying its relief options
# uncomment each next code line to see the different effects
spin2 = Spinbox(mighty, values=(0, 50, 100), width=5, bd=9, command=_spin2, relief=tk.RIDGE)
# spin2 = Spinbox(mighty, values=(0, 50, 100), width=5, bd=9, command=_spin2)      # default value is: tk.SUNKEN
# spin2 = Spinbox(mighty, values=(0, 50, 100), width=5, bd=9, command=_spin2, relief=tk.FLAT)
# spin2 = Spinbox(mighty, values=(0, 50, 100), width=5, bd=9, command=_spin2, relief=tk.RAISED)
# spin2 = Spinbox(mighty, values=(0, 50, 100), width=5, bd=9, command=_spin2, relief=tk.SUNKEN) # default
# spin2 = Spinbox(mighty, values=(0, 50, 100), width=5, bd=9, command=_spin2, relief=tk.GROOVE)
```

어떤 relief 속성으로 만들었는지에 대한 예제는 다음 화면과 같다.

위젯에 relief, sunken, raised 형태를 사용하고 적용하는 방법을 성공적으로 배웠다. 이제 다음 레시피를 살펴보자.

파이썬으로 툴팁 생성하기

이 레시피는 툴팁을 만드는 방법을 보여준다. 사용자가 위젯 위로 마우스 오버하면 추가 정보가 툴팁 형식으로 제공된다. 이 추가 정보는 GUI에 코딩한다.

준비하기

GUI에 더 유용한 기능을 추가한다. 놀랍게도 컨트롤에 툴팁을 추가하는 것은 간단해야 하지만, 원하는 만큼 간단하지는 않다. 이 기능을 수행하기 위해 툴팁 코드를 자체 OOP 클래스에 배치한다.

툴팁을 생성하는 단계는 다음과 같다.

1. GUI_spinbox_small_bd_scrol_values.py를 열어서 GUI_tooltip.py라는 이름으로 저장한다.

2. import문 바로 아래에 다음 클래스를 추가한다.

```python
class ToolTip(object):
    def __init__(self, widget, tip_text=None):
        self.widget = widget
        self.tip_text = tip_text
        widget.bind('<Enter>', self.mouse_enter)
        widget.bind('<Leave>', self.mouse_leave)
```

3. __init__ 아래에 두 개의 새로운 메서드를 추가한다.

```python
def mouse_enter(self, _event):
    self.show_tooltip()

def mouse_leave(self, _event):
    self.hide_tooltip()
```

4. 두 메서드 아래에 show_tooltip이라는 이름의 메서드를 추가한다.

```python
def show_tooltip(self):
    if self.tip_window:
        x_left = self.widget.winfo_rootx()
        y_top = self.widget.winfo_rooty() - 18
        self.tip_window = tk.Toplevel(self.widget)
        self.tip_window.overrideredirect(True)
        self.tip_window.geometry("+%d+%d" % (x_left, y_top))
        label = tk.Label(self.tip_window, text=self.tip_text,
        justify=tk.LEFT, background="#ffffe0", relief=tk.SOLID,
        borderwidth=1, font=("tahoma", "8", "normal"))
        label.pack(ipadx=1)
```

5. show_tooltip 아래에 hide_tooltip이라는 이름의 새로운 메서드를 추가한다.

```
def hide_tooltip(self):
    if self.tip_window:
        self.tip_window.destroy()
```

6. 클래스 아래 및 Spinbox 위젯을 생성히는 코드 아래에 ToolTip 클래스의 인스턴스를 만들고 Spinbox 변수를 spin에 전달한다.

```
# 스핀박스 위젯에 추가하기
spin = Spinbox(mighty, values=(1, 2, 4, 42, 100), width=5, bd=9,
command=_spin)  spin.grid(column=0, row=2)

# 스핀박스에 툴팁 추가하기
ToolTip(spin, 'This is a Spin control')     # <-- 이 코드를 추가
```

7. Spinbox 위젯 아래에 ScrolledText 위젯을 추가하는 동일한 단계를 수행한다.

```
scrol = scrolledtext.ScrolledText(mighty, width=scrol_w,
height=scrol_h, wrap=tk.WORD)
scrol.grid(column=0, row=3, sticky='WE', columnspan=3)

# ScrolledText 위젯에 Tooltip을 추가한다.
ToolTip(scrol, 'This is a ScrolledText widget') # <-- 이 코드를 추가
```

8. 코드를 실행하고 ScrolledText 위젯에 마우스 오버한다.

코드를 더 잘 이해하기 위해 동작 원리를 살펴보자.

동작 원리

이 책에서 OOP 프로그래밍의 시작이다. 이 방법은 약간 진보된 것처럼 보일지 모르지만 걱정하지 않아도 된다. 모든 것을 설명할 예정이고 실제로 동작할 것이다.

먼저 새로운 클래스를 만들고 ToolTip이라고 이름을 붙였다. 초기화 메서드인 __init_에서는 위젯과 tip_text가 전달될 것을 기대한다. 이러한 인스턴스 변수들은 self 키워드를 사용해 저장한다. 그런 다음 마우스 입력 및 종료 이벤트를 생성자 바로 아래에 생성한 새 메서드에 바인딩한다. 툴팁을 만든 위젯 위에 마우스를 올려 놓으면 자동으로 호출된다. 이 두 가지 메서드는 클래스의 다음 두 가지 메서드를 호출하며 바로 아래에 생성한다.

show_tooltip 메서드는 ToolTip 클래스 인스턴스를 생성하는 동안 텍스트가 전달됐는지 여부를 검사하고, 텍스트가 있으면 winfo_rootx 및 winfo_rooty를 사용해 위젯의 왼쪽 위 좌표를 가져온다. 이는 사용 가능한 TKinter 내장 메서드다.

y_top 변수의 경우 위젯 위치에서 18을 뺀다. 이것은 직관적이지 않은 것처럼 보이지만, TKinter 좌표계는 화면의 왼쪽 상단 모서리에서 0,0으로 시작한다. 그래서 좌표에서 빼면 실제로 위로 이동한다.

그런 다음 툴팁을 위해 Tkinter의 TopLevel 창을 생성한다. overrideredirect(True)로 설정하면 툴팁을 둘러싸는 툴바를 제거하므로 원치 않는다. geometry를 사용해 툴팁의 위치를 지정한 다음 Label 위젯을 만든다. tooltip을 라벨의 부모로 만든다. 그런 다음 도구 설명 텍스트를 사용해 라벨 내부에 표시한다.

Label 위젯을 표시하기 위해 패킹한다. hide_tooltip 메서드에서는 툴팁이 생성됐는지 확인하고, 생성됐으면 destroy 메서드를 호출한다. 그렇지 않으면 마우스를 위젯 위에 올린 다음 마우스를 위젯에서 멀리 이동해도 도구 설명이 사라지지 않는다.

이제 툴팁 클래스 코드를 사용해 위젯에 대한 툴팁을 만들 수 있다. 이 작업은 ToolTip 클래스의 인스턴스를 만들고 위젯 변수와 표시할 텍스트를 전달해 수행한다.

ScrolledText 및 Spinbox 위젯을 위해 이 작업을 수행한다. 파이썬을 사용해 툴팁을 생성하는 방법을 성공적으로 배웠다. 이제 다음 레시피를 살펴보자.

GUI에 프로그레스바 추가하기

이 레시피에서는 GUI에 프로그레스바를 추가한다. ttk.Progressbar를 추가하는 것은 매우 쉽다. Progressbar를 시작하고 중지하는 방법을 보여줄 것이다. 또한 이 레시피에서는 Progressbar의 중단을 지연시키는 방법과 루프에서 실행하는 방법을 보여준다. 프로그레스바는 일반적으로 긴 실행 프로세스에서 현재 상태를 표시하는 데 사용된다.

준비하기

이전 레시피인 '스핀박스 컨트롤 사용하기'에서 개발한 GUI의 탭 2에 프로그레스바를 추가한다.

실행 방법

프로그레스바를 생성하고 시작 및 중지하는 새 버튼을 만드는 단계는 다음과 같다.

1. GUI_spinbox_small_bd_scrol_values.py 파일을 열어서 GUI_progressbar.py라는 이름으로 저장한다.
2. 모듈의 상단에 sleep을 임포트해 추가한다.

   ```
   from time import sleep        # GUI를 멈출 수 있으니 주의하자.
   ```
3. 3개의 Radiobutton 위젯을 만드는 코드 아래에 프로그레스바를 추가한다.

   ```
   # 이제 순환문 내에서 3개의 라디오 버튼을 생성한다.
   ```

```
for col in range(3):
    curRad = tk.Radiobutton(mighty2, text=colors[col],
        variable=radVar, value=col, command=radCall)
    curRad.grid(column=col, row=1, sticky=tk.W) # row=6

# Tab 2에 프로그레스바 추가      # <--- 여기에 코드를 추가
progress_bar = ttk.Progressbar(tab2, orient='horizontal',
length=286, mode='determinate')
progress_bar.grid(column=0, row=3, pady=2)
```

4. 다음으로 프로그레스바를 업데이트하는 콜백함수를 작성한다.

```
# 콜백 순환문에서 상태바 업데이트하기
def run_progressbar():
    progress_bar["maximum"] = 100
    for i in range(101):
        sleep(0.05)
        progress_bar["value"] = i    # 프로그레스바 증가시키기
        progress_bar.update()        # 순환문에서 update() 호출
    progress_bar["value"] = 0        # 프로그레스바 리셋 및 정리
```

5. 이전 코드 아래에 다음의 세 함수를 작성한다.

```
def start_progressbar():
    progress_bar.start()

def stop_progressbar():
    progress_bar.stop()

def progressbar_stop_after(wait_ms=1000):
    win.after(wait_ms, progress_bar.stop)
```

6. button_frame과 LabelFrame은 재사용하지만 라벨은 새 코드로 교체한다. 다음 코드를 변경한다.

```
# 이전 코드를 아래 코드로 변경한다.
# 라벨을 담기 위한 컨테이너를 생성한다.
buttons_frame = ttk.LabelFrame(mighty2, text=' Labels in a Frame ')
buttons_frame.grid(column=0, row=7)
```

```
# 새로운 코드
# 담기 위한 컨테이너를 생성한다.
buttons_frame = ttk.LabelFrame(mighty2, text=' ProgressBar ')
buttons_frame.grid(column=0, row=2, sticky='W', columnspan=2)
```

7. buttons_frame에 있던 이전 라벨을 삭제한다.

```
# 아래 라벨을 삭제한다.
# 엘리먼트 컨테이너에 라벨을 위치시킨다.
ttk.Label(buttons_frame, text="Label1").grid(column=0, row=0, sticky=tk.W)
ttk.Label(buttons_frame, text="Label2").grid(column=1, row=0, sticky=tk.W)
ttk.Label(buttons_frame, text="Label3").grid(column=2, row=0, sticky=tk.W)
```

8. 4개의 새로운 버튼을 생성한다. button_frame은 버튼의 부모이다.

```
# Progressbar 명령 버튼을 추가한다.
ttk.Button(buttons_frame, text=" Run Progressbar ",
command=run_progressbar).grid(column=0, row=0, sticky='W')
ttk.Button(buttons_frame, text=" Start Progressbar ",
command=start_progressbar).grid(column=0, row=1, sticky='W')
ttk.Button(buttons_frame, text=" Stop immediately ",
command=stop_progressbar).grid(column=0, row=2, sticky='W')
ttk.Button(buttons_frame, text=" Stop after second ",
command=progressbar_stop_after).grid(column=0, row=3, sticky='W')
```

9. 순환문에 buttons_frame의 자식인 추가적인 패딩을 추가한다.

```
for child in buttons_frame.winfo_children():
    child.grid_configure(padx=2, pady=2)
```

10. Tab2의 자식으로 추가적인 패딩을 추가한다.

```
for child in mighty2.winfo_children():
    child.grid_configure(padx=8, pady=2)
```

11. 코드를 실행한다. **프로그레스바** 버튼을 클릭하면 다음과 같은 GUI를 볼 수 있다.

이제 코드를 더 잘 이해하기 위해 동작 원리를 살펴보자.

동작 원리

먼저 sleep을 임포트했다. 그렇지 않으면 너무 빨라서 프로그레스바가 보이지 않는다. 하지만 sleep은 GUI를 멈출 수 있으니 주의해 사용한다. 여기서는 일반적으로 프로그레스바가 사용되는 장기 실행 프로세스를 시뮬레이션하는 데 사용한다. ttk.Progressbar 위젯을 생성하고 Tab 2에 할당한다.

콜백함수인 run_progressbar를 생성하고 0에서 시작해 sleep을 사용해 순환문을 실행하고, 100으로 설정한 최댓값에 도달한다. 일단 프로그레스바 끝에 도달하면 0으로 재설정하고 프로그레스바는 다시 빈 상태로 나타난다.

start_progressbar라는 다른 함수를 생성하고 ttk.Progressbar에 내장된 start 메서드를 사용한다. 프로그레스바가 실행 중일 때 stop 메서드를 호출하지 않고 끝에 도달하면 stop이 호출될 때까지 끝없이 루프의 처음부터 다시 실행된다. stop_progressbar 함수는

Progressbar를 즉시 멈춘다.

progressbar_stop_after 함수는 일정 시간 동안 정지를 지연시킨다. 기본적으로 1000밀리초(1초)로 설정했지만, 이 함수에 다른 값을 전달할 수 있다.

win이라는 이름의 메인 GUI 윈도우에 대한 참조에 after 함수를 호출해 진행을 지연시킬 수 있다.

이 4가지 함수는 프로그레스바를 시작하고 중지하는 두 가지 방법을 보여준다.

 start_progressbar 함수에서 Stop 함수를 호출한다고 해 중지되진 않고 순환문을 완료한다.

4개의 새로운 버튼을 생성하고 command 속성을 할당했다. 이제 버튼을 클릭하면 그 함수가 호출된다. 프로그레스바를 만들고 시작 및 중지하는 방법을 성공적으로 배웠다. 이제 다음 레시피를 살펴보자.

캔버스 위젯 사용법

이 레시피는 tkinter 캔버스 위젯을 사용해 GUI에 극적인 색상 효과를 추가하는 방법을 보여준다.

준비하기

GUI_tooltip.py로부터 이전 코드를 개선하고 더 많은 색상을 추가해 GUI의 모양을 개선할 것이다.

먼저 새로운 코드를 분리하기 위해 GUI에 세 번째 탭을 만든다. 새로운 세 번째 탭을 만드는 코드는 다음과 같다.

1. GUI_tooltip.py 파일을 열어서 GUI_canvas.py라는 이름으로 저장한다.

2. 3개의 탭 컨트롤을 생성한다.

```
tabControl = ttk.Notebook(win)    # 탭 컨트롤 생성하기

tab1 = ttk.Frame(tabControl)    # 탭 생성하기
tabControl.add(tab1, text='Tab 1')  # 탭 추가하기

tab2 = ttk.Frame(tabControl)
tabControl.add(tab2, text='Tab 2')  # 두 번째 탭 추가하기

tab3 = ttk.Frame(tabControl)
tabControl.add(tab3, text='Tab 3')  # 세 번째 탭 추가하기

tabControl.pack(expand=1, fill="both")  # 탭을 나타내기 위해 패킹하기
```

3. 다음으로 tkinter의 또 다른 내장 위젯 Canvas를 호출한다. 강력한 기능을 가지고 있기 때문에 많은 사람들이 좋아한다.

```
# Tab Control 3 ------------------------------
tab3_frame = tk.Frame(tab3, bg='blue')
tab3_frame.pack()
for orange_color in range(2):
    canvas = tk.Canvas(tab3_frame, width=150, height=80,
    highlightthickness=0, bg='orange')
    canvas.grid(row=orange_color, column=orange_color)
```

4. GUI_canvas.py 파일을 실행한다. 코드 실행 결과는 다음 GUI와 같다.

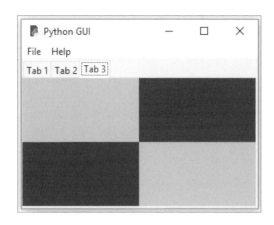

이제 코드를 더 잘 이해하기 위해 동작 원리를 살펴보자.

동작 원리

새 탭을 만든 후에는 일반 tk.Frame을 배치하고 배경색을 파란색으로 지정한다. 루프에서 두 개의 tk.Canvas 위젯을 만들어 그리드 좌표 0, 0과 1, 1에 오렌지색을 할당한다. 또한 두 개의 다른 격자 위치에서 tk.Frame의 파란색 배경색을 볼 수 있다.

이전 스크린샷은 이전 코드를 실행하고 새 **탭 3**을 클릭해 생성된 결과를 보여준다. 코드를 실행하면 실제로는 오렌지색과 파란색이다. 흑백으로 인쇄된 책에서는 시각적으로 명확하지 않을 수도 있지만 그 색상이니 믿기 바란다.

온라인 검색을 통해 그래프 및 그리기 기능을 확인할 수 있다. 이 책에서는 이 위젯에 대해 더 깊이 들어가지 않을 것이다(그래도 그건 매우 멋지다).

4

데이터와 클래스

4장에서 tkinter 변수에 GUI 데이터를 저장한다. 또한 OOP를 이용해 기존 tkinter 클래스를 확장해 tkinter 내장 기능을 확장한다. 이를 통해 재사용 가능한 OOP 컴포넌트를 생성한다. 4장을 마치면 GUI의 데이터를 로컬 tkinter 변수로 저장하는 방법을 배운다. 또한 사용자에게 추가 정보를 제공하는 위젯 위에 도구 설명을 표시하는 방법을 배운다. 이 방법을 알면 GUI의 기능이 향상되고 사용이 편리해진다.

4장의 파이썬 모듈의 개요는 다음과 같다.

```
⊞ Ch04_Code
   📄 __init__.py
 > 📄 GUI_const_42_777_global_print_error.py
 > 📄 GUI_const_42_777_global_shadowing.py
 > 📄 GUI_const_42_777_global.py
 > 📄 GUI_const_42_777.py
 > 📄 GUI_const_42_print_func.py
 > 📄 GUI_const_42_print.py
 > 📄 GUI_const_42.py
 > 📄 GUI_data_from_widget.py
 > 📄 GUI_OOP_2_classes.py
 > 📄 GUI_OOP_class_imported_tooltip.py
 > 📄 GUI_OOP_class_imported.py
 > 📄 GUI_OOP_classes.py
 > 📄 GUI_PyDoubleVar_to_Float_Get.py
 > 📄 GUI_PyVar_defaults.py
 > 📄 GUI_PyVar_Get.py
 > 📄 GUI_StringVar.py
   ⬤ pyc.ico
 > 📄 ToolTip.py
```

4장에서는 파이썬 3.7 이상의 버전에서 데이터와 객체지향 클래스를 사용한다. 다음 레시피들을 다룬다.

- StringVar( ) 사용 방법
- 위젯에서 데이터 가져오는 방법
- 모듈 레벨의 전역변수 사용하기
- GUI를 개선시키는 코딩 방법
- 콜백함수 작성하기
- 재사용 가능한 GUI 컴포넌트 만들기

StringVar() 사용 방법

tkinter에는 프로그래밍에 사용된 파이썬 타입과 약간 다른 내장 프로그래밍 타입이 있다. StringVar( )는 이러한 tkinter 타입 중 하나다. 이 레시피에서는 StringVar( ) 타입을 사용하는 방법을 보여준다.

준비하기

이 레시피에서 tkinter GUI의 데이터를 변수에 저장해 그 데이터를 사용하는 방법을 배운다. 자바의 getter/setter 메서드와 매우 비슷하게 값을 설정하고 가져올 수 있다. 다음은 tkinter에서 몇 가지 코드 유형이다.

strVar = StringVar( )	문자열을 유지함, 기본값은 빈 문자열("")
intVar = IntVar( )	정수형을 유지함, 기본값은 0
dbVar = DoubleVar( )	실수형을 유지함, 기본값은 0.0
blVar = BooleanVar( )	불린형을 유지함, 거짓이면 0, 참이면 1을 반환

다른 언어들은 소수점이 있는 숫자를 실수형이나 더블형으로 호출한다. Tkinter는 파이썬에서 float 데이터 타입으로 알려진 DoubleVar를 호출한다. 정밀도에 따라 float 및 double 데이터가 다를 수 있다. 여기에서는 tkinter의 DoubleVar를 파이썬 float 타입으로 변환한다.

파이썬 float 타입으로 DoubleVar를 추가할 때 더 명확해지고, 결과 타입은 더 이상 DoubleVar가 아닌 파이썬 float이다.

실행 방법

Tkinter 변수의 DoubleVar를 생성하고 + 연산자를 사용해 부동 소수 리터럴을 추가한다. 그 후 파이썬 타입에 관해 알아본다. 다음은 다양한 tkinter 데이터 타입을 확인하는 단계다.

1. 새로운 파이썬 모듈을 생성하고 이름을 GUI_PyDoubleVar_to_Float_Get.py로 저장한다.

2. GUI_PyDoubleVar_to_Float_Get.py 모듈 제일 위에서 tkinter를 임포트한다.

   ```
   import tkinter as tk
   ```

3. tkinter 클래스의 인스턴스를 생성한다.

   ```
   win = tk.Tk()
   ```

4. DoubleVar를 생성하고 값을 지정한다.

   ```
   doubleData = tk.DoubleVar()
   print(doubleData.get())
   doubleData.set(2.4)
   print(type(doubleData))

   add_doubles = 1.2222222222222222222222222 + doubleData.get()
   print(add_doubles)
   print(type(add_doubles))
   ```

5. 최종 GUI_PyDoubleVar_to_Float_Get.py 코드와 실행한 결과는 화면과 같다.

```python
import tkinter as tk

# Create instance of tkinter
win = tk.Tk()

# Create DoubleVar
doubleData = tk.DoubleVar()
print(doubleData.get())          # default value
doubleData.set(2.4)
print(type(doubleData))

add_doubles = 1.2222222222222222222222222 + doubleData.get()
print(add_doubles)
print(type(add_doubles))
```

```
📋 Console 🔀
<terminated> GUI_PyDoubleVar_to_Float_Get.py [C:\Python37\python.exe]
0.0
<class 'tkinter.DoubleVar'>
3.6222222222222222
<class 'float'>
```

문자열과 관련해 tkinter와 동일하게 할 수 있다.

다음과 같이 새로운 모듈을 생성한다.

1. 새로운 파이썬 모듈을 생성하고 GUI_StringVar.py로 저장한다.

2. GUI_StringVar.py 모듈 최상단에서 tkinter를 임포트한다.

```python
import tkinter as tk
```

3. tkinter 클래스의 인스턴스를 생성한다.

```python
win = tk.Tk()
```

4. strData 변수에 tkinter의 StringVar를 할당한다.

```python
strData = tk.StringVar()
```

5. strData 변수를 설정한다.

```python
strData.set('Hello StringVar')
```

134

6. strData 변수의 값을 가져와 varData 변수에 저장한다.

```
varData = strData.get()
```

7. strData 변수의 현재 값을 출력한다.

```
print(varData)
```

8. GUI_StringVar.py의 최종 코드와 실행 후 결과는 다음 화면과 같다.

```
import tkinter as tk

# Create instance of tkinter
win = tk.Tk()

# Assign tkinter Variable to strData variable
strData = tk.StringVar()

# Set strData variable
strData.set('Hello StringVar')

# Get value of strData variable
varData = strData.get()

# Print out current value of strData
print(varData)
```

```
Console ✕
<terminated> GUI_StringVar.py [C:\Python37\python.exe]
Hello StringVar
```

다음으로 tkinter의 IntVar, DoubleVar, BooleanVar 타입의 기본값을 출력한다.

1. GUI_StringVar.py 파일을 열어 GUI_PyVar_defaults.py라는 이름으로 저장한다.

2. 모듈의 아래쪽에 다음 코드를 추가한다.

```
print(tk.IntVar())
print(tk.DoubleVar())
print(tk.BooleanVar())
```

3. 최종 GUI_PyVar_defaults.py 코드와 실행한 결과는 다음 화면과 같다.

```
        # Print out current value of strData
        print(varData)

        # Print out the default tkinter variable values
        print(tk.IntVar())
        print(tk.DoubleVar())
        print(tk.BooleanVar())

        <
```

```
🖥 Console ⊠
<terminated> GUI_PyVar_defaults.py [C:\Python37\python.exe]
Hello StringVar
PY_VAR1
PY_VAR2
PY_VAR3
```

기본 tkinter 변숫값을 출력하는 과정은 다음과 같다.

1. 새로운 파이썬 모듈을 생성하고 GUI_PyVar_Get.py로 저장한다.

2. 모듈에 다음 코드를 추가한다.

```
import tkinter as tk
# tkinter의 인스턴스 생성
win = tk.Tk()
# tkinter 변숫값을 출력하기
intData = tk.IntVar()
print(intData)
print(intData.get())
# 디버거로 값을 보기 위해 브레이크포인트 설정
print()
```

3. 코드를 실행하고, 경우에 따라 마지막 print( ) 구문에 브레이크포인트를 설정한다.

코드를 더 잘 이해하기 위해 동작 원리를 살펴보자.

동작 원리

이클립스 PyDev 콘솔에서는 8단계에서 GUI_StringVar.py의 스크린샷 아래에서 콘솔에 출력된 Hello StringVar를 볼 수 있다. 데이터를 얻으려면 get( ) 메서드를 호출한다.

3단계에서 GUI_PyVar_defaults.py의 스크린샷에서 볼 수 있듯이, get( )을 호출하지 않으면 기본값이 출력되진 않는다.

온라인 문서에는 기본값이 언급돼 있지만 get 메서드를 호출하기 전에는 그 값을 볼 수 없다. 그렇지 않으면 변수 이름이 자동으로 증가된다(예: GUI_PyVar_defaults.py의 스크린샷에서 볼 수 있듯이 PY_VAR3).

 TIP 파이썬 변수에 tkinter 타입을 할당해도 결과는 바뀌지 않는다. 변수를 get()으로 호출할 때까지 여전히 기본값을 얻지 못한다.

get 메서드를 호출할 때까지 예상되는 값은 0이 아닌 PY_VAR0이다. 이제 기본값을 볼 수 있다. set을 호출하지 않았으므로 각 유형에 대해 get 메서드를 호출하면 각 tkinter 타입에 자동으로 지정된 기본값이 표시된다.

intData 변수에 저장한 IntVar 인스턴스의 콘솔에 기본값 0이 출력되는 것에 주목하자. 스크린샷 상단의 이클립스 PyDev 디버거 창에서 값을 볼 수도 있다.

먼저 tkinter 모듈을 가져와 tk라는 별칭을 지정한다. 다음으로 이 별칭을 사용해 클래스의 생성자를 호출하는 Tk에 괄호를 추가해 Tk 클래스의 인스턴스를 만든다. 함수 호출과 같은 메커니즘이다. 여기에서는 클래스의 인스턴스를 만든다.

일반적으로 win 변수에 할당된 이 인스턴스를 사용해 코드에서 나중에 메인 이벤트 순환 문을 시작하지만 여기서는 GUI를 표시하지 않고 tkinter StringVar 유형을 사용하는 방법을 보여준다.

 여전히 Tk()의 인스턴스를 생성해야 한다. 이 줄을 주석 처리하면 tkinter에서 오류가 발생하므로 이 호출이 필요하다.

그런 다음 tkinter StringVar 유형의 인스턴스를 만들고 strData 변수에 할당한다. 그 후에 다음 변수를 사용해 StringVar에서 set() 메서드를 호출하고 값을 설정한 후에 그 값을 가져와 varData라는 새 변수에 저장한 다음 그 값을 출력한다.

StringVar()를 사용하는 방법을 성공적으로 배웠다. 이제 다음 레시피를 살펴보자.

위젯에서 데이터 가져오는 방법

사용자가 데이터를 입력하면 코드에서 데이터를 처리한다. 이 레시피는 변수에 데이터를 저장하는 방법을 보여준다. 이전 레시피에서는 여러 개의 tkinter 클래스 변수를 만들었다. 그것들은 독립적이었다. 이제 GUI에서 얻은 데이터를 사용해 GUI에 연결하고 Python 변수에 저장한다.

준비하기

3장, '사용자 정의 룩앤필'에서 작성했던 Python GUI를 계속 사용한다. 해당 장의 GUI_progressbar.py에서 코드를 재사용하고 개선시킨다.

실행 방법

GUI의 값을 파이썬 변수에 할당한다.

1. 3장, '사용자 정의 룩앤필'에서 GUI_processbar.py를 가져와 GUI_data_from_widget.py라는 이름으로 저장한다.

2. 메인 이벤트 루프 바로 위에 있는 모듈 하단에 strData를 추가한다.

   ```
   strData = spin.get()
   print("Spinbox value: " + strData)
   ```

3. 네임 엔트리에 커서를 지정하는 코드를 추가한다.

   ```
   name_entered.focus()
   ```

4. GUI를 시작한다.

   ```
   win.mainloop()
   ```

5. 코드를 실행하면 다음과 같은 결과가 나타난다.

```
    # Spinbox callback
⊖ def _spin():
        value = spin.get()
        print(value)
        scrol.insert(tk.INSERT, value + '\n')
    <
```

```
🖵 Console ⊠
<terminated> GUI_data_from_widget.py [C:\Python37\python.exe]
Spinbox value: 1
```

> ℹ️ 코드를 GUI 메인 이벤트 루프 위에 위치시켰기 때문에 GUI가 보이기 전에 출력이 진행된다.
> GUI를 표시하고 스핀박스 컨트롤의 값을 변경한 후에 현재 값을 출력하려면 콜백함수에 코
> 드를 삽입해야 한다.

스핀박스 컨트롤의 현재 값을 가져온다.

1. 다음 코드를 사용해 Spinbox 위젯을 만들고, 사용 가능한 값을 하드코딩한다.

```
# values 설정해 Spinbox 위젯 추가하기
spin = Spinbox(mighty, values=(1, 2, 4, 42, 100), width=5, bd=8,
command=_spin)
spin.grid(column=0, row=2)
```

2. 또한 Spinbox 클래스 인스턴스 생성에서 데이터의 하드코딩 부분을 옮겨서 나중
에 설정할 수 있다.

```
# 생성 후에 values 값을 할당해 Spinbox 위젯 추가하기
spin = Spinbox(mighty, width=5, bd=8, command=_spin)
spin['values'] = (1, 2, 4, 42, 100)
spin.grid(column=0, row=2)
```

위젯의 인스턴스에서 get( ) 메서드를 사용해 이 데이터에 접근할 수 있기 때문에
위젯을 만드는 방법과 데이터를 삽입하는 방법은 중요하지 않다.

코드를 더 잘 이해하기 위해 동작 원리를 살펴보자.

tkinter를 사용해 작성된 GUI에서 값을 가져오려면 값을 대상 위젯의 인스턴스에서 tkinter get( ) 메서드를 사용한다. 앞의 예제에서는 스핀박스 컨트롤을 사용했지만 get( ) 메서드가 있는 모든 위젯에 대해 원칙은 동일하다. 일단 데이터를 얻은 후에는 퓨어 파이썬 세계에 있으며 tkinter는 GUI를 만들 수 있도록 도움을 줬다. 이제 GUI에서 데이터를 가져오는 방법을 알았으므로 이 데이터를 사용할 수 있다.

위젯의 데이터를 가져오는 방법을 성공적으로 배웠다. 이제 다음 레시피를 살펴보자.

모듈 레벨의 전역변수 사용하기

캡슐화는 모든 프로그래밍 언어의 주요 강점으로 OOP를 사용해 프로그래밍할 수 있다. 파이썬은 절차적일 뿐만 아니라 객체지향적이다. 해당 모듈에 존재하는 지역화된 전역변수를 만들 수 있다. 이 모듈은 캡슐화의 한 형태인 이 모듈에서만 전역변수다. 이것이 왜 필요할까? GUI에 점점 더 많은 기능을 추가함에 따라 코드에 버그가 생길 수 있는 이름 충돌을 피하기 위해서다.

 이름 충돌로 코드에서 버그가 생기는 것을 원하지 않는다면 네임스페이스는 이러한 버그를 피하는 한 가지 방법이다. 파이썬에서는 파이썬 모듈(비공식 네임스페이스)을 사용해 이 작업을 할 수 있다.

준비하기

함수 바로 위와 외부 모듈에서 모듈 수준 전역변수를 선언할 수 있다. 그런 다음 파이썬 키워드 global을 사용해 이를 참조한다. 전역 함수를 사용하는 것을 잊어버린 경우 새로운 지역변수가 생성된다. 이는 정말로 원하지 않는 버그다.

파이썬은 동적이고 강력한 타입의 언어다. 런타임에만 이 버그(global 키워드로 변수 범위를 잊어버린)를 발견할 것이다.

실행 방법

이전 레시피 위젯에서 데이터를 얻는 방법에서 사용한 GUI에 17번째 줄에 표시된 코드를 추가해 모듈 레벨의 전역변수를 만든다. 상수로 모두 대문자를 사용한다.

파이썬 코드 스타일 가이드 PEP 8에서 더 많은 정보를 얻을 수 있다.

https://www.python.org/dev/peps/pep-0008/#constants

1. GUI_data_from_widget.py를 열어 GUI_const_42_print.py라는 이름으로 저장한다.

2. 위쪽에 상수 변수를 추가하고 모듈의 아래쪽에서 print문을 추가한다.

```
GLOBAL_CONST = 42
# …
print(GLOBAL_CONST)
```

3. 코드를 실행하면 global 출력이 된다. Eclipse 콘솔에 출력되는 42에 주목한다.

```
# Printing the Global works
print(GLOBAL_CONST)

name_entered.focus()
#=====================
# Start GUI
#=====================
win.mainloop()
```

```
Console ☒
<terminated> GUI_const_42_print.py [C:\Python37\python.exe]
42
```

이 usingGlobal 함수를 모듈 하단에 추가하자.

1. GUI_const_42_print.py를 열어서 GUI_const_42_print_func.py라는 이름으로 저장한다.

2. 함수를 추가하고 호출한다.

```python
def usingGlobal():
    print(GLOBAL_CONST)
# 함수 호출
usingGlobal()
```

3. 최종 GUI_const_42_print_func.py 코드와 실행된 결과는 다음 화면과 같다.

```python
⊖ def usingGlobal():
      print(GLOBAL_CONST)

  # call function
  usingGlobal()
  <
```

```
🖥 Console ⊠
<terminated> GUI_const_42_print_func.py [C:\Python37\python.exe]
42
```

앞의 코드 스니펫에서는 모듈 수준의 전역을 사용한다. 다음 코드처럼 전역변수를 덮어쓰는 실수를 저지르기 쉽다.

1. GUI_const_42_print_func.py를 열어서 GUI_const_42_777.py라는 이름으로 저장한다.

2. 함수 내에서 상수 선언을 추가한다.

```python
def usingGlobal():
    GLOBAL_CONST = 777
    print(GLOBAL_CONST)
```

3. 최종 GUI_const_42_777.py 코드와 실행한 결과는 다음 화면과 같다.

```
⊖def usingGlobal():
     GLOBAL_CONST = 777
     print(GLOBAL CONST)
  <
```

📺 Console ✕
```
<terminated> GUI_const_42_777.py [C:\Python37\python.exe]
777
```

동일한 변수 이름을 사용하더라도 42가 어떻게 777이 되는지 주목하자.

 Python에는 로컬 함수에서 전역변수를 덮어쓰는 경우에 경고하는 컴파일러가 없다. 이로 인해 런타임에 디버깅이 어려워질 수 있다.

global 키워드를 사용하지 않고 전역변수의 값을 출력하려고 하면 에러가 발생한다.

1. GUI_const_42_777.py를 열어서 GUI_const_42_777_global_print_error.py라는 이름으로 저장한다.

2. global 부분을 주석 처리하고 출력을 시도한다.

```
def usingGlobal():
    # 전역변수 GLOBAL_CONST
    print(GLOBAL_CONST)
    GLOBAL_CONST = 777
    print(GLOBAL_CONST)
```

3. 코드를 실행하고 결과를 살펴본다.

📺 Console ✕
```
<terminated> GUI_const_42_777_global_print_error.py [C:\Python37\python.exe]
Traceback (most recent call last):
  File "C:\Eclipse Oxygen workspace Packt 3rd GUI BOOK\3rd Edition Python GUI
    usingGlobal()
  File "C:\Eclipse Oxygen workspace Packt 3rd GUI BOOK\3rd Edition Python GUI
    print(GLOBAL_CONST)
UnboundLocalError: local variable 'GLOBAL_CONST' referenced before assignment
```

global 키워드로 로컬 변수를 지정하면 이 값을 로컬로 덮어쓰고 global 변수의 값을 출력할 수 있다.

1. GUI_const_42_777_global.py를 연다.
2. 다음 코드를 추가한다.

```
def usingGlobal():
    global GLOBAL_CONST
    print(GLOVAL_CONST)
    GLOBAL_CONST = 777
    print(GLOBAL_CONST)
```

3. 코드를 실행하고 결과를 살펴본다.

```
def usingGlobal():
    global GLOBAL_CONST
    print(GLOBAL_CONST)
    GLOBAL_CONST = 777
    print(GLOBAL_CONST)


# call function
usingGlobal()
<
```

```
Console ⌧
<terminated> GUI_const_42_777_global.py [C:\Python37\python.exe]
42
777
```

전역변수의 값이 함수 내에서 지역적이라고 생각할 수 있다.

1. GUI_const_42_777_global.py를 열어서 GUI_const_42_777_global_shadowing.py라는 이름으로 저장한다.
2. 함수 아래에 print('GLOBAL_CONST:', GLOBAL_CONST)를 추가한다.
3. 코드를 실행하고 결과를 살펴본다.

```
# call function
usingGlobal()

# call the global from outside the function
print('GLOBAL_CONST:', GLOBAL_CONST)
```

🖥 Console ✕

<terminated> GUI_const_42_777_global_shadowing.py [C:\Python37\python.exe]

42
777
GLOBAL_CONST: 777

코드를 더 잘 이해하기 위해 동작 원리를 살펴보자.

동작 원리

모듈 상단에 글로벌 변수를 정의하고, 나중에 모듈 하단에서 그 값을 출력한다. 이는 잘 동작한다. 그런 다음 함수 내에서 global 키워드를 사용해 전역 값을 출력한다. global 키워드 사용을 잊으면 새로운 로컬변수를 만든다. 함수 내부의 전역 값을 변경하면 전역변수가 실제로 변경된다. 여기서 보듯이 심지어 함수 밖에서도 전역 값이 변했다.

전역변수는 작은 애플리케이션을 프로그래밍할 때 매우 유용하다. 동일한 파이썬 모듈 내에서 메서드와 함수를 통해 데이터를 사용할 수 있으며 때로는 OOP의 오버헤드가 정당화되지 않는다.

프로그램이 복잡해짐에 따라 전역 사용으로 얻을 수 있는 이점은 빠르게 없어질 수 있다.

 서로 다른 범위에서 동일한 이름을 사용해 전역변수를 실수로 덮어쓰는 걸 피하는 것이 가장 좋다. 전역변수를 사용하는 대신 OOP를 사용할 수 있다.

절차적 코드 내에서 전역변수를 다양하게 사용해봤고 디버그하기 어려운 버그로 이어질 수 있음을 배웠다. 다음 레시피에서는 그러한 버그를 제거할 수 있는 OOP로 넘어가보자.

GUI를 개선시키는 코딩 방법

지금까지 절차적 스타일로 코딩했다. 이는 파이썬의 빠른 스크립팅 방법이다. 코드가 커지면 OOP로 코딩해야 한다. 왜일까?

OOP를 사용하면 다른 많은 장점 중에서도 메서드를 사용해 코드를 이동할 수 있다. 클래스를 사용하고 나면 더 이상 클래스를 호출하는 코드 위에 실제로 코드를 배치할 필요가 없다. 이는 코드를 체계적으로 융통성 있게 구성할 수 있다.

다른 코드 옆에 관련 코드를 작성할 수 있으므로 코드를 호출하는 코드 위에 코드가 있지 않기 때문에 코드가 실행되지 않을까 걱정할 필요가 없다. 그 모듈 내에서 생성되지 않은 메서드를 참조하는 모듈을 코딩함으로써 좀 더 환상적인 극단으로 가져갈 수 있다. 이들은 코드가 실행되는 동안 해당 메서드를 생성한 런타임 상태에 의존한다.

 그때까지 호출한 메서드가 생성되지 않았다면 런타임 오류가 발생한다.

준비하기

절차적 코드 전체를 매우 간단하게 OOP로 변환할 것이다. 클래스로 바꾸고 모든 기존 코드를 들여쓰고 모든 변수 앞에 self를 추가한다. 매우 쉽다.

처음에는 self 키워드를 사용해 모든 것 앞에 붙여야 하는 번거로움을 느낄 수도 있지만 (많은 종이를 낭비하고 있다…), 결국에는 가치가 있다.

실행 방법

처음에는 큰 혼란이 생기지만, 곧 이 명백한 혼란을 해결할 것이다. 이클립스 IDE에서 PyDev 편집기는 코드 편집기의 오른쪽 부분에 빨간색으로 강조 표시해 코딩의 문제를 알려준다.

1. GUI_const_42_777_global.py를 열어서 GUI_OOP_classes.py라는 이름으로 저장한다.
2. 임포트 구문 아래쪽에서 강조된 코드 전체를 가져오고 4칸 들여쓴다.
3. 들여쓰기한 코드 위에 class OOP( ):를 추가한다.
4. 코드 에디터 오른쪽의 빨간색 에러 모두를 살펴본다.

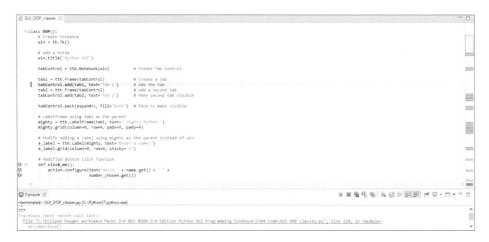

모든 변수 앞에 self 키워드를 추가하고 self를 사용해 함수를 클래스에 바인딩해야 한다. self는 공식적으로나 기술적으로 함수를 메서드로 변환한다.

코드를 다시 실행할 수 있도록 모든 것을 self 접두사로 사용해 빨간색 오류를 없애자.

1. GUI_OOP_classes.py를 열어서 GUI_OOP_2_classes.py라는 이름으로 저장한다.
2. 필요한 곳에 self 키워드를 추가한다. 예) click_me(self)
3. 코드를 실행하고 살펴보자.

```
# Modified Button Click Function
def click_me(self):
    self.action.configure(text='Hello ' + self.name.get() + ' ' +
                    self.number_chosen.get())
```

빨간색으로 강조 표시된 모든 오류에 대해 이렇게 처리하면 파이썬 코드를 다시 실행할 수 있다. click_Me 함수는 이제 클래스에 바인딩돼 공식적으로 메서드가 됐다. 코드 실행을 방해하는 오류가 더 이상 발생하지 않는다.

이제 3장, '사용자 정의 룩앤필'의 ToolTip 클래스를 파이썬 모듈에 추가한다.

1. GUI_OOP_2_classes.py를 가져온다.
2. 다음 모듈의 임포트 명령문 맨 위에 GUI_tooltip.py의 ToolTip 클래스를 추가한다.

```
class ToolTip(object):
    def __init__(self, widget, tip_text=None):
        self.widget = widget
...
class OOP():
    def __init__(self):
        self.win = tk.Tk()
        ToolTip(self.win, 'Hello GUI')
        # <-- use the ToolTip class here
...
```

코드를 더 잘 이해하기 위해 동작 원리를 살펴보자.

동작 원리

절차적 코드를 객체지향 코드로 변환하고 있다. 먼저 전체 코드를 들여쓰고 클래스의 일부로 코드를 정의했고, 이 코드를 OOP라고 명명했다. 이 작업을 수행하려면 변수와 메서드 모두에 self 키워드를 사용해야 한다. 다음은 클래스를 사용하는 이전 코드와 새 OOP 코드를 간략히 비교했다.

```
#####################################
# 절차적 코드 스타일
#####################################
# Button Click Function
```

```
def click_me():
    action.configure(text='Hello ' + name.get() + ' ' +
    number_chosen.get())
```

```
# 텍스트박스 엔트리 위젯 추가하기
name = tk.StringVar()
name_entered = ttk.Entry(mighty, width=12, textvariable=name)
name_entered.grid(column=0, row=1, sticky='W')
```

```
# 버튼 추가하기
action = ttk.Button(mighty, text="Click Me!", command=click_me)
action.grid(column=2, row=1)
```

```
ttk.Label(mighty, text="Choose a number:").grid(column=1, row=0)
number = tk.StringVar()
number_chosen = ttk.Combobox(mighty, width=12,
textvariable=number, state='readonly')
number_chosen['values'] = (1, 2, 4, 42, 100)
number_chosen.grid(column=1, row=1)
number_chosen.current(0)
# ...
```

```
********************************************
새로운 객체지향 스타일
********************************************
class OOP():
    def __init__(self):       # 초기화 메서드
        # 인스턴스 생성
        self.win = tk.Tk() # notice the self keyword
        ToolTip(self.win, 'Hello GUI')
        # 타이틀 추가하기
        self.win.title("Python GUI")
        self.create_widgets()

    # 버튼 콜백
    def click_me(self):
        self.action.configure(text='Hello ' + self.name.get() + ' '
        +self.number_chosen.get())
        # ... 더 많은 콜백 메서드
```

150

```
    def create_widgets(self):
        # 탭컨트롤 생성
        tabControl = ttk.Notebook(self.win)
        tab1 = ttk.Frame(tabControl)     # Create a tab
        tabControl.add(tab1, text='Tab 1')   # Add the tab
        tab2 = ttk.Frame(tabControl)  # Create second tab
        tabControl.add(tab2, text='Tab 2')  # Add second tab
        # 가시화를 위한 패키징
        tabControl.pack(expand=1, fill="both")

        # self를 사용해서 텍스트박스 엔트리 위젯 추가하기
        self.name = tk.StringVar()
        name_entered = ttk.Entry(mighty, width=12,
        textvariable=self.name)
        name_entered.grid(column=0, row=1, sticky='W')
        # self를 사용해서 버튼 추가하기
        self.action = ttk.Button(mighty, text="Click Me!",
        command=self.click_me)
        self.action.grid(column=2, row=1)
        # ...
#====================
# Start GUI
#====================
oop = OOP()            # 클래스의 인스턴스 생성
                       # oop.win을 통해 메인루프를 호출하는 인스턴스 변수 사용
oop.win.mainloop()
```

새로운 OOP 클래스 내부에서 콜백 메서드를 모듈의 맨 위로 옮겼다. 모든 위젯 생성 코드를 오히려 긴 메서드로 옮겼고 이 메서드는 클래스의 create_widgets 이니셜라이저를 호출한다. 기술적으로 저수준 코드의 깊숙한 곳에 파이썬은 생성자를 가지고 있지만, 파이썬은 이에 대한 걱정에서 해방시켜주고 알아서 처리해준다.

대신 파이썬은 실제 생성자 외에도 이니셜라이저를 제공한다. 이 이니셜라이저를 사용하는 것이 좋다. 이 클래스를 사용해 매개변수를 클래스에 전달하고 클래스 인스턴스 내부에서 사용할 변수를 초기화할 수 있다.

마침내 모듈의 제일 위에 import 구문 아래에 ToolTip 클래스를 추가했다.

 파이썬에서는 동일한 파이썬 모듈 내에 여러 개의 클래스가 존재할 수 있고, 모듈 이름이 클래스 이름과 같을 필요는 없다.

이 레시피에서는 동일한 파이썬 모듈에 둘 이상의 클래스가 존재할 수 있음을 알 수 있다. 정말로 멋지다!

같은 모듈에 존재하는 두 개의 클래스에 대한 화면은 다음과 같다.

```
 20  #=====================================================
 21⊖ class ToolTip(object):
 22⊖     def __init__(self, widget):
 23         self.widget = widget
 24         self.tip_window = None
 25
 26⊖     def show_tip(self, tip_text):
 27             "Display text in a tooltip window"
```

ToolTip 클래스와 OOP 클래스는 모두 같은 파이썬 모듈 GUI_OOP_2_classes.py 내에 있다.

```
 61  #=====================================================
 62⊖ class OOP():
 63⊖     def __init__(self):              # Initializer method
 64         # Create instance
 65         self.win = tk.Tk()
 66
 67         create_ToolTip(self.win, 'Hello GUI')
 68
 69         # Add a title
 70         self.win.title("Python GUI")
 71         self.create_widgets()
```

이 레시피에서는 절차적 코드를 OOP 코드로 개선했다. 파이썬은 C 프로그래밍 언어처럼 실용적이고 절차적인 스타일로 코드를 작성할 수 있다. 동시에 Java, C# 및 C++와 같은

OOP 스타일로 코딩할 수 있는 옵션이 있다.

GUI 개선을 위해 클래스를 사용하는 코딩 방법을 성공적으로 배웠다. 이제 다음 레시피를 살펴보자.

콜백함수 작성하기

처음에는 콜백함수가 약간 위협적으로 보일 수 있다. 함수를 호출하고 인자를 전달하면 함수가 매우 바쁘다는 것을 알려주고 다시 우리를 호출할 것이다.

이 함수가 다시 호출될지 궁금할 것이다. 그렇다면 얼마나 오래 기다려야 할까? 파이썬에서는 콜백함수조차 쉬우며, 단지 할당된 작업을 먼저 완료하면 보통 우리를 다시 호출한다(우선 코딩한 사람은 여러분이다).

GUI에 콜백을 코딩할 때 어떤 일이 발생하는지 조금 더 배워보자. GUI는 이벤트 중심이다. 화면에 생성돼 표시되면 일반적으로 이벤트가 발생할 때까지 대기한다.

기본적으로 이벤트가 전송되기를 대기한다. 버튼 중 하나를 클릭해 GUI에 이벤트를 보낼 수 있다. 이는 이벤트를 생성하고 어떤 의미에서는 메시지를 보내서 GUI를 호출했다.

이제 GUI에 메시지를 보낸 후에 무슨 일이 생길까? 버튼을 클릭한 후에 발생하는 현상은 이벤트 핸들러를 생성하고 이 버튼과 이벤트 핸들러를 연결했는지에 따라 달라진다. 이벤트 핸들러를 만들지 않았다면 버튼을 클릭해도 아무런 반응이 없다. 이벤트 핸들러는 콜백함수(또는 클래스를 사용하는 경우 메서드)이다. 콜백 메서드는 GUI와 마찬가지로 수동적으로 호출되기를 기다린다. GUI 버튼을 클릭하면 콜백이 호출된다.

콜백은 종종 일부 처리를 수행하고 완료되면 GUI에 결과를 반환한다.

 어떤 면에서는 콜백함수가 GUI를 호출하고 있음을 알 수 있다.

파이썬 인터프리터는 모듈의 모든 코드를 한 번 실행해 구문 오류를 찾아내 지적한다. 구문이 올바르지 않으면 파이썬 코드를 실행할 수 없고 잘못된 들여쓰기도 포함된다(구문 오류가 발생하지 않으면 잘못된 들여쓰기가 일반적으로 버그가 된다).

다음 파싱 단계에서 인터프리터는 코드를 해석하고 실행한다. 런타임에 많은 GUI 이벤트를 생성할 수 있으며 일반적으로 GUI 위젯에 기능을 추가하는 것은 콜백함수다.

실행 방법

다음은 Spinbox 위젯의 콜백이다.

1. GUI_OOP_2_classes.py를 연다.
2. 코드에서 _spin(self) 메서드를 관찰한다.

```
37      # Spinbox callback
38⊖    def _spin(self):
39          value = self.spin.get()
40          print(value)
41          self.scrol.insert(tk.INSERT, value + '\n')

124
125         # Adding a Spinbox widget
126         self.spin = Spinbox(mighty, values=(1, 2, 4, 42, 100), width=5, bd=9, command=self._spin)
127         self.spin.grid(column=0, row=2)
```

코드를 더 잘 이해하기 위해 동작 원리를 살펴보자.

동작 원리

OOP 클래스에 콜백 메서드를 만든다. 이 콜백 메서드는 스핀박스 위젯에서 값을 선택할 때 호출된다. 이 메서드는 명령 인수(command = self._spin)를 통해 메서드를 위젯에 바인딩하기 때문에 호출된다. 이 방법이 비공개 자바 메서드처럼 다뤄져야 한다는 사실을 암시하기 위해 밑줄을 사용한다.

154

파이썬은 private, public, friend 등과 같은 언어 제한을 의도적으로 피한다. 파이썬에서는 대신 명명 규칙을 사용한다. 키워드를 둘러싼 앞뒤 두 줄의 밑줄은 파이썬 언어로 제한됨을 기대하고 파이썬 코드에서 이들을 사용되지 않을 것을 기대한다.

그러나 변수 이름이나 함수 앞에 밑줄 접두어를 사용해 비공개로 처리해야 한다는 힌트를 제공할 수 있다. 동시에 내장 파이썬 이름을 사용하려면 단일 밑줄을 뒤에 붙일 수 있다. 예를 들어 목록 길이를 줄이려는 경우 다음처럼 할 수 있다.

```
len_ = len(aList)
```

 종종 밑줄은 관리하기는 쉽고 읽기는 어렵기 때문에 실제로는 최선의 아이디어가 아닐 수도 있다.

콜백함수를 작성하는 방법을 성공적으로 배웠다. 이제 다음 레시피를 살펴보자.

재사용 가능한 GUI 컴포넌트 만들기

파이썬을 사용해 재사용 가능한 GUI 구성 요소를 만든다. 이 레시피에서는 ToolTip 클래스를 자체 모듈로 옮겨서 간단하게 유지한다. 그런 다음 GUI의 여러 위젯에 툴팁을 표시하기 위해 가져와 사용한다.

준비하기

3장, '사용자 정의 룩앤필' GUI_tooltip.py를 가지고 코드를 빌드한다. ToolTip 클래스를 별도의 파이썬 모듈로 분리하면서 시작한다.

새로운 파이썬 모듈을 생성하고 ToolTip 클래스 코드를 삽입한 다음 이 모듈을 기본 모듈로 가져온다.

1. GUI_OOP_2_classes.py를 열어서 GUI_OOP_class_imported_tooltip.py라는 이름으로 저장한다.

2. GUI_tooltip.py의 도구 설명 코드를 새 파이썬 모듈로 분리하고 모듈 이름을 ToolTip.py로 지정한다.

3. GUI_OOP_class_imported_tooltip.py 내에서 ToolTip 클래스를 임포트한다.

```
from Ch04_Code.ToolTip import ToolTip
```

4. GUI_OOP_class_imported_tooltip.py에 다음 코드를 추가한다.

```
# Spinbox에 툴팁 추가
tt.create_ToolTip(self.spin, 'This is a Spinbox control')

# 더 많은 위젯에 툴팁 추가
tt.create_ToolTip(self.name_entered, 'This is an Entry control')
tt.create_ToolTip(self.action, 'This is a Button control')
tt.create_ToolTip(self.scrol, 'This is a ScrolledText control')
```

5. 코드를 실행하고 여러 위젯 위로 마우스 오버해본다.

이것은 두 번째 탭에서도 작동한다.

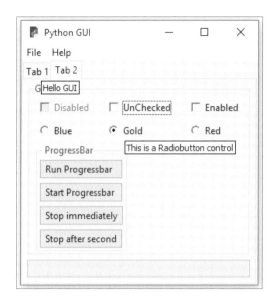

코드를 더 잘 이해하기 위해 동작 원리를 살펴보자.

동작 원리

먼저 새로운 파이썬 모듈을 만들고 ToolTip 클래스를 이 새로운 모듈에 배치했다. 그다음
이 ToolTip 클래스를 다른 파이썬 모듈에서 임포트했다. 그 후 클래스를 사용해 몇 가지
툴팁을 만들었다. 앞의 스크린샷에서 몇 개의 툴팁 메시지가 표시되는 것을 볼 수 있다. 메
인 윈도우 도구는 약간 성가시게 보일 수 있으므로 개별 위젯의 기능을 실제로 강조하기
위해 메인 윈도우용 툴팁을 표시하지 않는 것이 좋다.

메인 윈도우 폼에는 그 목적을 설명하는 제목이 있어 툴팁이 필요 없다.

일반적인 ToolTip 클래스 코드를 자체 모듈로 리팩터링하면 다른 모듈에서 이 코드를 재
사용할 수 있다. 복사/붙여넣기/수정 대신 DRY 원칙을 사용해 공통 코드는 한 곳에 있으
므로 코드를 수정하면 모든 모듈은 자동으로 최신 버전을 가져온다.

DRY는 중복해 사용하지 말라는 의미의 축약어다(Don't Repeat Yourself). 이후의 장에서 다시 살펴본다. 탭 3 이미지를 재사용 가능한 구성 요소로 변환해 비슷한 작업을 수행할 수 있다. 이 레시피의 코드를 간단하게 유지하기 위해 탭 3를 제거했지만 3장의 코드로 실험해 볼 수 있다. 이 코드는 GUI_tooltip.py에서 재사용된다.

5

Matplotlib 차트

5장에서는 시각적으로 데이터를 표현하는 아름다운 차트를 만든다. 데이터 소스의 형식에 따라 동일한 차트에 하나 이상의 데이터 열을 그릴 수 있다. 파이썬 Matplotlib 모듈을 사용해 차트를 만들 것이다.

내가 근무하던 회사에서는 분석을 위해 데이터를 수집하는 기존 프로그램이 있었다. 데이터를 엑셀에 로드한 후 엑셀 내에서 차트를 생성하는 수동 프로세스였다. 파이썬과 Matplotlib을 사용해 전체 프로세스를 자동화했다. 마우스를 한 번만 클릭하면 데이터가 네트워크 드라이브에 백업되고 한 번 더 클릭하면 차트가 자동으로 생성된다.

이러한 그래픽 차트를 만들려면 추가 파이썬 모듈을 다운로드해야 하며 이를 설치하는 여러 가지 방법이 있다.

5장에서는 Matplotlib 파이썬 모듈을 다른 필요한 파이썬 모듈과 함께 다운로드하는 방법과 이를 수행하는 방법을 설명한다. 필요한 모듈을 설치한 후에 파이썬다운(Pythonic) 차트를 만들 것이다. 데이터를 시각적으로 표현하면 GUI가 매우 유용하고 멋지게 보이며 코딩 스킬이 크게 향상된다. 또한 관리 팀이 데이터를 시각적으로 표현하는 데 매우 유용하다.

5장의 파이썬 모듈 개요는 다음과 같다.

```
⊞ Ch05_Code
  📄 _init_.py
> 📄 Matplotlib_chart_with_legend_missing_comma.py
> 📄 Matplotlib_chart_with_legend.py
> 📄 Matplotlib_chart.py
> 📄 Matplotlib_labels_four.py
> 📄 Matplotlib_labels_two_charts_not_scaled.py
> 📄 Matplotlib_labels_two_charts_scaled_dynamic_spike.py
> 📄 Matplotlib_labels_two_charts_scaled_dynamic.py
> 📄 Matplotlib_labels_two_charts_scaled.py
> 📄 Matplotlib_labels_two_charts.py
> 📄 Matplotlib_labels.py
> 📄 Matplotlib_our_first_chart.py
> 📄 Matplotlib_second_chart.py
```

5장에서는 `Matplotlib` 모듈과 함께 파이썬 3.7 이상의 버전을 사용해 아름다운 차트를
만든다.

 http://matplotlib.org/users/screenshots.html은 Matplotlib의 세계를 살펴보기 좋으며,
5장에 소개되지 않은 많은 차트를 만드는 방법을 알려준다.

다음과 같은 레시피를 다룬다.

- pip로 .whl 확장자를 가진 Matplotlib 설치하기
- 첫 차트 만들기
- 차트에 라벨 배치하기
- 차트에 범례 제공하는 방법
- 차트 스케일링
- 동적으로 차트 스케일 조정하기

160

pip로 .whl 확장자를 가진 Matplotlib 설치하기

추가 파이썬 모듈을 다운로드하는 일반적인 방법은 pip를 사용하는 것이다. pip 모듈은 최신 버전의 파이썬(3.7 이상)에 미리 설치돼 제공된다.

 이전 버전의 파이썬을 사용하는 경우 pip와 setuptools를 모두 다운로드해야 할 수도 있다.

이 레시피는 pip를 사용해 Matplotlib을 성공적으로 설치하는 방법을 보여준다. 이 설치에는 .whl 확장자가 사용되므로 이 레시피에서는 wheel 모듈을 설치하는 방법을 보여준다.

준비하기

먼저 wheel 모듈이 이미 설치돼 있는지 확인한다. 휠 모듈은 확장자가 .whl인 파이썬 패키지를 다운로드하고 설치하는 데 필요하다. 현재 pip를 사용해 설치된 모듈을 확인할 수 있다.

Windows 명령 프롬프트에서 pip list 명령을 실행한다.

```
Administrator: Command Prompt

Microsoft Windows [Version 10.0.14393]
(c) 2016 Microsoft Corporation. All rights reserved.

C:\WINDOWS\system32>pip list
DEPRECATION: The default format will switch to columns
 format=(legacy|columns) in your pip.conf under the [li
pip (9.0.1)
setuptools (28.8.0)

C:\WINDOWS\system32>
```

이 명령을 실행하는 중에 에러가 발생하면 파이썬이 환경 경로에 있는지 여부를 확인한다. 현재 존재하지 않으면 Edit 버튼을 클릭해 System variables > Path(왼쪽 하단)의 경로를 추가한다. 그런 다음 오른쪽 상단의 New 버튼을 클릭하고 파이썬 설치 경로를 입력한다. 또한, pip.exe가 위치하는 C:\Python37\Scripts 디렉터리를 추가한다.

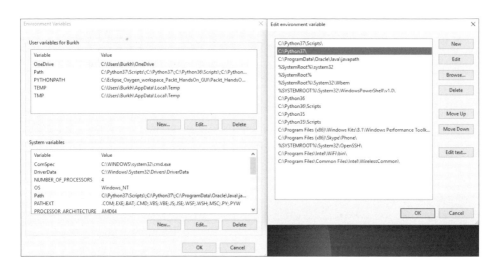

파이썬 버전이 두 개 이상인 경우, 파이썬 3.7을 목록의 맨 위로 옮기는 것이 좋다. pip install <module>을 입력하면 System variables > Path에서 발견되는 첫 번째 버전이 사용되는데, 예전 버전의 파이썬이 파이썬 3.7 위에 있다면 예기치 않은 오류가 발생할 수 있다.

pip install wheel을 실행하고 pip list를 사용해 성공적으로 설치됐는지 확인한다.

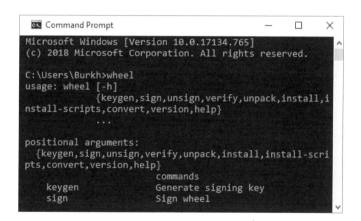

실행 중인 파이프 목록에 휠이 표시되지 않으면 명령 프롬프트에서 wheel을 입력하면 된다. 이는 파이썬 경로를 올바르게 설정했다고 가정한다.

파이썬 2.7이 정말 익숙하고 파이썬 2.7에서 코드를 실행하기를 고집한다면 이 트릭을 시도해볼 수 있다. 파이썬 3.7로 모든 작업을 한 후에 python.exe를 python3.exe로 이름을 바꾼 다음 다양한 파이썬 실행파일을 돌려보기 위해 커맨드 창에 python.exe나 python3.exe를 타이핑해 2.7과 3.7 모두 재미있게 사용할 수 있다. 이는 해킹이다. 정말로 이 길을 가고 싶다면 스스로 해볼 수 있지만 효과는 있다.

wheel 모듈을 설치하면 http://www.lfd.uci.edu/~gohlke/pythonlibs/에서 Matplot
lib을 다운로드해 설치할 수 있다.

1. 일치하는 Matplotlib 휠을 하드 드라이브에 다운로드한다.

Matplotlib, a 2D plotting library.
Requires numpy, dateutil, pytz, pyparsing, kiwisolver,
imagemagick.
matplotlib-2.2.4-cp27-cp27m-win32.whl
matplotlib-2.2.4-cp27-cp27m-win_amd64.whl
matplotlib-2.2.4-cp35-cp35m-win32.whl
matplotlib-2.2.4-cp35-cp35m-win_amd64.whl
matplotlib-2.2.4-cp36-cp36m-win32.whl
matplotlib-2.2.4-cp36-cp36m-win_amd64.whl
matplotlib-2.2.4-cp37-cp37m-win32.whl
matplotlib-2.2.4-cp37-cp37m-win_amd64.whl
matplotlib-2.2.4-pp271-pypy_41-win32.whl
matplotlib-2.2.4-pp370-pp370-win32.whl
matplotlib-2.2.4.chm
matplotlib-3.0.3-cp35-cp35m-win32.whl
matplotlib-3.0.3-cp35-cp35m-win_amd64.whl
matplotlib-3.0.3.chm
matplotlib-3.1.0-cp36-cp36m-win32.whl
matplotlib-3.1.0-cp36-cp36m-win_amd64.whl
matplotlib-3.1.0-cp37-cp37m-win32.whl
matplotlib-3.1.0-cp37-cp37m-win_amd64.whl

2. 커맨드 창을 열어서 pip install <matplotlib wheel>을 실행한다.

164

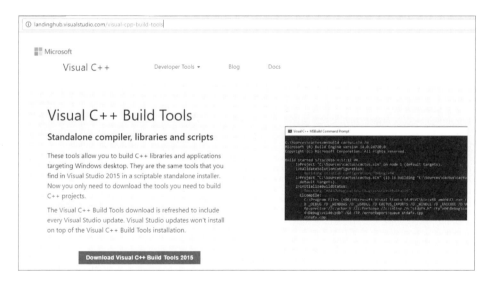

3. 오류가 발생하면 https://visualstudio.microsoft.com/visual-cpp-build-tools/
에서 마이크로소프트 비주얼 C++ 빌드 툴을 다운로드해 설치한다.

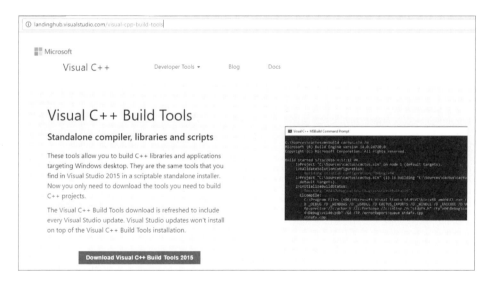

마이크로소프트 비주얼 C++ 빌드 툴 설치를 시작하면 다음과 같이 나타난다.

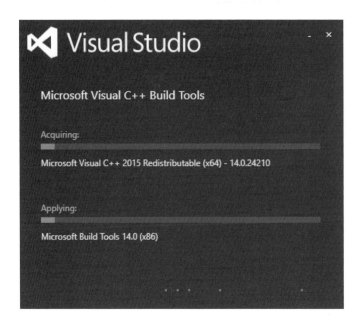

4. 실행에서 에러가 발생한다면 `pip install`을 사용해 Matplotlib 설치를 재실행한다.

```
Windows PowerShell                                                                               —  □  ×
PS C:\Users\Burkh\Desktop\2019 Third Edition Book> pip install matplotlib-3.1.0-cp37/-cp37/m-win_amd64.whl
Processing c:\users\burkh\desktop\2019 third edition book\matplotlib-3.1.0-cp37-cp37m-win_amd64.whl
Requirement already satisfied: kiwisolver>=1.0.1 in c:\python37\lib\site-packages (from matplotlib==3.1.0) (1.0.1)
Requirement already satisfied: python-dateutil>=2.1 in c:\python37\lib\site-packages (from matplotlib==3.1.0) (2.7.5)
Requirement already satisfied: pyparsing!=2.0.4,!=2.1.2,!=2.1.6,>=2.0.1 in c:\python37\lib\site-packages (from matplotli
b==3.1.0) (2.3.0)
Requirement already satisfied: numpy>=1.11 in c:\python37\lib\site-packages (from matplotlib==3.1.0) (1.15.1)
Requirement already satisfied: cycler>=0.10 in c:\python37\lib\site-packages (from matplotlib==3.1.0) (0.10.0)
Requirement already satisfied: setuptools in c:\python37\lib\site-packages (from kiwisolver>=1.0.1->matplotlib==3.1.0)
(39.0.1)
Requirement already satisfied: six>=1.5 in c:\python37\lib\site-packages (from python-dateutil>=2.1->matplotlib==3.1.0)
(1.11.0)
Installing collected packages: matplotlib
  Found existing installation: matplotlib 3.0.2
    Uninstalling matplotlib-3.0.2:
      Successfully uninstalled matplotlib-3.0.2
Successfully installed matplotlib-3.1.0
PS C:\Users\Burkh\Desktop\2019 Third Edition Book>
```

5. site-packages 폴더에서 성공적인 설치를 확인한다.

코드를 더 잘 이해하기 위해 동작 원리를 살펴보자.

wheel 설치 프로그램을 다운로드한 후 이제 `pip`를 사용해 `Matplotlib` 휠을 설치할 수 있다. 첫 단계에서 사용 중인 파이썬 버전과 일치하는 `Matplotlib` 버전을 다운로드해 설치한다. 예를 들어 마이크로소프트 윈도우 10과 같이 64비트 OS에 파이썬 3.6이 설치돼 있는 경우 `matplotlib-3.1.0-cp37-cp37m-win_amd64.whl`을 다운로드해 설치한다.

 실행 파일 이름의 중간에 있는 amd64는 64비트 버전을 설치함을 의미한다. 32비트 x86 시스템을 사용하는 경우 amd64를 설치하면 작동하지 않는다. 32비트 버전의 파이썬을 설치하고 64비트 파이썬 모듈을 다운로드한 경우 비슷한 문제가 발생할 수 있다.

시스템에 이미 설치한 내용에 따라 `installMatplotlib-1.5.3-cp36-cp36m-win-amd64.whl` 명령이 잘 시작될 수 있지만 완료되지 않을 수 있다.

다음은 설치 중에 발생할 수 있는 작업의 2단계 동안 이전 스크린샷을 참조한다. 설치 오류가 발생했다. 이 문제를 해결하는 방법은 마이크로소프트 비주얼 C++ 빌드 도구를 다운로드해 설치하고 앞의 스크린샷에서 언급한 웹사이트에서 이 작업을 수행한다(https://visualstudio.microsoft.com/visual-cpp-build-tools/).

 마이크로소프트 비주얼 C++ 빌드 도구를 설치하는 데 문제가 발생하는 경우 스택오버플로 https://stackoverflow.com/a/54136652에 유용한 답변이 있다. 다음은 MS: https://devblogs.microsoft.com/cppblog/beconding-visual-c-build-tools-2015-standalone-c-tools-build-environments/에 관한 링크다.

빌드 도구를 성공적으로 설치한 후에 `Matplotlib` 설치를 다시 실행해 4단계에서 완료할 수 있다. 이전에 2단계에서 사용한 것처럼 `pip install` 명령을 입력하기만 하면 된다.

파이썬 설치 디렉터리를 보고 `Matplotlib`을 성공적으로 설치했는지 확인할 수 있다. 설치가 성공적으로 완료되면 Matplotlib 폴더가 site-packages에 추가된다. 파이썬을 설치한 위치에 따라 윈도우의 site-packages 폴더에 대한 전체 경로는 ..\Python37\Lib\site-packages와 같다.

파이썬 site-packages 폴더에 matplotlib 폴더가 추가됐다면 Matplotlib이 성공적으로 설치된 것이다.

 pip를 사용해 파이썬 모듈을 설치하는 것은 대개 매우 쉽지만 예기치 않은 문제가 발생할 수도 있다. 앞의 단계를 따르면 설치가 완료된다.

이제 다음 레시피를 살펴보자.

첫 차트 만들기

필요한 파이썬 모듈이 모두 설치됐으므로 Matplotlib을 사용해 자체 차트를 만들 수 있다. 단 몇 줄의 파이썬 코드로 차트를 만들 수 있다.

준비하기

이전 레시피처럼 Matplotlib을 성공적으로 설치하는 것이 이 레시피의 요구 사항이다.

실행 방법

공식 Matplotlib 웹사이트에 제시된 최소 코드를 사용해 첫 번째 Matplotlib 차트를 만들 수 있다. 첫 번째 차트를 위한 단계는 다음과 같다.

1. 새로운 파이썬 모듈을 생성하고 Matplotlib_our_first_chart.py라는 이름으로 저장한다.

2. 모듈에 다음 코드를 추가한다.

```
import matplotlib.pyplot as plt
from pylab import show

x_values = [1,2,3,4]
y_values = [5,7,6,8]
plt.plot(x_values, y_values)
show( )
```

3. 코드를 실행하면 다음과 같은 차트를 볼 수 있다.

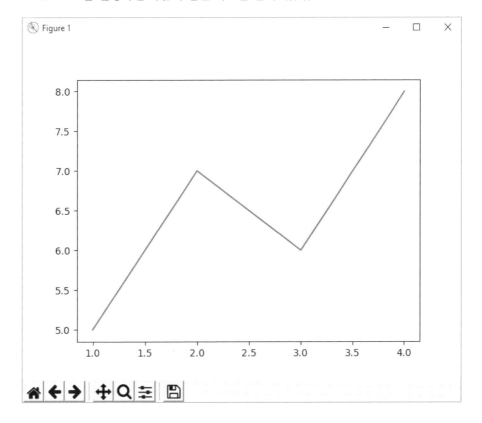

코드를 더 잘 이해하기 위해 동작 원리를 살펴보자.

동작 원리

먼저 matplotlib.pyplot을 임포트한다. 그리고 plt라고 별칭을 준다. 그런 다음 x 값과 y 값에 대한 두 개의 리스트를 만든다. 그다음 두 리스트를 plt 또는 plot 함수에 전달한다. 또한 pylab에서 show를 임포트하고 차트를 표시하기 위해 호출한다.

여러 개의 버튼을 가지는 GUI가 자동으로 생성됨을 주목한다.

 완전히 동작하므로 왼쪽 하단 모서리에 있는 버튼들을 사용해보자.

또한 x 및 y 값의 데이터 범위를 표시하기 위해 x 및 y축이 어떻게 자동으로 조정되는지 확인한다.

추가 사항

파이썬 Matplotlib 모듈은 numpy와 같은 부가 기능과 결합돼 수학 계산을 수행하고 시각적 차트로 매우 쉽게 그릴 수 있는 풍부한 프로그래밍 환경을 만든다.

이제 다음 레시피를 살펴보자.

차트에 라벨 배치하기

지금까지는 기본 Matplotlib GUI를 사용했다. 이제 Matplotlib을 사용하는 몇 가지 tkinter GUI를 만들 것이다. 몇 줄의 파이썬 코드가 필요하고 더 많은 라이브러리를 임포트해야 한다. 캔버스를 사용해 그림을 제어하기 때문에 해볼 만하다.

라벨을 가로축과 세로축, 즉 x와 y에 배치한다. 그리기 위한 Matplotlib 피겨를 만들어 이를 실행한다.

동일한 GUI 창에서 둘 이상의 그래프를 그릴 수 있는 서브플롯을 사용하는 방법에 관해서도 배운다.

필요한 파이썬 모듈을 설치하고 공식 온라인 문서 및 튜토리얼이 있는 곳을 알면 이제 Matplotlib 차트를 만들면서 계속 진행할 수 있다.

plot이 Matplotlib 차트를 만드는 가장 쉬운 방법인 반면, Figure를 Canvas와 함께 사용하면 커스터마이징된 그래프를 만들 수 있다. 이 그래프가 훨씬 더 좋아 보이며 버튼과 기타 위젯을 추가할 수도 있다.

1. 새로운 파이썬 모듈을 생성해 Matplotlib_labels.py로 저장한다.
2. 모듈에 다음 코드를 입력한다.

```
from matplotlib.figure import Figure
from matplotlib.backends.backend_tkagg import FigureCanvasTkAgg
import tkinter as tk
#-------------------------------------------------------------
fig = Figure(figsize=(12, 8), facecolor='white')
#-------------------------------------------------------------
# axis = fig.add_subplot(111)    # 1 row,  1 column, only graph
axis = fig.add_subplot(211)      # 2 rows, 1 column, Top graph
#-------------------------------------------------------------
```

3. 이전 코드 아래에 다음 코드를 추가한다.

```
xValues = [1,2,3,4]
yValues = [5,7,6,8]
axis.plot(xValues, yValues)
axis.set_xlabel('Horizontal Label')
axis.set_ylabel('Vertical Label')
```

```
# axis.grid( )                        # 기본 선 스타일
axis.grid(linestyle='-')              # 그리드 실선
```

4. 위 코드 아래에 다음 코드를 추가한다.

```
#-------------------------------------------------------------
def _destroyWindow( ):
    root.quit( )
    root.destroy( )
#-------------------------------------------------------------
root = tk.Tk( )
root.protocol('WM_DELETE_WINDOW', _destroyWindow)
#-------------------------------------------------------------
```

5. 이제 다음 코드를 추가한다.

```
canvas = FigureCanvasTkAgg(fig, master=root)
canvas._tkcanvas.pack(side=tk.TOP, fill=tk.BOTH, expand=1)
#-------------------------------------------------------------
root.mainloop( )
```

6. 앞의 코드를 실행하면 다음 차트가 나타난다.

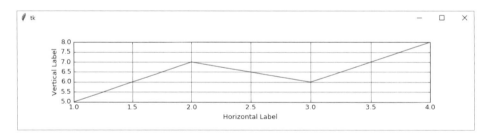

이제 새로운 모듈을 다뤄보자.

1. 새로운 모듈을 생성하고 Matplotlib_labels_four.py로 저장한다.

2. 모듈에 다음의 새로운 코드를 입력한다.

```
# 이전 코드와 동일하게 임포트한다.
#-------------------------------------------------------------
axis1 = fig.add_subplot(221)
```

```python
axis2 = fig.add_subplot(222, sharex=axis1, sharey=axis1)
axis3 = fig.add_subplot(223, sharex=axis1, sharey=axis1)
axis4 = fig.add_subplot(224, sharex=axis1, sharey=axis1)
#--------------------------------------------------------------
axis1.plot(xValues, yValues)
axis1.set_xlabel('Horizontal Label 1')
axis1.set_ylabel('Vertical Label 1')
axis1.grid(linestyle='-') # solid grid lines
#--------------------------------------------------------------
axis2.plot(xValues, yValues)
axis2.set_xlabel('Horizontal Label 2')
axis2.set_ylabel('Vertical Label 2')
axis2.grid(linestyle='-') # solid grid lines
#--------------------------------------------------------------
axis3.plot(xValues, yValues)
axis3.set_xlabel('Horizontal Label3')
axis3.set_ylabel('Vertical Label 3')
axis3.grid(linestyle='-') # solid grid lines
#--------------------------------------------------------------
axis4.plot(xValues, yValues)
axis4.set_xlabel('Horizontal Label 4')
axis4.set_ylabel('Vertical Label 4')
axis4.grid(linestyle='-') # solid grid lines
#--------------------------------------------------------------
# 이전 코드와 동일한 root와 캔버스
```

3. 코드를 실행하면 다음 차트가 생성된다.

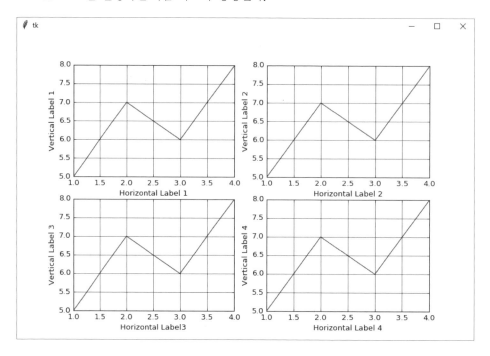

add_subplot (212)를 사용해 두 번째 위치에 할당해 더 많은 서브플롯을 추가할 수 있다.

1. 새로운 모듈을 생성하고 Matplotlib_labels_two_charts.py로 저장한다.

2. 모듈에 다음 코드를 입력한다.

```
# 이전 코드와 동일하게 임포트한다.
#------------------------------------------------------------
    #------------------------------------------------------------
    axis = fig.add_subplot(211)      # 2행, 1열 상단 그래프
    #------------------------------------------------------------
    xValues = [1,2,3,4]
    yValues = [5,7,6,8]
    axis.plot(xValues, yValues)
    axis.set_xlabel('Horizontal Label')
    axis.set_ylabel('Vertical Label')
    axis.grid(linestyle='-')         # 그리드 실선
```

```
#------------------------------------------------------------
axis1 = fig.add_subplot(212)     # 2행, 1열, 하단 그래프
#------------------------------------------------------------
xValues1 = [1,2,3,4]
yValues1 = [7,5,8,6]
axis1.plot(xValues1, yValues1)
axis1.grid( )                              # 기본 선 스타일
#------------------------------------------------------------
#------------------------------------------------------------
# 이전 코드와 동일한 root와 캔버스
```

3. 코드를 실행하면 다음 차트를 볼 수 있다.

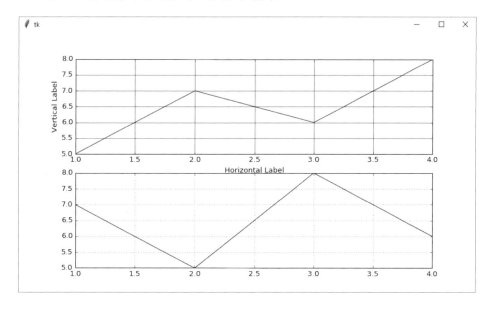

이제 코드를 더 잘 이해하기 위해 동작 원리를 살펴보자.

동작 원리

Matplotlib_labels.py의 첫 번째 코드 줄에서 2단계의 import문 다음에 Figure 개체의 인스턴스를 만든다.

공식적인 문서는 다음 링크에 있다.
https://matplotlib.org/3.1.1/api/_as_gen/matplotlib.figure.Figure.html#matplotlib.figure.Figure.add_subplot

다음으로 add_subplot (211)을 호출해 이 피겨에 서브플롯을 추가한다.

 211의 첫 번째 숫자는 추가할 플롯 수를 figure에 알려주고 두 번째 숫자는 열 수를 결정하며 세 번째 숫자는 표시할 플롯 순서를 피겨에 알려준다.

3단계에서는 값을 생성하고 플로팅하며 그리드를 추가하고 기본 선 스타일을 변경한다. 차트에 하나의 플롯만 표시하지만 하위 플롯 수에 대해 2를 선택해 플롯을 위로 이동하므로 차트 하단에 공백이 생긴다. 이제 이 첫 번째 플롯은 화면의 50%만 차지하며, 이 플롯은 표시될 때 격자선 크기에 영향을 준다.

 axis = 및 axis.grid ()에 대한 코드의 주석 처리를 제거하고 코드를 실험해 다른 효과를 확인한다. 각각 아래의 원래 줄도 주석 처리해야 한다.

4단계에서는 빨간색 X 버튼을 클릭하면 tkinter GUI를 제대로 종료하는 콜백함수를 만든다. tkinter의 인스턴스를 만들고 콜백을 루트 변수에 할당한다.

5단계에서 캔버스를 만들고 pack 지오메트리 관리자를 사용하고 그 후 메인 윈도우 GUI 이벤트 루프를 시작한다.

6단계 전체 코드를 실행하면 차트가 생성된다. 동일한 캔버스에 둘 이상의 차트를 배치할 수 있다. Matplotlib_labels_four.py에서 대부분의 코드는 Matplotlib_labels.py와 동일하다. 4개의 축을 만들고 2개의 행에 배치한다.

주목해야 할 중요한 점은 하나의 축을 생성한 다음 차트 내의 다른 그래프에 대한 공유된 x 및 y축으로 사용된다는 것이다. 이런 식으로 차트의 데이터베이스와 같은 레이아웃을 얻을 수 있다.

Matplotlib_labels_two_charts.py에서 코드를 실행하면 이제 axis1이 차트에 추가된다. 하단 플롯의 그리드의 경우 선 스타일을 기본값으로 둔다. 이전 차트와 비교해 가장 큰 차이점은 add_subplot (212)을 사용해 두 번째 차트를 두 번째 위치에 할당했다는 것이다.

이는 이 차트에 대해 행 2개, 열 1개, 위치 2를 의미한다. 열이 하나뿐이므로 두 번째 행에 배치된다

이제 다음 레시피를 살펴보자.

차트에 범례 제공하는 방법

데이터 포인트를 하나 이상 플로팅하기 시작하면 약간 모호할 수 있다. 그래프에 범례를 추가함으로써 어떤 데이터가 무엇이고 실제로 그것의 의미를 알 수 있다.

 다른 데이터를 표현하기 위해 다른 색상을 선택할 필요가 없다. Matplotlib은 자동으로 데이터 포인트의 각 라인에 다른 색상을 지정한다.

우리가 할 일은 차트를 생성하고 그 차트에 범례를 추가하는 것이다.

준비하기

이 레시피에서는 이전 레시피 '차트에 라벨 배치하기'에서 차트를 개선한다. 하나의 차트만 그릴 것이다.

먼저 동일한 차트에 더 많은 데이터 행을 플롯한 다음 차트에 범례를 추가한다.

1. 새로운 모듈을 생성하고 Matplotlib_chart_with_legend.py로 저장한다.

2. 모듈에 다음 코드를 입력한다.

```
from matplotlib.figure import Figure
from matplotlib.backends.backend_tkagg import FigureCanvasTkAgg
import tkinter as tk
#-------------------------------------------------------------
fig = Figure(figsize=(12, 5), facecolor='white')
#-------------------------------------------------------------
```

3. 위 코드 아래에 다음 코드를 추가한다.

```
axis  = fig.add_subplot(111)   # 1행, 1열

xValues  = [1,2,3,4]
yValues0 = [6,7.5,8,7.5]
yValues1 = [5.5,6.5,8,6]
yValues2 = [6.5,7,8,7]

t0, = axis.plot(xValues, yValues0)
t1, = axis.plot(xValues, yValues1)
t2, = axis.plot(xValues, yValues2)

axis.set_ylabel('Vertical Label')
axis.set_xlabel('Horizontal Label')
axis.grid()

fig.legend((t0, t1, t2), ('First line', 'Second line', 'Third
 line'), 'upper right')
#-------------------------------------------------------------
```

4. 위 코드 아래에 다음 코드를 추가한다.

```
def _destroyWindow():
    root.quit()
```

```
        root.destroy()
#-------------------------------------------------------------
root = tk.Tk()
root.protocol('WM_DELETE_WINDOW', _destroyWindow)
#-------------------------------------------------------------
canvas = FigureCanvasTkAgg(fig, master=root)
canvas._tkcanvas.pack(side=tk.TOP, fill=tk.BOTH, expand=1)
#-------------------------------------------------------------
root.mainloop()
```

5. 코드를 실행하면 오른쪽 위 모서리에 범례가 있는 다음 차트가 만들어진다.

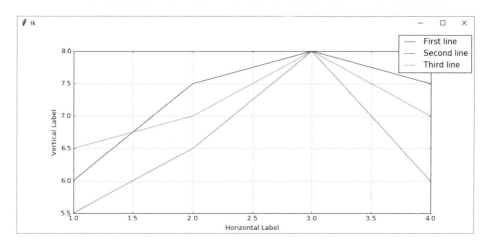

다음은 범례에서 각 라인의 기본 색상을 변경한다.

1. Matplotlib_chart_with_legend.py를 열어서 Matplotlib_chart_with_legend_colors.py라는 이름으로 저장한다.

2. 각 플롯에 다음 색상을 추가한다.

```
t0, = axis.plot(xValues, yValues0, color = 'purple')
t1, = axis.plot(xValues, yValues1, color = 'red')
t2, = axis.plot(xValues, yValues2, color = 'blue')
```

3. 수정된 코드를 실행하고 서로 다른 색상을 관찰한다.

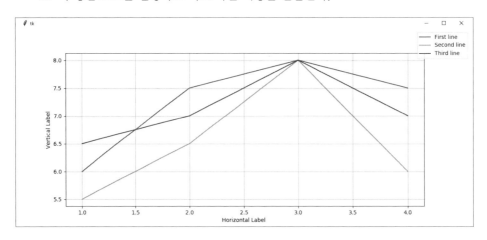

이제 플롯들을 변수에 할당할 때 올바른 문법에 대해 자세히 알아보자.

1. Matplotlib_chart_with_legend.py를 열어서 Matplotlib_chart_with_legend_missing_comma.py라는 이름으로 저장한다.

2. t0. t0 이후 쉼표를 제거한다.

3. 코드를 실행한다.

4. 오른쪽 위 범례에서 첫 번째 줄이 더 이상 나타나지 않음을 주목한다.

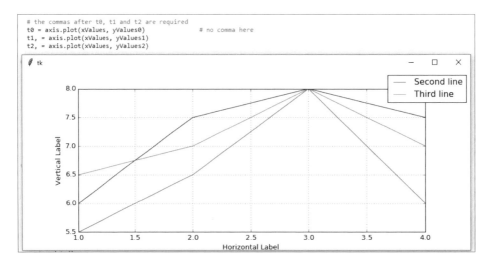

이제 코드를 더 잘 이해하기 위해 동작 원리를 살펴보자.

동작 원리

In Matplotlib_chart_with_legend.py에서 이 레시피는 하나의 그래프만 플로팅하고 있다.

2단계의 경우, figsize 속성을 통해 Figure의 크기를 약간 수정하는 것을 제외하고 코드가 동일하므로 이전 레시피 차트의 라벨 배치를 참조한다.

3단계에서, 111을 사용해 fig.add_subplot(111)을 변경한다. 다음으로 플롯할 값을 포함하는 세 개의 파이썬 리스트를 생성한다. 데이터를 플롯할 때 지역변수에 플롯에 대한 참조를 저장한다.

세 개의 플롯에 대한 참조가 있는 튜플에 전달해 범례를 만든 다음 범례에 표시되는 문자열을 포함하는 다른 튜플에 전달하고 세 번째 인수에서 범례를 차트 내에 배치한다.

4단계의 경우 코드가 동일하므로 이전 레시피 차트 내 라벨 배치의 설명을 참조한다.

 tkinter 프로토콜에 대한 공식 문서 링크는 다음에서 찾을 수 있다.
https://www.tcl.tk/man/tcl8.4/TkCmd/wm.htm#M39

5단계에서 코드를 실행할 때 차트에 3개의 선들의 데이터 각각에 대한 범례가 있음을 알 수 있다. Matplotlib의 기본 설정은 플롯되는 선에 색 구성표를 지정한다. 각 축을 그릴 때 속성을 설정해 기본 색상에서 선호하는 색상으로 쉽게 변경할 수 있다.

color 속성을 사용하고 사용 가능한 색상 값을 할당하면 된다.

Matplotlib_chart_with_legend_missing_comma.py에서 t0 뒤의 쉼표를 의도적으로 제거해 어떤 영향을 미치는지 확인한다.

t0, t1 및 t2의 변수 할당 이후의 쉼표는 실수가 아니다. 범례를 작성하려면 필수다.

각 변수 뒤의 쉼표는 변수에 리스트 값 패킹을 해제한다. 이 값은 Matplotlib의 Line2D 객체이다. 쉼표를 생략하면 Line2D 객체가 리스트에 포함돼 있고 리스트에서 압축을 풀어야 하므로 범례가 표시되지 않는다.

 t0 할당 후 쉼표를 제거하면 오류가 발생하고 첫 번째 행이 더 이상 형상에 표시되지 않는다. 차트와 범례는 여전히 만들어지지만 범례에 첫 번째 줄이 표시되지 않는다.

이제 다음 레시피를 살펴보자.

차트 스케일링

이전 레시피에서는 첫 번째 차트를 작성하고 개선하는 동안 그 값이 시각적으로 어떻게 표시되는지에 대한 스케일링을 하드코딩했다. 이 방식은 사용해왔던 값에 관해서는 잘 지원됐지만 대용량 데이터베이스의 차트를 그려야 하는 경우가 있다.

해당 데이터의 범위에 따라 세로 y축에 대해 하드코딩된 값이 항상 최상의 솔루션이 아닐 수도 있으며 차트에서 선을 보기가 어려울 수도 있다.

준비하기

이전 레시피 '차트에서 범례 제공하는 방법'의 코드를 개선한다. 이전 레시피의 코드를 모두 입력하지 않았다면, 5장의 코드를 다운로드해 시작한다(그리고 파이썬을 사용해 GUI, 차트 등을 즐겁게 만들 수 있다).

이전 레시피에서 yValues1 코드 행을 수정해 세 번째 값을 50으로 사용한다.

1. Matplotlib_chart_with_legend.py를 열어서 Matplotlib_labels_two_charts_not_scaled.py라는 이름으로 저장한다.

2. yValues1의 리스트에서 세 번째 값을 50으로 변경한다.

```
axis  = fig.add_subplot(111)        # 1행, 1열
xValues  = [1,2,3,4]
yValues0 = [6,7.5,8,7.5]
yValues1 = [5.5,6.5,50,6]           # 하나의 높은 값 (50)
yValues2 = [6.5,7,8,7]
```

3. 코드를 실행하면 다음 차트를 볼 수 있다.

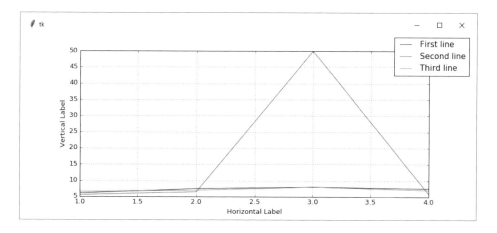

1. Matplotlib_labels_two_charts_not_scaled.py를 열어서 Matplotlib_labels_two_charts_scaled.py라는 이름으로 저장한다.

2. 값 코드 아래에 axis.set_ylim(5,8)을 추가한다.

```
yValues0 = [6,7.5,8,7.5]
yValues1 = [5.5,6.5,50,6]           # 하나의 높은 값 (50)
yValues2 = [6.5,7,8,7]
```

```
axis.set_ylim(5, 8) # 세로축 제한
```

3. 코드를 실행하면 다음 차트가 나타난다.

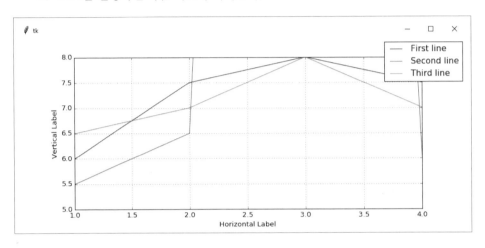

이제 코드를 더 잘 이해하기 위해 동작 원리를 살펴보자.

동작 원리

`Matplotlib_labels_two_charts_not_scaled.py`에서 이전 레시피에서 차트를 만든 코드와 유일한 차이점은 하나의 데이터 값이다. 모든 플롯된 선은 다른 값들의 평균 범위와 가깝지 않은 하나의 값을 변경해 데이터의 시각적 표현이 극적으로 변경됐다. 전체 데이터에 대한 많은 세부 사항을 잃어버렸고, 이제 하나의 높은 뾰족한 부분이 주로 보인다.

지금까지 차트는 시각적으로 나타내는 데이터에 따라 조정됐다. 이는 `Matplotlib`의 실용적인 기능이지만 항상 원하는 것은 아니다. 세로 y-차원을 제한해 표현되는 차트의 스케일을 제한할 수 있다.

이제 `axis.set_ylim (5, 8)` 코드는 시작 값을 5로 제한하고 세로 표시의 종료 값을 8로 제한한다.

이제, 차트를 만들 때 높은 값의 피크가 더 이상 이전에 영향을 미치지 않는다. 데이터에서 값을 하나 증가시켰고 그 결과 극적인 효과가 나타났다. 차트의 세로 및 가로 디스플레이에 한계를 설정함으로써 가장 흥미 있는 데이터를 볼 수 있다.

방금 표시된 것과 같은 뾰족한 부분도 큰 관심을 가질 수 있다. 그것은 무엇을 찾느냐에 달려 있다. 데이터의 시각적 표현은 큰 가치가 있다.

 천 마디 말보다 한 번 보는 게 낫다.

이제 다음 레시피를 살펴보자.

동적으로 차트 스케일 조정하기

이전 레시피에서는 차트 스케일링을 제한할 수 있는 방법을 배웠다. 이 레시피에서는 한도를 설정하고 데이터를 표시하기 전에 분석해 스케일링을 동적으로 조정해 한 단계 더 나아간다.

준비하기

이전 레시피 '차트 스케일링' 코드를 가지고 동적으로 플로팅하는 데이터를 읽고 평균화한 다음 차트를 조정해 개선한다. 일반적으로 외부 소스의 데이터를 읽는 동안 이 레시피에서는 다음 절의 코드에서 볼 수 있듯이 파이썬 리스트를 사용해 플로팅하는 데이터를 만든다.

실행 방법

xValues와 yValues 변수에 데이터가 있는 리스트를 할당해 파이썬 모듈에 자체 데이터를 생성한다.

x 및 y 치수 모두에 대한 제한을 설정하는 코드를 수정해보자.

1. Matplotlib_labels_two_charts_scaled.py를 열어 Matplotlib_labels_two_ch
    arts_scaled_dynamic_spike.py라는 이름으로 저장한다.

2. 다음 코드처럼 set_ylim과 set_xlim을 추가하고 조정한다.

```
xValues  = [1,2,3,4]

yValues0 = [6,7.5,8,7.5]
yValues1 = [5.5,6.5,50,6]    # 가장 높은 값 (50)
yValues2 = [6.5,7,8,7]
axis.set_ylim(0, 8)  # 최소 제한 (0)
axis.set_xlim(0, 8)  # x의 제한 값을 사용
```

3. 수정된 코드를 실행하면 다음과 같은 결과가 나타난다.

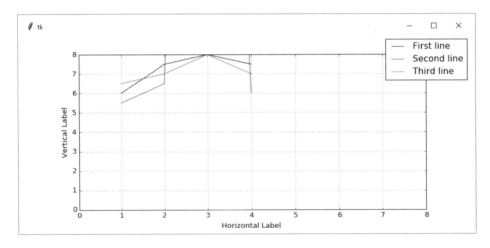

다음과 같이 코드를 수정한다.

1. Matplotlib_labels_two_charts_scaled_dynamic_spike.py를 열어서 Matplot
    lib_labels_two_charts_scaled_dynamic.py라는 이름으로 저장한다.

2. yAll로 시작하는 다음 새 코드를 입력한다.

```
xValues = [1,2,3,4]
```

```
yValues0 = [6,7.5,8,7.5]
yValues1 = [5.5,6.5,50,6]              # 하나의 가장 큰 값 (50)
yValues2 = [6.5,7,8,7]
yAll = [yValues0, yValues1, yValues2]  # 리스트의 리스트

# 리스트의 리스트에서 최솟값 가져오기
minY = min([y for yValues in yAll for y in yValues])

yUpperLimit = 20
# 리스트의 리스트에서 한계값이 있는 최댓값 가져오기
maxY = max([y for yValues in yAll for y in yValues if y <
yUpperLimit])

# 동적 제한
axis.set_ylim(minY, maxY)
axis.set_xlim(min(xValues), max(xValues))

t0, = axis.plot(xValues, yValues0)
t1, = axis.plot(xValues, yValues1)
t2, = axis.plot(xValues, yValues2)
```

3. 코드를 실행하면 결과는 다음 차트와 같다.

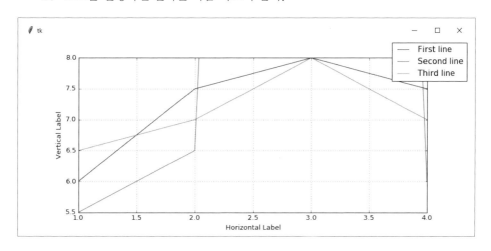

이제 코드를 더 잘 이해하기 위해 동작 원리를 살펴보자.

많은 그래프에서 x 및 y 좌표계의 시작은 (0, 0)에서 시작한다. 이것은 일반적으로 좋은 생각이며 그에 따라 차트 좌표 코드를 조정했다. Matplotlib_labels_two_charts_scaled_dynamic_spike.py에서 차트가 더 균형 잡혀 보이기를 바라면서 x와 y에 대해 동일한 제한을 설정했다. 결과를 보면 이는 사실이 아니다.

 (0,0)에서 시작하는 것은 결국 그렇게 좋은 생각은 아니었다.

정말로 원하는 것은 데이터 범위에 따라 차트를 동적으로 조정하는 동시에 너무 높거나 낮은 값을 제한하는 것이다. 차트에 표시할 모든 데이터를 구문 분석하는 동시에 명시적인 제한을 설정해 이를 수행할 수 있다. Matplotlib_labels_two_charts_scaled_dynamic.py에서 x 및 y차원을 모두 동적으로 조정했다. y차원이 5.5에서 시작하는 것에 유의한다. 차트는 더 이상 (0, 0)에서 시작하지 않으므로 데이터에 대한 더 중요한 정보를 제공한다.

y차원 데이터 리스트를 작성한 다음 파이썬의 min( ) 및 max( ) 함수 호출로 랩핑된 리스트 축약^{list comprehension}을 사용한다.

 리스트 축약이 좀 더 나은 것처럼 보인다면 기본적으로 매우 압축된 루프이다. 또한 일반 프로그래밍 루프보다 빠르도록 설계됐다.

위의 파이썬 코드에서 플롯할 y차원 데이터를 포함하는 세 개의 리스트를 작성했다. 그다음 세 가지 리스트를 포함하는 리스트의 리스트를 작성했고 다음과 같다.

```
yValues0 = [6,7.5,8,7.5]
yValues1 = [5.5,6.5,50,6]              # 하나의 높은 값 (50)
yValues2 = [6.5,7,8,7]
yAll = [yValues0, yValues1, yValues2]  # 리스트의 리스트
```

모든 y차원 데이터의 최솟값과 이 세 가지 리스트에 포함된 최댓값을 얻는 데 관심이 있다.

파이썬 리스트 축약을 통해 할 수 있다.

```
# 리스트의 리스트로 최솟값 가져오기
minY = min([y for yValues in yAll for y in yValues])
```

리스트 축약을 실행한 후 minY는 5.5이다.

위의 코드 행은 세 리스트에 포함된 모든 데이터의 모든 값을 실행하고 파이썬 min 키워드를 사용해 최솟값을 찾는 리스트 축약이다. 매우 동일한 패턴에서 플롯하려는 데이터에 포함된 최댓값을 찾는다. 이번에는 다음과 같이 지정한 제한 값을 초과하는 모든 값을 무시하는 리스트 축약 내에서 제한을 설정한다.

```
yUpperLimit = 20
# 리스트의 리스트에서 제한된 최댓값 가져오기
maxY = max([y for yValues in yAll for y in yValues if y <
yUpperLimit])
```

위의 코드를 선택한 제약 조건으로 실행한 후 maxY는 50이 아닌 8의 값을 갖는다. 차트에 표시할 최댓값으로 20을 선택하는 미리 정의된 조건에 따라 최댓값에 제한을 적용했다. x차원의 경우, Matplotlib 메서드에서 min( ) 및 max( )를 호출해 차트의 제한을 동적으로 조정한다.

이 레시피에서는 여러 Matplotlib 차트를 만들고 사용 가능한 여러 속성 중 일부를 조정했다. 또한 코어 파이썬을 사용해 차트의 크기를 동적으로 제어했다.

6

스레드와 네트워킹

6장에서는 스레드, 큐 및 네트워크 연결을 사용해 파이썬 GUI의 기능을 확장한다.

 tkinter GUI는 단일 스레드 애플리케이션이다. 잠자기 또는 대기 시간과 관련된 모든 함수를 별도의 스레드에서 호출하지 않으면, tkinter GUI가 멈춘다.

파이썬 GUI를 실행하면 새로운 python.exe 프로세스가 시작됐음을 윈도우 작업 관리자에서 알 수 있다. 작업 관리자에서 보이듯이 파이썬 GUI에 .pyw 확장자를 부여하면 생성된 프로세스는 python.pyw가 된다. 프로세스가 생성되면 자동으로 애플리케이션을 실행하는 메인 스레드를 프로세스가 생성한다. 이를 단일 스레드 애플리케이션이라고 한다.

 단일 스레드 프로세스에는 단일 시퀀스의 명령 실행이 포함된다. 즉, 한 번에 하나의 명령이 처리된다.

파이썬 GUI의 경우 단일 스레드 애플리케이션은 몇 초의 잠자기 시간이 있는 버튼을 클릭하는 것과 같이 더 오래 실행되는 작업을 호출하자마자 GUI를 멈추게 한다. GUI를 응답성 있게 유지하려면 멀티 스레딩을 사용해야 하며 6장에서 다룬다.

 GUI는 하나의 스레드로 실행된다. 여러 스레드를 사용하는 방법을 아는 것은 GUI 개발에 중요한 개념이다.

동시에 실행되는 여러 개의 python.exe가 보이는 작업 관리자에서 볼 수 있듯이 파이썬 GUI의 여러 인스턴스를 생성해 여러 프로세스를 생성할 수도 있다.

 프로세스는 서로 분리돼 있으며 공통 데이터를 공유하지 않는다. 개별 프로세스 간에 통신하려면 고급 기술인 IPC(Inter Process Communication)를 사용해야 한다. 반면 스레드는 공통 데이터, 코드 및 파일을 공유하므로 IPC를 사용하는 경우보다 동일한 프로세스 내에서 스레드 간의 통신이 훨씬 쉬워진다. 스레드에 관한 훌륭한 설명은 https://www.cs.uic.edu/~jbell/CourseNotes/OperatingSystems/4_Threads.html에서 확인할 수 있다.

6장에서는 파이썬 GUI의 응답성을 유지하고 멈추지 않게 하는 방법을 배운다. 이 지식은 동작하는 GUI를 만들 때 필수적이며 스레드를 만들고 큐를 사용하는 방법을 알면 프로그래밍 기술이 향상된다.

또한 TCP/IP를 사용해 GUI를 네트워크에 연결한다. 그 외에도 인터넷의 네트워킹 구성 요소인 URL 웹 페이지를 읽어 온다.

6장의 파이썬 모듈 개요는 다음과 같다.

```
⊞ Ch06_Code
  >  ⊞ Backup
     🖹 __init__.py
  > P GUI_copy_files_limit.py
  > P GUI_copy_files.py
  > P GUI_multiple_threads_sleep_freeze.py
  > P GUI_multiple_threads_starting_a_thread.py
  > P GUI_multiple_threads_stopping_a_thread.py
  > P GUI_multiple_threads_thread_in_method.py
  > P GUI_multiple_threads.py
  > P GUI_passing_queues_member.py
  > P GUI_passing_queues.py
  > P GUI_queues_put_get_loop_endless_threaded.py
  > P GUI_queues_put_get_loop_endless.py
  > P GUI_queues_put_get_loop.py
  > P GUI_queues_put_get.py
  > P GUI_queues.py
  > P GUI_TCP_IP.py
  > P GUI_URL.py
     ● pyc.ico
  > P Queues.py
  > P TCP_Server.py
  > P ToolTip.py
  > P URL.py
```

6장에서는 파이썬 3.7 이상을 사용해 스레드, 큐 및 TCP/IP 소켓을 생성한다. 다음과 같은 레시피를 다룬다.

- 멀티 스레드 생성하기
- 스레드 시작하기
- 스레드 멈추기
- 큐 사용 방법
- 다른 모듈 간 큐 전달
- 대화 상자 위젯으로 네트워크에 파일 복사하기
- 네트워크 통신을 위해 TCP/IP 사용하기
- urlopen으로 웹사이트 데이터 읽어오기

멀티 스레드 생성하기

GUI 응답성을 유지하려면 멀티 스레드가 필요하다. 멀티 스레드를 사용해 GUI 프로그램을 실행하지 않으면 애플리케이션이 중지되고 충돌할 수 있다.

준비하기

멀티 스레드는 동일한 컴퓨터 프로세스 메모리 공간 내에서 실행된다. 코드를 복잡하게 만드는 IPC는 필요 없다. 이 레시피에서는 스레드를 사용해 IPC를 피할 것이다.

실행 방법

먼저 ScrolledText 위젯의 크기를 늘려서 더 크게 만든다. scrol_w를 40으로, scrol_h를 10으로 늘리자. 5장, 'Matplotlib 차트'의 마지막 코드를 사용해 시작한다.

1. Ch04_Code.GUI_OOP_class_imported_tooltip.py를 열어서 GUI_multiple_thr
   eads.py라는 이름으로 저장한다.

2. 다음 코드처럼 변경한다.

```python
# 스크롤되는 텍스트 컨트롤 사용
scrol_w = 40; scrol_h = 10    # 사이즈 증가
self.scrol = scrolledtext.ScrolledText(mighty, width=scrol_w,
height=scrol_h,
wrap=tk.WORD)
self.scrol.grid(column=0, row=3, sticky='WE', columnspan=3)
```

3. sticky를 사용해 self.spin.grid를 수정한다.

```python
# 스핀박스 위젯 추가
self.spin = Spinbox(mighty, values=(1, 2, 4, 42, 100), width=5,
bd=9, command=self._spin)
self.spin.grid(column=0, row=2, sticky='W')    # sticky를 사용해 좌측 정렬
```

4. 엔트리 넓이를 증가시킨다.

```python
# 텍스트박스 엔트리 위젯 추가
self.name = tk.StringVar()
# width 증가
self.name_entered = ttk.Entry(mighty, width=24, textvariable=self.name)
self.name_entered.grid(column=0, row=1, sticky='W')
```

5. 콤보박스의 넓이를 14로 약간 늘린다.

```python
ttk.Label(mighty, text="Choose a number:").grid(column=1, row=0)
number = tk.StringVar()
# width 증가
self.number_chosen = ttk.Combobox(mighty, width=14,
textvariable=number,
state='readonly')
self.number_chosen['values'] = (1, 2, 4, 42, 100)
self.number_chosen.grid(column=1, row=1)
self.number_chosen.current(0)
```

6. 코드를 실행하고 결과를 관찰한다.

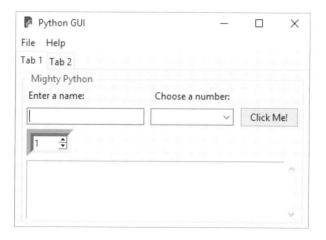

7. 파이썬 내장 threading 모듈에서 Thread를 임포트한다.

```python
#=======================
# imports
```

```
#=====================
import tkinter as tk
...
from threading import Thread
```

8. method_in_a_thread 메서드를 추가한다.

```
class OOP():
    def method_in_a_thread(self):
        print('Hi, how are you?')
```

9. 다음과 같이 스레드를 생성한다.

```
#=====================
# Start GUI
#=====================
oop = OOP()

# 스레드 내 메서드 실행
run_thread = Thread(target=oop.method_in_a_thread) # 스레드 생성

oop.win.mainloop()
```

10. run_thread 변수를 위해 중단점을 설정하거나 print 구문을 사용한다.

```
(x)= Variables  ●● Breakpoints  6⁰⁶ Expressions ⌗

Name                                          Value
 > x+y "run_thread"                           Thread: <Thread(Thread-5, initial)>
   =?
```

코드를 더 잘 이해하기 위해 동작 원리를 살펴보자.

동작 원리

2단계에서 GUI_multiple_threads.py로 처음 변경한 후 결과 GUI를 실행하면 스핀박스 위젯이 위의 엔트리 위젯과 관련해 가운데 정렬돼 보기가 안 좋다. 위젯을 왼쪽 정렬해 이를 변경한다. 그리드 컨트롤에 sticky = 'W'를 추가해 스핀박스 위젯을 왼쪽 정렬한다.

GUI가 더 보기 좋을 수 있으므로 다음에는 엔트리 위젯의 크기를 늘려 더욱 균형 잡힌 GUI 레이아웃을 만든다. 그런 다음 콤보박스 위젯도 늘린다. 수정되고 개선된 코드를 실행하면 GUI가 더 커지며, 이 GUI는 이번 레시피와 다음 레시피에 사용된다.

파이썬에서 스레드를 만들고 사용하려면 threading 모듈에서 Thread 클래스를 임포트해야 한다. method_in_a_thread 메서드를 추가한 후 코드에서 스레드된 메서드를 호출해 run_thread라는 변수에 인스턴스를 저장할 수 있다.

이제 스레드된 메서드가 있지만 코드를 실행하면 콘솔에 아무것도 출력되지 않는다.

 스레드를 실행하기 전에 먼저 스레드를 시작해야 하며 다음 레시피에서 이를 수행하는 방법을 배운다.

하지만 GUI 메인 이벤트 루프 이후에 중단점을 설정하면 이클립스 IDE 디버거에서 볼 수 있듯이 실제로 스레드 객체를 생성했음을 증명한다. 이 레시피에서는 먼저 GUI 크기를 늘려 스레드를 사용하도록 GUI를 준비해 ScrolledText 위젯에 출력된 결과를 더 나은 방법으로 볼 수 있게 했다. 그런 다음 파이썬 스레딩 모듈에서 스레드 클래스를 임포트했다. 다음으로, GUI 내에서 스레드를 호출하는 방법을 만들었다.

이제 다음 레시피를 살펴보자.

스레드 시작하기

이 레시피는 스레드를 시작하는 방법을 보여준다. 또한 장시간 실행되는 작업에서 GUI가 응답을 유지하는 데 스레드가 필요한 이유를 보여준다.

준비하기

먼저 스레드를 사용하지 않고 슬립모드가 있는 GUI의 함수나 메서드를 호출할 때 어떤 일이 발생하는지 먼저 살펴보자.

 여기서 sleep을 사용해 웹 서버나 데이터베이스의 응답을 기다려야 하는 실제 애플리케이션을 시뮬레이션하거나 대용량 파일 전송 또는 작업 완료를 위한 복잡한 계산을 시뮬레이션한다. sleep은 매우 현실적인 플레이스홀더이며 관련 원칙을 보여준다.

실행 방법

sleep 시간과 함께 버튼 콜백 메서드에 루프를 추가하면 GUI가 응답하지 않고 GUI를 닫으려고 하면 상황이 더욱 악화된다.

1. GUI_multiple_threads.py를 열어 GUI_multiple_threads_sleep_freeze.py라는 이름으로 저장한다.
2. 다음 코드로 수정한다.

```
# 버튼 콜백
def click_me(self):
    self.action.configure(text='Hello ' + self.name.get() + ' '
    + self.number_chosen.get())
    # GUI를 멈추게 하는 스레드 아닌 코드
    for idx in range(10):
        sleep(5)
        self.scrol.insert(tk.INSERT, str(idx) + 'n')
```

3. 위 코드 파일을 실행하면 다음 화면 결과가 나온다.

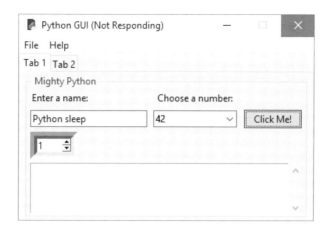

4. 먼저 스레드 생성을 자체 메서드로 옮기고 버튼 콜백 메서드에서 이 메서드를 호출한다.

   1. GUI_multiple_threads_sleep_freeze.py를 열어서 GUI_multiple_threads _starting_a_thread.py라는 이름으로 저장한다.

   2. 다음 코드를 추가한다.

```python
# 스레드 내에서 메서드 실행
def create_thread(self):
    self.run_thread = Thread(target=self.method_in_a_thread)
    self.run_thread.start()  # 스레드 시작


# 버튼 콜백
def click_me(self):
    self.action.configure(text='Hello ' + self.name.get())
    self.create_thread()
```

5. 코드를 실행하고 결과를 관찰한다. 코드를 실행하면 더 이상 GUI가 멈추지 않는다.

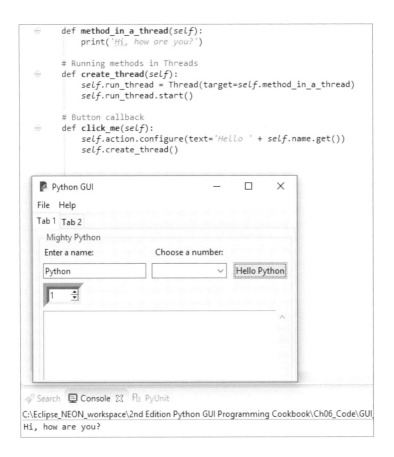

```
    def method_in_a_thread(self):
        print('Hi, how are you?')

    # Running methods in Threads
    def create_thread(self):
        self.run_thread = Thread(target=self.method_in_a_thread)
        self.run_thread.start()

    # Button callback
    def click_me(self):
        self.action.configure(text='Hello ' + self.name.get())
        self.create_thread()
```

```
C:\Eclipse_NEON_workspace\2nd Edition Python GUI Programming Cookbook\Ch06_Code\GUI
Hi, how are you?
```

다음 단계에 따라 스레드의 인스턴스를 출력할 수 있다.

1. GUI_multiple_threads_starting_a_thread.py 파일을 연다.

2. 코드에 print 구문을 추가한다.

```
# 스레드 내에서 실행되는 메서드
def create_thread(self):
    self.run_thread = Thread(target=self.method_in_a_thread)
    self.run_thread.start()              # 스레드 시작
    print(self.run_thread)
```

6. 버튼을 클릭하면 다음과 같은 출력물이 생성된다.

```
Console ⊠
C:\Eclipse_NEON_workspace\2nd Edition Python GUI
Hi, how are you?
<Thread(Thread-1, started 7476)>
```

7. 버튼을 몇 번 클릭하면 다음과 같은 결과를 얻는다.

```
Console ⊠
C:\Eclipse_NEON_workspace\2nd Edition Python GUI
Hi, how are you?
<Thread(Thread-1, started 7476)>
Hi, how are you?
<Thread(Thread-2, started 12484)>
Hi, how are you?
<Thread(Thread-3, started 12892)>
Hi, how are you?
<Thread(Thread-4, started 6124)>
```

8. method_in_a_thread 메서드에서 sleep이 있는 코드를 루프 안으로 이동시킨다.

```python
def method_in_a_thread(self):
    print('Hi, how are you?')
    for idx in range(10):
        sleep(5)
        self.scrol.insert(tk.INSERT, str(idx) + 'n')
```

9. 버튼을 클릭해 탭을 변경한 다음 다른 위젯을 클릭한다.

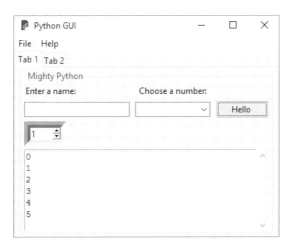

코드를 더 잘 이해하기 위해 동작 원리를 살펴보자.

동작 원리

GUI_multiple_threads_sleep_freeze.py에서 sleep문을 추가하고 GUI가 어떻게 응답하지 않는지 확인했다.

 충분히 오래 기다리면 메서드가 결국 완료되지만 이 시간 동안에는 GUI 위젯이 클릭 이벤트에 응답하지 않는다. 스레드를 사용해 이 문제를 해결한다.

일반 파이썬 함수 및 메서드와 달리 자체 스레드에서 실행할 메서드를 시작해야 한다! 다음은 GUI_multiple_threads_starting_a_thread.py에서 수행한 작업이다. 이제 버튼을 클릭하면 create_thread 메서드가 호출되고, 차례로 method_in_a_thread 메서드가 호출된다. 먼저 스레드를 만들고 메서드에서 스레드 대상을 지정한다. 다음으로 대상 메서드를 새 스레드에서 실행하는 스레드를 시작한다. 이제 코드를 실행해도 GUI가 중지되지 않는다.

 GUI 자체는 애플리케이션 메인 스레드인 자체 스레드에서 실행된다.

버튼을 여러 번 클릭하면 각 스레드가 고유한 이름과 ID를 할당받는 것을 볼 수 있다. method_in_a_thread 메서드에서 sleep이 있는 코드를 루프로 이동한 후 스레드가 문제를 실제로 해결하는지 확인할 수 있다.

버튼을 클릭할 때 숫자가 5초 지연으로 ScrolledText 위젯에 출력되는 동안 GUI의 아무 곳이나 클릭하거나 탭을 전환할 수 있다. 스레드를 사용하기 때문에 GUI의 응답성이 높아졌다.

이 레시피에서 자체 스레드에서 GUI 클래스의 메서드를 호출하고 스레드를 시작해야 한다는 것을 배웠다. 그렇지 않으면 스레드가 생성되지만 스레드 대상 메서드가 실행될 때까지 대기한다. 또한 각 스레드에 고유한 이름과 ID가 할당되는 것에 주목한다. 마지막으로, 코드에 sleep 구문을 삽입해 장기 실행 작업을 시뮬레이션했는데 스레드가 실제로 문제를 해결할 수 있다는 것을 보여준다.

다음 레시피를 살펴보자.

스레드 멈추기

실제로 start() 메서드를 호출해 스레드를 시작해야 하므로 직관적으로 stop() 메서드가 있을 것으로 예상되지만 그런 것은 없다. 이 레시피에서는 스레드를 백그라운드 작업으로 실행하는 방법을 배운다. 이 작업을 데몬daemon이라고 한다. GUI 메인 스레드를 닫으면 모든 데몬도 자동으로 멈추게 된다.

준비하기

스레드에서 메서드를 호출할 때 메서드에 인수와 키워드를 전달할 수도 있다. 정확하게 이것을 하는 이번 레시피를 시작한다.

이전 레시피의 코드에서 시작한다.

실행 방법

스레드 생성자에 args = [8]을 추가하고 인수를 예상하도록 대상 메서드를 수정하면 스레드된 메서드에 인수를 전달할 수 있다. args의 매개변수는 시퀀스여야 한다. 그래서 파이썬 리스트에 숫자를 넣을 것이다.

1. GUI_multiple_threads_starting_a_thread.py를 열어서 GUI_multiple_threa

ds_stopping_a_thread.py라는 이름으로 저장한다.

2. run_thread를 self.run_thread 및 arg=[8]로 변경한다.

```python
# 스레드 내에서 메서드 실행하기
def create_thread(self):
    self.run_thread = Thread(target=self.method_in_a_thread, args=[8])
    self.run_thread.start()
    print(self.run_thread)
    print('createThread():', self.run_thread.isAlive())
```

3. method_in_a_thread에 새로운 인수로 num_of_loops를 추가한다.

```python
def method_in_a_thread(self, num_of_loops=10):
    for idx in range(num_of_loops):
        sleep(1)
        self.scrol.insert(tk.INSERT, str(idx) + 'n')
    sleep(1)
    print('method_in_a_thread():', self.run_thread.isAlive())
```

4. 코드를 실행하고 버튼을 클릭한 다음 GUI를 닫는다.

```python
    def method_in_a_thread(self, num_of_loops=10):
        print('Hi, how are you?')
        for idx in range(num_of_loops):
            sleep(1)
            self.scrol.insert(tk.INSERT, str(idx) + '\n')
        print('method_in_a_thread():', self.run_thread.isAlive())

    # Running methods in Threads
    def create_thread(self):
        self.run_thread = Thread(target=self.method_in_a_thread, args=[8])
        self.run_thread.start()
        print(self.run_thread)
        print('createThread():', self.run_thread.isAlive())
```

```
🖳 Console ⌗
<terminated> C:\Eclipse_NEON_workspace\2nd Edition Python GUI Programming Cookbook\Ch06_Code\GUI
Hi, how are you?
<Thread(Thread-1, started 11304)>
createThread(): True
Exception in thread Thread-1:
Traceback (most recent call last):
  File "C:\Python36\lib\threading.py", line 916, in _bootstrap_inner
    self.run()
  File "C:\Python36\lib\threading.py", line 864, in run
    self._target(*self._args, **self._kwargs)
  File "C:\Eclipse NEON workspace\2nd Edition Python GUI Programming Cookbook\Ch06
    self.scrol.insert(tk.INSERT, str(idx) + '\n')
  File "C:\Python36\lib\tkinter\__init__.py", line 3266, in insert
    self.tk.call((self._w, 'insert', index, chars) + args)
RuntimeError: main thread is not in main loop
```

5. 코드에 self.run_thread.setDaemon(True)을 추가한다.

```
# 스레드 내에서 메서드를 실행
def create_thread(self):
    self.run_thread = Thread(target=self.method_in_a_thread, args=[8])
    self.run_thread.setDaemon(True)
    self.run_thread.start()
    print(self.run_thread)
```

6. 수정된 코드를 실행하고 버튼을 클릭한 후 GUI를 닫는다.

```
        # Running methods in Threads
        def create_thread(self):
            self.run_thread = Thread(target=self.method_in_a_thread, args=[8])
            self.run_thread.setDaemon(True)
            self.run_thread.start()
            print(self.run_thread)
            print('createThread():', self.run_thread.isAlive())
```

```
Console ⊠
<terminated> C:\Eclipse_NEON_workspace\2nd Edition Python GUI Programming Cookbook\Ch06_Code\GUI
Hi, how are you?
<Thread(Thread-1, started daemon 12264)>
createThread(): True
```

이제 레시피가 어떻게 동작하는지 살펴보자.

동작 원리

다음 코드에서 run_thread는 로컬 변수이며, run_thread를 생성한 메서드의 범위 내에서만 액세스한다.

```
# 스레드 내에서 메서드 실행
def create_thread(self):
    run_thread = Thread(target=self.method_in_a_thread, args=[8])
    run_thread.start()
```

로컬 변수를 클래스 인스턴스 속성으로 바꾸면 다른 메서드에서 isAlive를 호출해 스레드가 여전히 실행 중인지 확인할 수 있다. GUI_multiple_threads_stopping_a_thread.py에서 로컬 run_thread 변수를 클래스의 인스턴스 속성으로 높였다. 이를 통해 클래스의 모든 메서드에서 self.run_thread 변수에 액세스할 수 있다.

버튼을 클릭한 다음 스레드가 완료되기 전에 GUI를 종료하면 런타임 오류가 발생한다. 스레드는 할당된 작업을 완료할 것으로 예상되므로 스레드가 완료되기 전에 GUI를 닫으면 오류에 따라 파이썬은 시작한 스레드가 주 이벤트 루프에 없다고 알려준다. 스레드를 데몬으로 전환해 이 문제를 해결할 수 있으며, 이 데몬은 백그라운드 작업으로 실행된다. 이것이 주는 것은 다른 스레드를 시작하는 메인 스레드인 GUI를 닫는 즉시 데몬 스레드가 완전히 종료된다는 것이다. 스레드를 시작하기 전에 스레드에서 setDaemon (True) 메서드를 호출해 이를 수행한다.

스레드가 할당된 작업을 아직 완료하지 않은 상태에서 버튼을 클릭하고 GUI를 종료하면 더 이상 오류가 발생하지 않는다. 스레드를 실행하는 시작 메서드가 있지만 놀랍게도 실제로는 동등한 정지 메서드가 없다.

이 레시피에서는 ScrolledText 위젯에 숫자를 출력하는 스레드에서 메서드를 실행한다.

GUI를 종료할 때 더 이상 위젯에 출력하는 스레드에 관심이 없으므로 스레드를 데몬으로 바꾸면 GUI를 깨끗하게 종료할 수 있다.

다음 레시피를 살펴보자.

큐 사용법

파이썬 큐는 기본적으로 파이프처럼 작동하는 선입선출FIFO, First In, First Out 패러다임을 구현하는 데이터 구조다. 한 쪽 파이프에 무언가 넣으면 파이프의 다른 쪽으로 떨어진다. 이 큐가 실제 파이프에 진흙을 밀어 넣는 것과 가장 큰 차이점은 파이썬 큐에서는 모든 것이 섞이지 않는다는 것이다.

하나의 유닛을 넣으면 그 유닛이 다른 쪽에서 다시 나온다. 그런 다음 다른 단위를 배치한다(예를 들어 클래스의 인스턴스). 이 전체 단위는 다른 쪽 끝을 하나의 통합된 부분으로 되돌려 놓는다.

큐에 코드를 삽입한 정확한 순서로 다른 쪽 끝으로 되돌아온다.

 큐는 데이터를 넣고(push) 빼는(pop) 스택이 아니다. 스택은 LIFO(Last In First Out) 데이터 구조다.

큐는 잠재적으로 다른 데이터 소스에서 큐로 데이터가 공급되도록 하는 컨테이너이다. 데이터를 사용할 수 있는 클라이언트가 있을 때마다 큐에 데이터를 제공하는 다른 클라이언트를 가질 수 있다. 클라이언트가 큐에 데이터를 보낼 준비가 돼 있을 때 클라이언트가 그것을 보내면 이 데이터를 위젯에 표시하거나 다른 모듈로 전달할 수 있다.

큐에서 할당된 작업을 완료하기 위해 여러 스레드를 사용하는 것은 처리 및 표시의 최종 결과를 수신할 때 매우 유용하다. 데이터는 큐의 한쪽 끝에 삽입된 다음 선입선출FIFO 방식으로 다른 쪽 끝에서 나온다.

GUI에는 5개의 다른 버튼 위젯이 있어 각각의 GUI가 위젯(예: ScrolledText 위젯)에 표시되도록 다른 작업을 시작할 수 있다. 이 다섯 가지 작업은 완료하는 데 서로 다른 시간이 걸린다.

작업이 완료되면 즉시 이를 알아야 하며 GUI에 이 정보를 표시해야 한다. 공유된 파이썬 큐를 생성하고 5개의 태스크가 결과를 이 큐에 쓰게 함으로써 FIFO 접근법을 사용해 즉시 완료된 태스크의 결과를 표시할 수 있다.

준비하기

GUI는 기능과 유용성이 날로 증가함에 따라 네트워크, 프로세스 및 웹사이트와 통신하며 궁극적으로는 GUI가 표시할 데이터를 기다려야 한다. 파이썬에서 큐를 생성하면 GUI 내부에 데이터가 표시되기를 기다리는 문제를 해결할 수 있다.

실행 방법

파이썬에서 큐를 생성하려면 queue 모듈에서 Queue 클래스를 가져와야 한다. GUI 모듈의
맨 위에 다음 명령문을 추가한다.

1. GUI_multiple_threads_starting_a_thread.py를 열어서 GUI_queues.py라는
   이름으로 저장한다.

2. 코드를 다음과 같이 변경한다.

   ```
   from threading import Thread
   from queue import Queue
   ```

3. 다음 메서드를 추가한다.

   ```
   def use_queues(self):
       gui_queue = Queue()  # 큐 인스턴스 생성
       print(gui_queue)  # 인스턴스 출력
   ```

4. click_me 메서드를 수정한다.

   ```
   # 버튼 콜백
   def click_me(self):
       self.action.configure(text='Hello ' + self.name.get())
       self.create_thread()
       self.use_queues()
   ```

5. 위 코드를 실행하고 스크린샷과 같이 나타난 결과를 관찰한다.

```
🖥 Console ☒ 📖 Bookmarks
C:\Eclipse_NEON_workspace\2nd Edition Python GUI Programming Cookbook\Ch06_Code\GUI_queues.py
Hi, how are you?
<Thread(Thread-1, started daemon 6432)>
createThread(): True
<queue.Queue object at 0x0000023C005534A8>
method_in_a_thread(): True
```

6. put, get을 사용하도록 use_queues를 수정한다.

```
# 큐 인스턴스 생성
def use_queues(self):
    gui_queue = Queue()
    print(gui_queue)
    gui_queue.put('Message from a queue')
    print(gui_queue.get())
```

7. 위 코드를 실행하고 다음 스크린샷처럼 나타난 결과를 관찰한다.

8. 큐에 많은 메시지를 넣는 순환문을 작성한다.

```
# 큐 인스턴스 생성
def use_queues(self):
    gui_queue = Queue()
    print(gui_queue)
    for idx in range(10):
        gui_queue.put('Message from a queue: ' + str(idx))
    print(gui_queue.get())
```

9. 위 코드를 실행한다.

10. while 순환문을 추가한다.

```
# 큐 인스턴스 생성
def use_queues(self):
    gui_queue = Queue()
    print(gui_queue)
    for idx in range(10):
        gui_queue.put('Message from a queue: ' + str(idx))
    while True:
        print(gui_queue.get())
```

11. 앞의 코드를 실행하면 다음 결과를 볼 수 있다.

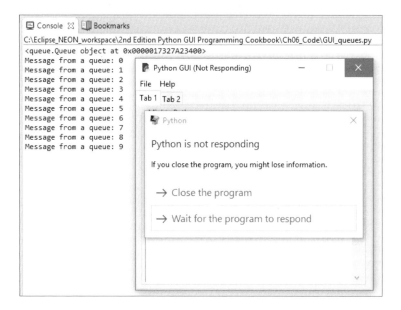

이제 무한 루프 시나리오에 대해 생각해보자.

1. GUI_queues.py를 열어서 GUI_queues_put_get_loop_endless_threaded.py라는 이름으로 저장한다.

2. self.run_thread를 백그라운드 데몬 스레드로 시작하려면 다음과 같이 변경한다.

```
# 스레드 내에서 메서드 실행
def create_thread(self):
    self.run_thread = Thread(target=self.method_in_a_thread, args=[8])
    self.run_thread.setDaemon(True)
    self.run_thread.start()

    # 자체 스레드에서 큐 시작
    write_thread = Thread(target=self.use_queues, daemon=True)
    write_thread.start()
```

3. click_me 메서드에서 self.use_queues( )를 주석 처리하고 self.create_thread( )를 호출한다.

```
# 버튼 콜백
def click_me(self):
    self.action.configure(text='Hello ' + self.name.get())
    self.create_thread()
    # now started as a thread in create_thread()
    # self.use_queues()
```

4. 코드를 실행하면 다음 결과를 볼 수 있다.

```
# Running methods in Threads
def create_thread(self):
    self.run_thread = Thread(target=self.method_in_a_thread, args=[8])
    self.run_thread.setDaemon(True)
    self.run_thread.start()

    # start queue in its own thread
    write_thread = Thread(target=self.use_queues, daemon=True)
    write_thread.start()

# Button callback
def click_me(self):
    self.action.configure(text='Hello ' + self.name.get())
    self.create_thread()
    # self.use_queues()    # now started as a thread in create_thread()
```

```
Console ☒  Bookmarks
<terminated> C:\Eclipse_NEON_workspace\2nd Edition Python GUI Programming Cookbook\Ch06_Code\GUI_
<queue.Queue object at 0x00000195FEB013C8>
Message from a queue: 0
Message from a queue: 1
Message from a queue: 2
Message from a queue: 3
Message from a queue: 4
Message from a queue: 5
Message from a queue: 6
Message from a queue: 7
Message from a queue: 8
Message from a queue: 9
```

코드를 더 잘 이해하기 위해 동작 원리를 살펴보자.

동작 원리

GUI_queues.py에서 먼저 import문을 추가한 다음 Queue를 만드는 새 메서드를 만든다. 버튼 클릭 이벤트 내에서 메서드를 호출한다.

 코드에서는 이 메서드 내에서만 액세스할 수 있는 로컬 큐 인스턴스를 만든다. 다른 곳에서 이 큐에 액세스하려면 self 키워드를 사용해 클래스의 인스턴스 속성으로 변환해야 한다. 이 키워드는 로컬 변수를 전체 클래스에 바인딩해 클래스 내의 다른 메서드에서 사용할 수 있도록 한다. 파이썬에서 종종 __init__ (self) 메서드에서 클래스 인스턴스 변수를 생성하지만 파이썬은 매우 실용적이며 코드 어디에서나 이러한 속성을 생성할 수 있다.

이제 큐의 인스턴스가 생겼다. 이것을 출력해 동작함을 증명할 수 있다. 데이터를 큐에 넣으려면 put 명령을 사용한다. 큐에서 데이터를 가져오려면 get 명령을 사용한다.

코드를 실행하면 메시지가 먼저 큐에 배치된 다음 큐에서 가져온 다음 콘솔에 출력된다. 10개의 메시지를 Queue에 배치했지만 첫 번째 메시지만 가져온다. 다른 메시지는 여전히 Queue 내에 있으며 FIFO 방식으로 가져오기를 기다리고 있다. Queue에 배치된 모든 메시지를 가져오기 위해 무한 루프를 만들 수 있다.

 이 코드가 동작하는 동안 안타깝게도 GUI가 정지된다. 이 문제를 해결하려면 이전 레시피에서 했던 것처럼 자체 스레드에서 메서드를 호출해야 한다.

GUI_queues_put_get_loop_endless_threaded.py에서 이를 수행한다. 이제 버튼을 클릭하면 GUI가 더 이상 멈추지 않고 코드가 작동한다. 큐를 만들고 FIFO 방식으로 큐의 한쪽에 메시지를 배치했다. 큐에서 메시지를 가져와서 콘솔(stdout)에 출력했다. 자체 스레드에서 메서드를 호출해야 한다는 것을 알았다. 그렇지 않으면 GUI가 멈출 수 있기 때문

212

이다.

다음 레시피를 살펴보자.

서로 다른 모듈 간 큐 전달하기

이 레시피에서는 다른 모듈에 큐를 전달한다. GUI 코드의 복잡성이 증가함에 따라 GUI 구성 요소를 비즈니스 로직과 분리해 서로 다른 모듈로 분리하려고 한다.

모듈화는 코드 재사용을 제공하고 코드를 더 읽기 쉽게 만든다. GUI에 표시할 데이터가 다른 데이터 소스에서 제공되면 큐 문제가 해결된다. 서로 다른 파이썬 모듈 간에 Queue 의 인스턴스를 전달함으로써 모듈의 기능에 대한 여러 가지 관심사를 구분한다.

 GUI 코드는 위젯과 데이터를 만들고 표시하는 데에만 이상적이다. 비즈니스 로직 모듈의 작 업은 비즈니스 로직을 수행하는 것이다.

가능한 한 다른 모듈 간의 관계를 거의 사용하지 않고 코드 상호 의존성을 줄이기 위해 두 요소를 결합해야 한다.

 불필요한 종속성을 피하는 코딩 원칙은 일반적으로 느슨한 결합(loose coupling)이라고 한 다. 이는 매우 중요한 원칙이며 이를 살펴보고 이해하고 자신의 코딩 프로젝트에 적용할 것을 강력히 권장한다.

느슨한 결합의 중요성을 이해하기 위해 화이트 보드나 종이에 상자를 그릴 수 있다. 하나 의 상자는 GUI 클래스와 코드를 나타내며 다른 상자는 비즈니스 로직, 데이터베이스 등 을 나타낸다.

그런 다음 상자 사이에 선을 그려서 파이썬 모듈인 상자 사이의 상호 의존성을 그래프로그린다.

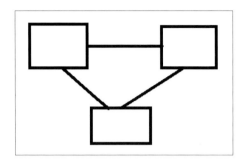

세 줄로 연결된 이 세 개의 상자는 약간 단순해 보일 수 있지만 소프트웨어 팀 회의에서 실제로 화이트 보드에 그린다. 라벨을 생략했지만 하나의 상자에는 UI, 다른 상자는 데이터베이스 및 비즈니스 처리 로직이라는 라벨이 지정될 수 있다.

 파이썬 박스 사이에 가지고 있는 선이 적을수록 디자인은 느슨하게 결합된다.

준비하기

이전 레시피 '큐 사용 방법'에서 큐를 사용하기 시작했다. 이 레시피에서는 메인 GUI 스레드의 큐 인스턴스를 다른 파이썬 모듈로 전달한다. 그러면 GUI가 응답을 유지하면서 다른 모듈의 ScrolledText 위젯에 쓸 수 있다.

실행 방법

1. 먼저 프로젝트에서 새 파이썬 모듈을 만든다. 이름은 Queues.py라고 한다. 함수를 배치할 것이다(아직 OOP가 필요하지 않다). 순차적으로 다음과 같이 설명할 수 있다.

a. 새로운 파이썬 모듈을 생성하고 이름은 Queues.py로 한다.

b. 인스턴스 큐에 메시지를 전달하는 이 모듈에 다음 코드를 작성한다.

```python
def write_to_scrol(inst):
    print('hi from Queue', inst)
    for idx in range(10):
        inst.gui_queue.put('Message from a queue: ' + str(idx))
        inst.create_thread(6)
```

2. 다음 단계는 새로 생성된 모듈을 가져오는 방법을 보여준다.

a. GUI_queues_put_get_loop_endless_threaded.py를 열어서 GUI_passing_queues_member.py라는 이름으로 저장한다.

b. 임포트하는 모듈에서 함수를 호출하려면 다음과 같이 변경한다.

```python
import Ch06_Code.Queues as bq


class OOP():
    # 버튼 콜백
    def click_me(self):
        # 현재 클래스 인스턴스(self)를 전달
        print(self)
        bq.write_to_scrol(self)
```

3. GUI_passing_queues_member.py에서 Queue의 인스턴스를 만든다.

```python
class OOP():
    def __init__(self):
        # 큐 생성
        self.gui_queue = Queue()
```

4. use_queues 메서드를 수정한다.

```python
def use_queues(self):
    # 이제 큐 클래스 멤버를 사용.
    while True:
        print(self.gui_queue.get())
```

5. 코드를 실행하면 다음 결과가 생성된다.

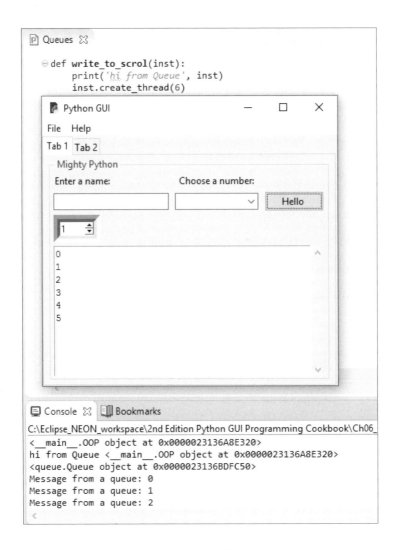

코드를 더 잘 이해하기 위해 동작 원리를 살펴보자.

동작 원리

먼저 새로운 파이썬 모듈인 Queues.py를 만든다. 그 안의 write_to_scrol 함수는 클래스의 인스턴스를 받는다. 이 인스턴스를 사용해 클래스의 메서드와 속성에 액세스한다.

여기서 클래스 인스턴스에 함수 내에서 액세스하는 두 가지 메서드가 있다는 지식에 의존하고 있다.

GUI_passing_queues_member.py에서 먼저 Queues 모듈을 임포트해 bq로 별칭을 지정한다음 이를 사용해 Queues 모듈에 있는 함수를 호출한다.

모듈을 bq로 별칭을 지정하는 것은 아마도 최고의 이름은 아니다. 백그라운드에서 데몬으로스레드를 실행하기 때문에 백그라운드 큐를 의미한다. 일관성을 위해 이 책의 처음 두 버전에서 사용한 것처럼 세 번째 버전의 별칭을 변경하지 않았다.

click_me 버튼 콜백 메서드에서는 이 함수에 self를 전달한다. 이를 통해 다른 파이썬 모듈의 모든 GUI 메서드를 사용할 수 있다. 가져온 모듈에는 호출하는 write_to_scrol 함수가 포함돼 있다.

```
def write_to_scrol(inst):
    print('hi from Queue', inst)
    inst.create_thread(6)
```

클래스 인스턴스의 자체 참조를 클래스가 다른 모듈에서 호출하는 함수로 전달함으로써 이제 다른 파이썬 모듈의 모든 GUI 요소에 액세스할 수 있다.

gui_queue는 인스턴스 속성이고 create_thread는 메서드이며 둘 다 GUI_passing_queues_member.py에 정의돼 있으며 Queues 모듈 내에서 전달된 자체 참조를 통해 액세스한다. Queue를 클래스의 인스턴스 속성으로 생성해 GUI_passing_queues_member.py 클래스의 __init__ 메서드에 참조를 배치한다.

이제 GUI에 전달된 클래스 참조를 사용해 새 모듈에서 메시지를 큐에 넣을 수 있다. Queues.py 코드에서 inst.gui_queue.put을 확인한다.

```
def write_to_scrol(inst):
    print('hi from Queue', inst)
    for idx in range(10):
        inst.gui_queue.put('Message from a queue: ' + str(idx))
    inst.create_thread(6)
```

use_queues 메서드를 수정한 후, GUI 코드의 create_thread 메서드는 GUI 모듈에서 로직을 분리한 새 모듈에 있는 비즈니스 로직에 의해 채워진 큐에서만 읽는다. GUI 위젯을 비즈니스 로직을 표현하는 기능과 분리하기 위해 클래스를 생성하고 큐를 이 클래스의 멤버로 만들었으며 클래스의 인스턴스를 다른 파이썬 모듈에 있는 함수로 전달함으로써 대기열뿐만 아니라 모든 GUI 위젯에 액세스할 수 있다.

 이것이 OOP의 마법이다. 클래스 중간에 self 키워드를 사용해 클래스 내에서 호출하는 함수에 자신을 전달한다.

이 레시피는 OOP에서 프로그래밍하는 것이 적합한 경우의 예다.

다음 레시피를 살펴보자.

대화 상자 위젯으로 네트워크에 파일 복사하기

이 방법은 로컬 하드 드라이브에서 네트워크 위치로 파일을 복사하는 방법을 보여준다. 파이썬의 tkinter 내장 대화 상자 중 하나를 사용해 하드 드라이브를 탐색할 것이다. 그런 다음 복사할 파일을 선택할 수 있다. 또한 이 레시피는 엔트리 위젯을 읽기 전용으로 만들고 기본 엔트리를 지정된 위치에 만드는 방법을 보여주므로 하드 드라이브의 검색 속도가 빨라진다.

이전 레시피 '여러 모듈 간에 큐 전달하기'에서 GUI의 **Tab2**를 확장할 것이다.

다음 코드를 create_widgets( ) 메서드의 GUI에 **Tab 컨트롤 2**를 생성한 맨 아래에 추가한다. 새로운 위젯 프레임의 부모는 create_widgets( ) 메서드의 맨 처음에 생성한 tab2이다. tab2의 생성 아래에 다음 코드를 물리적으로 두면 동작한다.

1. GUI_passing_queues_member.py를 열어서 GUI_copy_files.py라는 이름으로 저장한다.

2. 다음과 같이 변경한다.

```
#######################################################
def create_widgets(self):
    # 탭 컨트롤 생성
    tabControl = ttk.Notebook(self.win)
    # 두 번째 탭 추가
    tab2 = ttk.Frame(tabControl)
    # 두 번째 탭 보이게 만들기
    tabControl.add(tab2, text='Tab 2')

# Files Frame 관리 생성
mngFilesFrame = ttk.LabelFrame(tab2, text=' Manage Files: ')
mngFilesFrame.grid(column=0, row=1, sticky='WE', padx=10, pady=5)

# 버튼 콜백
def getFileName():
    print('hello from getFileName')

# Files Frame 관리를 위한 위젯 추가
lb = ttk.Button(mngFilesFrame, text="Browse to File...",
command=getFileName)
lb.grid(column=0, row=0, sticky=tk.W)
```

```python
file = tk.StringVar()
self.entryLen = scrol_w
self.fileEntry = ttk.Entry(mngFilesFrame, width=self.entryLen,
textvariable=file)
self.fileEntry.grid(column=1, row=0, sticky=tk.W)

logDir = tk.StringVar()
self.netwEntry = ttk.Entry(mngFilesFrame,
width=self.entryLen,
textvariable=logDir)
self.netwEntry.grid(column=1, row=1, sticky=tk.W)

def copyFile():
    import shutil
    src = self.fileEntry.get()
    file = src.split('/')[-1]
    dst = self.netwEntry.get() + ''+ file
    try:
        shutil.copy(src, dst)
        msg.showinfo('Copy File to Network', 'Succes:
        File copied.')
    except FileNotFoundError as err:
        msg.showerror('Copy File to Network', '*** Failed to copy
        file! ***\n\n' + str(err))
    except Exception as ex:
        msg.showerror('Copy File to Network',
        '*** Failed to copy file! ***\n\n' + str(ex))

cb = ttk.Button(mngFilesFrame, text="Copy File To : ",
command=copyFile)
cb.grid(column=0, row=1, sticky=tk.E)

# 각 라벨 주위에 공간 추가
for child in mngFilesFrame.winfo_children():
    child.grid_configure(padx=6, pady=6)
```

3. 코드를 실행하면 다음 GUI가 생성된다.

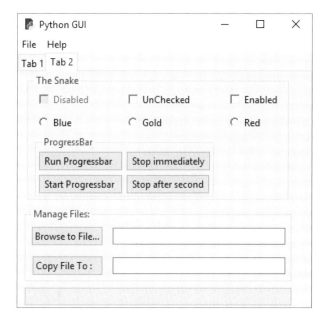

4. Browse to File... 버튼을 클릭한다.

a. GUI_copy_files.py를 연다.

b. 다음 두 개의 import문을 추가한다.

```
from tkinter import filedialog as fd
from os import path
```

5. 다음 함수를 생성한다.

```
def getFileName():
    print('hello from getFileName')
    fDir  = path.dirname(__file__)
    fName = fd.askopenfilename(parent=self.win, initialdir=fDir)
```

6. 코드를 실행하고 Browse To 버튼을 클릭한다.

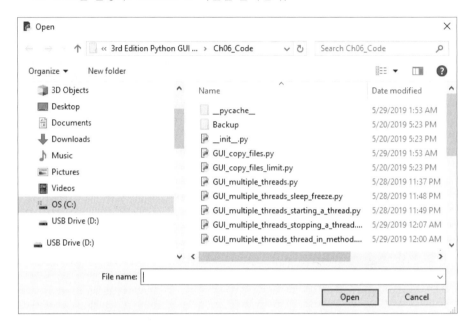

7. 엔트리 위젯 생성에 다음 두 줄의 코드를 추가한다.

```python
# 엔트리 위젯 텍스트박스 추가하기
self.name = tk.StringVar()
self.name_entered = ttk.Entry(mighty, width=24, textvariable=self.name)
self.name_entered.grid(column=0, row=1, sticky='W')
self.name_entered.delete(0, tk.END)
self.name_entered.insert(0, '< default name >')
```

8. 코드를 실행하고 결과를 본다.

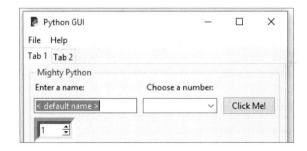

9. 이제 GUI_copy_files.py를 열고 다음 코드를 추가한다.

```python
# GLOBALS 수준의 모듈
GLOBAL_CONST = 42
fDir   = path.dirname(__file__)
netDir = fDir + 'Backup'

def __init__(self):
    self.createWidgets()
    self.defaultFileEntries()

def defaultFileEntries(self):
    self.fileEntry.delete(0, tk.END)
    self.fileEntry.insert(0, fDir)
    if len(fDir) > self.entryLen:
        self.fileEntry.config(width=len(fDir) + 3)
        self.fileEntry.config(state='readonly')

    self.netwEntry.delete(0, tk.END)
    self.netwEntry.insert(0, netDir)
    if len(netDir) > self.entryLen:
        self.netwEntry.config(width=len(netDir) + 3)
```

10. GUI_copy_files.py를 실행하면 다음 스크린샷이 나타난다.

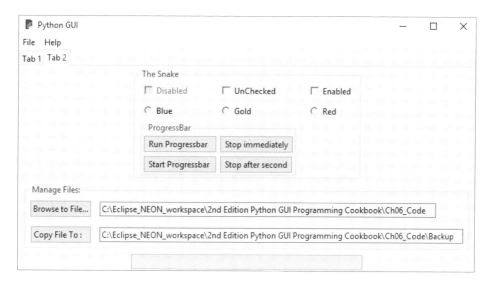

11. GUI_copy_files.py를 열고 다음 코드를 추가한다.

```
# GLOBALS 수준 모듈
GLOBAL_CONST = 42

from os import makedirs
fDir    = path.dirname(__file__)
netDir = fDir + 'Backup'
if not path.exists(netDir):
    makedirs(netDir, exist_ok = True)
```

이 함수에서 copyFile( ) 함수를 호출하는 버튼을 클릭하면 필요한 모듈을 가져온다.

12. GUI_copy_files.py를 열고 다음 코드를 추가한다.

```
from tkinter import messagebox as msg
def copyFile( ):
    import shutil                      # 함수 내에서 모듈 임포트
    src = self.fileEntry.get( )
    file = src.split('/')[-1]
    dst = self.netwEntry.get( ) + ''+ file
    try:
        shutil.copy(src, dst)
        msg.showinfo('Copy File to Network', 'Succes: File
        copied.')
    except FileNotFoundError as err:
        msg.showerror('Copy File to Network',
        '*** Failed to copy file! ***\n\n' + str(err))
    except Exception as ex:
        msg.showerror('Copy File to Network',
        '*** Failed to copy file! ***\n\n' + str(ex))
```

13. 코드를 실행하고 Browse to File과 Copy File To 버튼을 클릭한다.

14. 코드를 실행하지만 파일을 찾아보지 말고 복사 버튼을 클릭한다.

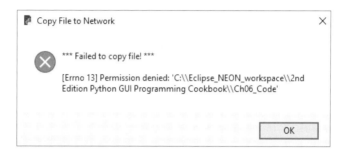

15. GUI_copy_files.py를 열어서 GUI_copy_files_limit.py라는 이름으로 저장한다.

16. 다음 코드를 추가한다.

```
    GUI_TCP_IP      TCP_Server      Queues
46
47          self.defaultFileEntries()
48
49⊝     def defaultFileEntries(self):
50          self.fileEntry.delete(0, tk.END)
51          self.fileEntry.insert(0, fDir)
52          if len(fDir) > self.entryLen:
53 #              self.fileEntry.config(width=len(fDir) + 3)
54              self.fileEntry.config(width=35)                # limit width to adjust GUI
55              self.fileEntry.config(state='readonly')
56
57          self.netwEntry.delete(0, tk.END)
58          self.netwEntry.insert(0, netDir)
59          if len(netDir) > self.entryLen:
60 #              self.netwEntry.config(width=len(netDir) + 3)
61              self.netwEntry.config(width=35)                # limit width to adjust GUI
62
```

17. 다음 스크린샷에 표시된 대로 앞의 코드를 실행해 결과를 관찰한다.

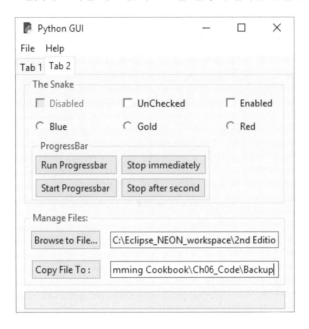

코드를 더 잘 이해하기 위해 동작 원리를 살펴보자.

동작 원리

GUI_copy_files.py에서 두 개의 버튼과 두 개의 엔트리를 GUI의 Tab 2에 추가한다. 아직 버튼 콜백함수의 기능을 구현하지 않았다.

Browse to File... 버튼을 클릭하면 현재 getFileName에서 콘솔로 hello가 출력된다. import 문을 추가한 후 tkinter 내장 파일 대화 상자를 사용할 수 있다. 이제 코드에서 대화 상자를 사용할 수 있다. 경로를 하드코딩하는 대신 파이썬의 os 모듈을 사용해 GUI 모듈이 있는 전체 경로를 찾을 수 있다. Browse to File... 버튼을 클릭하면 이제 askopenfilename 대화 상자가 열린다. 이제 이 디렉터리에서 파일을 열거나 다른 디렉터리로 이동할 수 있다. 파일을 선택하고 대화 상자에서 열기 버튼을 클릭한 후 파일의 전체 경로를 fName 로컬 변수에 저장한다.

파이썬 askopenfilename 대화 상자 위젯을 열 때 특정 파일을 찾고 있던 곳까지 찾아볼 필요가 없도록 자동으로 디렉터리를 기본으로 설정하면 좋다. 다음에 수행할 GUI Tab 1으로 돌아가서 이를 수행하는 방법을 보여주는 것이 가장 좋다.

값을 엔트리 위젯으로 기본값으로 설정할 수 있다. Tab 1으로 돌아가서 이것은 매우 쉽다. 이제 GUI를 실행하면 name_entered 항목에 기본값이 있다. 사용 중인 모듈의 전체 경로를 얻은 다음 바로 아래에 새 하위 폴더를 만들 수 있다. 모듈 수준 전역변수로 이를 수행하거나 메서드 내에서 하위 폴더를 만들 수 있다.

엔트리 위젯 모두에 대한 기본값을 설정하고 설정한 후에는 로컬 파일 엔트리 위젯을 읽기 전용으로 설정한다.

 이 순서는 중요하다. 읽기 전용으로 만들기 전에 항목을 먼저 채워야 한다.

또한 메인 이벤트 루프를 호출하기 전에 Tab 2를 선택하고 Tab 1의 항목에 더 이상 포커스를 설정하지 않는다. tkinter 노트북에서 select를 호출하는 것은 0을 기준으로 하므로 1을 전달해 Tab 2를 선택한다.

```
# 네임 엔트리에 커서를 배치한다.
# name_entered.focus()      # 주석 처리
tabControl.select(1)        # Tab 2로 시작하도록 표시
```

모두가 동일한 네트워크에 있지 않기 때문에, 이 레시피는 네트워크의 예로 로컬 하드 드라이브를 사용한다.

UNC 경로는 UNC(범용 명명 규칙)이며 이는 일반적인 C:\대신 이중 백슬래시를 사용해 네트워크의 서버에 액세스할 수 있음을 의미한다.

UNC를 사용하고 C:\를 \\ 〈servername〉\ 〈folder〉로 바꾸면 된다.

이 예제는 코드를 백업 디렉터리에 백업하는 데 사용할 수 있다. 존재하지 않으면 os. makedirs를 사용해 만들 수 있다. 다른 곳으로 복사할 파일을 선택한 후 파이썬 shutil 모듈을 가져온다. 복사할 파일의 원본과 네트워크 또는 로컬 디렉터리 경로에 대한 전체 경로가 필요하며 파일 이름을 shutil.copy를 사용해 복사할 경로에 추가한다.

Shutil은 셸 유틸리티의 짧은 표기법이다.

또한 메시지박스를 통해 사용자에게 피드백이 전달돼 복사가 성공했는지 실패했는지 나타낸다. 이를 위해 messagebox를 가져와서 msg에 입력한다.

다음 코드에서는 import문을 배치할 위치에 대한 두 가지 접근 방식을 혼합한다. 파이썬에는 다른 언어가 제공하지 않는 유연성이 있다. 일반적으로 모든 import문을 각 파이썬 모듈의 가장 위에 배치해 가져올 모듈을 명확하게 한다. 동시에 현대의 코딩 접근 방식은 함수를 처음 사용하는 곳에서 함수 또는 메서드에 가까운 변수를 만드는 것이다.

코드에서는 파이썬 모듈의 맨 위에서 messagebox를 임포트하지만 함수 내에서도 shutil 파이썬 모듈을 임포트한다.

왜 이렇게 할까? 동작할까? 대답은 '그렇다'이다. 실제로 동작한다. 실제로 이 모듈이 필요한 코드의 유일한 위치이기 때문에 이 import문을 함수 안에 배치한다. 이 메서드를 호출하지 않으면 이 메서드에 필요한 모듈을 가져오지 않는다. 어떤 의미에서는 이 기법을 지연 초기화 디자인 패턴으로 볼 수 있다. 필요하지 않다면, 파이썬 코드에서 필요할 때까지는 그것을 임포트하지 않는다.

여기에서 전체 코드는 20개의 다른 모듈을 필요로 할 것이다. 런타임 시 실제로 필요한 모둘은 사용자 상호작용에 따라 다르다. copyFile( ) 함수를 호출하지 않으면 shutil을 가져올 필요가 없다. GUI를 실행하고 파일을 찾아 복사를 클릭하면 파일이 엔트리 위젯에 지정된 위치에 복사된다.

파일이 존재하지 않거나 파일 탐색을 잊고 부모 폴더 전체를 복사하려고 하면 파이썬의 내장된 예외 처리 기능을 사용하기 때문에 코드에서 이를 알려준다. 새로운 엔트리 위젯은 GUI의 너비를 확장했다. 때로는 전체 경로를 볼 수 있는 것이 좋지만, 동시에 다른 위젯을 넣기 때문에 GUI가 잘 보이지 않게 된다. 엔트리 위젯의 width 매개변수를 제한해 이 문제를 해결할 수 있다.

GUI_copy_files_limit.py에서 이렇게 했다. 결과적으로 다음과 같은 GUI 크기가 된다. 사용 가능한 엔트리 위젯에서 오른쪽 화살표를 사용해 이 위젯의 끝으로 이동할 수 있다.

파이썬 셸 유틸리티를 사용해 로컬 하드 드라이브에서 네트워크로 파일을 복사한다. 대부분의 사용자가 동일한 LAN에 연결돼 있지 않으므로 코드를 다른 로컬 폴더에 백업해 복사를 시뮬레이션한다.

tkinter의 다이얼로그 컨트롤 중 하나를 사용하고 있으며, 디렉터리 경로를 기본값으로 설정함으로써 파일 복사 효율성을 높일 수 있다.

다음 레시피를 살펴보자.

네트워크 통신을 위해 TCP/IP 사용하기

이 방법은 소켓을 사용해 TCP/IP를 통해 통신하는 방법을 보여준다. 이를 위해 IP 주소와 포트 번호가 필요하다. 인터넷 IP 주소 변경과 관계없이 간단하고 독립적으로 유지하기 위해 자체 로컬 TCP/IP 서버 및 클라이언트를 만들고 클라이언트를 서버에 연결하고 TCP/IP 연결에서 데이터를 읽는 방법을 배운다.

이전 레시피에서 만든 큐를 사용해 이 네트워킹 기능을 GUI에 통합한다.

TCP/IP는 둘 이상의 컴퓨터가 통신할 수 있게 해주는 네트워킹 프로토콜 집합인 Transmission Control Protocol/Internet Protocol의 약자다.

준비하기

TCP 서버가 될 새로운 파이썬 모듈을 생성할 것이다.

실행 방법

파이썬에서 TCP 서버를 구현하는 한 가지 방법은 socketserver 모듈을 상속하는 것이다. BaseRequestHandler를 서브 클래싱한 다음 상속된 handle 메서드를 재정의한다. 극히 일부의 파이썬 코드로 TCP 서버를 구현할 수 있다.

1. 새로운 파이썬 모듈을 생성하고 이름을 TCP_Server.py로 한다.
2. TCP 서버와 start 함수를 생성하는 다음 코드를 추가한다.

```python
from socketserver import BaseRequestHandler, TCPServer

class RequestHandler(BaseRequestHandler):
    # 베이스 클래스의 handle 메서드를 오버라이드
    def handle(self):
        print('Server connected to: ', self.client_address)
        while True:
            rsp = self.request.recv(512)
            if not rsp: break
            self.request.send(b'Server received: ' + rsp)

def start_server():
    server = TCPServer(('', 24000), RequestHandler)
    server.serve_forever()
```

3. Queues.py를 열고 다음 코드를 추가해 소켓을 만들고 사용한다.

```
# TCP / IP 사용
from socket import socket, AF_INET, SOCK_STREAM

def write_to_scrol(inst):
    print('hi from Queue', inst)
    sock = socket(AF_INET, SOCK_STREAM)
    sock.connect(('localhost', 24000))
    for idx in range(10):
    sock.send(b'Message from a queue: ' + bytes(str(idx).encode()) )
        recv = sock.recv(8192).decode()
        inst.gui_queue.put(recv)
    inst.create_thread(6)
```

4. GUI_copy_files_limit.py를 GUI_TCP_IP.py라는 이름으로 저장한다.

5. 다음 코드를 추가해 자체 스레드에서 TCP 서버를 시작한다.

```
class OOP():
    def __init__(self):
        # 자체 스레드에서 TCP/IP 서버 시작하기
        svrT = Thread(target=startServer, daemon=True)
        svrT.start()
```

6. 코드를 실행하고 Tab 1에 Click Me! 버튼을 클릭한다.

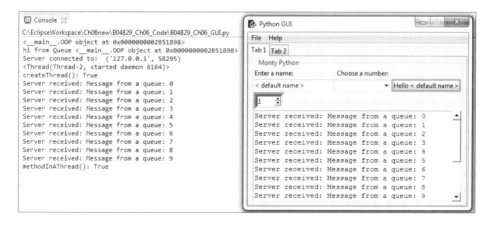

코드를 더 잘 이해하기 위해 동작 원리를 살펴보자.

동작 원리

`RequestHandler` 클래스를 `TCPServer` 이니셜라이저로 전달한다. 비어 있는 작은 따옴표
는 자신의 PC인 `localhost`를 사용하기 위한 간단한 방법이다. 이것은 `127.0.0.1`의 IP 주
소다. 튜플의 두 번째 항목은 포트 번호다. 로컬 PC에서 사용되지 않는 포트 번호를 선택
할 수 있다.

 TCP 연결의 클라이언트 측에서 동일한 포트를 사용하고 있는지 확인해야 한다. 그렇지 않으
면 서버에 연결할 수 없다.

물론 클라이언트가 연결되기 전에 먼저 서버를 시작해야 한다. TCP 클라이언트가 되도록
`Queues.py` 모듈을 수정한다. **Click Me!** 버튼을 클릭하면 `bq.write_to_scrol_TCP(self)`
를 호출하고 소켓과 연결을 생성한다.

이것이 TCP 서버와 통신하는 데 필요한 모든 코드다. 이 예제에서 간단히 서버에 몇 바
이트를 보내면 서버는 응답을 보내기 전에 일부 문자열을 준비해 그것을 되돌려 보낸다.

 이는 네트워크를 통한 TCP 통신이 작동하는 원리를 보여준다.

TCP/IP를 통해 원격 서버에 연결하는 방법을 알게 되면 통신하려는 프로그램의 프로토콜
에 따라 설계된 명령을 사용한다. 첫 번째 단계는 서버에 있는 특정 애플리케이션에 명령
을 보내기 전에 연결하는 것이다.

`write_to_scrol_TCP` 함수에서 이전과 같은 루프를 사용하지만 이제는 TCP 서버에 메시
지를 보낸다. 서버는 수신된 메시지를 수정한 다음 다시 보내준다. 그런 다음 GUI 멤버 큐

에 넣는다. 이전 GUI와 마찬가지로 자체 스레드에서 실행된다.

```
sock.send(b'Message from a queue: ' + bytes(str(idx).encode()) )
```

문자열 앞의 문자 b와 나머지 부분에 필요한 캐스팅에 주목한다. OOP 클래스의 초기화 프로그램에서 자체 스레드로 TCP 서버를 시작한다.

 파이썬 3에서는 바이너리 형식의 소켓을 통해 문자열을 보낸다. 정수 인덱스를 추가하는 것은 문자열에 캐스팅하고 인코딩한 다음 인코딩된 문자열을 바이트로 캐스팅해야 하므로 약간 복잡해진다.

Click Me! 버튼은 이제 ScrolledText 위젯과 콘솔에 출력을 생성하며 스레드 사용으로 인해 응답은 매우 빠르다.

로컬 영역 네트워크 또는 인터넷의 서버에 연결을 시뮬레이션하기 위해 TCP 서버를 만들었다. 큐 모듈을 TCP 클라이언트로 변환했다. 큐와 서버를 모두 자신의 백그라운드 스레드에서 실행하므로 GUI의 응답성이 매우 높다.

이제 다음 레시피를 살펴보자.

urlopen으로 웹사이트 데이터 읽어오기

이 레시피는 파이썬의 기본 제공 모듈을 사용해 전체 웹 페이지를 쉽게 읽을 수 있는 방법을 보여준다. 웹 페이지 데이터를 원시 형식으로 먼저 표시한 다음 디코드해 GUI에 표시한다.

준비하기

웹 페이지에서 데이터를 읽은 다음 GUI의 ScrolledText 위젯에 표시한다.

먼저 새로운 파이썬 모듈을 만들고 이름을 URL.py로 한다. 그런 다음 파이썬을 사용해 웹 페이지를 읽는 데 필요한 기능을 임포트한다. 극히 일부 코드만으로 이 작업을 수행할 수 있다.

1. 새로운 모듈을 생성하고 이름을 URL.py로 한다.

2. URL을 열어서 읽기 위한 다음 코드를 추가한다.

```python
from urllib.request import urlopen
link = 'http://python.org/'
try:
    http_rsp = urlopen(link)
    print(http_rsp)
    html = http_rsp.read()
    print(html)
    html_decoded = html.decode()
    print(html_decoded)
except Exception as ex:
    print('*** Failed to get Html! ***\n\n' + str(ex))
else:
    return html_decoded
```

3. 위 코드를 실행하고 다음 결과를 관찰한다.

```
🖳 Console ✕
<terminated> GUI_URL.py [C:\Python37\python.exe]
hi from Queue <__main__.OOP object at 0x000002154CB06F98>
Server connected to:  ('127.0.0.1', 53684)
Server received: Message from a queue: 0
<http.client.HTTPResponse object at 0x000002154F5C5E48>
b'<!doctype html>\n<!--[if lt IE 7]>    <html class="no-js ie6 lt-ie7 lt-ie8 lt-ie9">
<!doctype html>
<!--[if lt IE 7]>    <html class="no-js ie6 lt-ie7 lt-ie8 lt-ie9">    <![endif]-->
<!--[if IE 7]>       <html class="no-js ie7 lt-ie8 lt-ie9">           <![endif]-->
<!--[if IE 8]>       <html class="no-js ie8 lt-ie9">                  <![endif]-->
<!--[if gt IE 8]><!--><html class="no-js" lang="en" dir="ltr">  <!--<![endif]-->

<head>
    <meta charset="utf-8">
    <meta http-equiv="X-UA-Compatible" content="IE=edge">
```

4. 결과를 방금 읽은 공식 파이썬 웹 페이지와 비교한다.

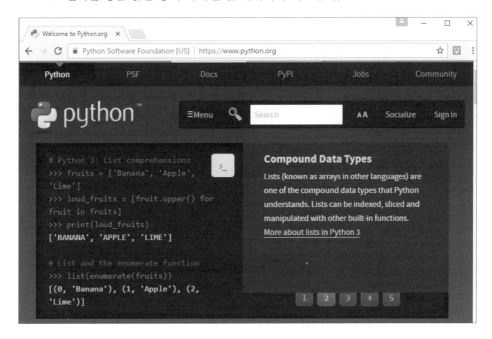

다음 시나리오를 살펴보자.

1. URL.py를 연다.

2. 함수 내에 코드를 추가한다.

```
from urllib.request import urlopen
link = 'http://python.org/'

def get_html():
    try:
        http_rsp = urlopen(link)
        print(http_rsp)
        html = http_rsp.read()
        print(html)
        html_decoded = html.decode()
        print(html_decoded)
    except Exception as ex:
```

```
        print('*** Failed to get Html! ***\n\n' + str(ex))
    else:
        return html_decoded
```

3. 이전 레시피에서 GUI_TCP_IP.py를 가져와 GUI_URL.py로 저장한다.

4. URL 모듈을 임포트하고 click_me 메서드를 수정한다.

```
import Ch06_Code.URL as url

# 버튼 콜백
def click_me(self):
    self.action.configure(text='Hello ' + self.name.get())
    bq.write_to_scrol(self)
    sleep(2)
    html_data = url.get_html()
    print(html_data)
    self.scrol.insert(tk.INSERT, html_data)
```

5. 코드를 실행하면 결과는 다음과 같다.

자세한 과정은 다음 절에서 살펴보자.

동작 원리

URL.py 코드를 자바, C#과 비슷한 try...except 블록으로 둘러싼다. 이는 파이썬이 지원하는 현대적인 코딩 방법이다. 완료하지 못할 수도 있는 코드가 있을 때마다 이 코드를 시험해볼 수 있으며 작동하면 모두 정상이다. try...except 블록의 코드 블록이 작동하지 않으면 파이썬 인터프리터는 몇 가지 가능한 예외 중 하나를 던질 수 있다. 예외를 잡았을 때, 다음에 무엇을 해야 할지 결정할 수 있다.

파이썬에는 예외 계층이 있으며 파이썬 예외 클래스를 상속하고 확장하는 자체 클래스를 만들 수도 있다. 다음 코드에서는 접근하려는 URL이 사용 가능하지 않을 수도 있으므로 주로 try...except 코드 블록 내에 코드를 래핑한다. 코드가 요청된 URL을 여는 데 성공하면 모두 정상이다. 인터넷 연결이 끊겨서 실패했을 경우, 예외 코드 부분으로 들어가면 예외가 발생했음을 출력한다.

 파이썬 예외 처리에 관련된 내용은 다음 사이트에서 더 살펴볼 수 있다.
https://docs.python.org/3.7/library/exceptions.html

공식 파이썬 웹사이트에서 urlopen을 호출하면 전체 데이터를 하나의 긴 문자열로 얻는다. 첫 번째 print 문은 이 긴 문자열을 콘솔에 출력한다. 결과에 대한 decode를 호출하면, 이번에는 공백을 포함해 1,000라인이 약간 넘는 웹 데이터를 얻는다. 또한 urlopen을 호출하기 위한 타입을 출력한다. 이 타입은 http.client.HTTPResponse 객체이다. 사실 먼저 그것을 출력한다.

다음은 방금 읽은 공식 파이썬 웹 페이지이다. 웹 개발자라면 파싱된 데이터로 무엇을 할지에 대한 좋은 아이디어가 있을 것이다. 그런 다음 이 데이터를 ScrolledText 위젯 내부의 GUI에 표시한다. 이를 위해 웹 페이지의 데이터를 GUI로 읽는 새로운 모듈을 연결해야 한다.

이를 위해서는 GUI에 대한 참조가 필요하다. 이 작업을 수행하는 한 가지 방법은 새 모듈을 **Tab 1** 버튼 콜백에 묶는 것이다. 디코딩된 HTML 데이터를 파이썬 웹 페이지에서 버튼 위젯으로 반환할 수 있다. 이 위젯을 ScrolledText 컨트롤에 배치할 수 있다.

이제 코드를 함수로 변환하고 호출 코드로 데이터를 반환해보자.

먼저 새 모듈을 가져온 다음 위젯에 데이터를 삽입해 버튼 콜백 메서드의 데이터를 ScrolledText 컨트롤에 쓸 수 있다. write_to_scrol에 호출 후에 잠시 대기한다.

GUI_URL.py에서 HTML 데이터가 GUI 위젯에 표시된다.

7

GUI를 통해 MySQL에
데이터 저장하기

7장에서는 MySQL 데이터베이스를 설치 및 사용하고 이를 GUI에 연결하는 방법을 배운다.

MySQL은 본격적인 SQL^{Structured Query Language} 데이터베이스 서버이며 데이터를 보고 작업할 수 있도록 자체적으로 멋진 GUI가 제공된다. 데이터베이스를 만들고 데이터베이스에 데이터를 입력한 다음 데이터를 수정, 읽기 및 삭제하는 방법을 살펴본다.

SQL 데이터베이스의 데이터 저장은 파이썬으로 작성된 소프트웨어 프로그램에 필수적이다. 모든 데이터는 현재 메모리에만 존재하며 실행 중인 파이썬 프로그램을 종료해도 데이터가 손실되지 않도록 지속되도록 만들고 싶다. 여기에서는 프로그래밍 도구 상자에 SQL을 추가해 프로그래밍 기술을 향상시키는 방법을 배운다.

 TIP 7장의 첫 번째 레시피에서 무료 MySQL 커뮤니티 에디션 설치 방법을 설명한다.

동작 중인 MySQL 서버 인스턴스에 성공적으로 접속한 후에 인터넷에서 발견한 인용문구나 논문의 책 제목을 저장하는 데이터베이스를 디자인하고 생성한다.

빈 페이지(NULL)일 수도 있는 책의 페이지 번호가 필요하다. 그런 다음 파이썬 3.7 이상을 사용해 만든 GUI를 사용해 책, 저널, 웹사이트 또는 친구의 인용문을 MySQL 데이터베이스에 입력한다 .

파이썬 GUI를 사용해 선호하는 인용문을 삽입, 수정, 삭제 및 표시해 SQL 명령을 실행하고 데이터를 표시한다.

 CRUD는 네 가지 기본 SQL 명령의 약어이고 Create, Read, Update, Delete 데이터베이스 용어이다.

7장의 파이썬 모듈 개요는 다음과 같다.

7장에서 MySQL 데이터베이스에 연결할수 있도록 파이썬 GUI를 강화한다. 다룰 내용은 다음과 같다.

- 파이썬에서 MySQL 서버 설치 및 연결하기
- MySQL 데이터베이스 연결 설정하기
- 파이썬 GUI 데이터베이스 설계하기
- SQL INSERT 명령 사용하기
- SQL UPDATE 명령 사용하기
- SQL DELETE 명령 사용하기

240

- MySQL 데이터베이스에 데이터 저장, 조회하기
- MySQL 워크벤치 사용하기

파이썬에서 MySQL 서버 설치 및 연결하기

MySQL 데이터베이스에 연결하기 전에 MySQL 서버에 접속해야 한다. 이를 위해 MySQL 서버의 IP 주소와 포트를 알아야 한다. 또한 MySQL 서버의 인증을 얻기 위한 사용자와 패스워드를 등록해야 한다.

준비하기

실행 중인 MySQL 서버 인스턴스에 대한 액세스 권한이 필요하며 데이터베이스 및 테이블을 만들려면 관리자 권한이 있어야 한다.

실행 방법

파이썬에서 MySQL 서버를 설치하고 연결하는 방법을 살펴보자.

1. 인스톨러를 다운로드한다.

> ℹ️ 공식 MySQL 웹사이트에서 무료로 제공되는 MySQL Community Edition이 있다. http://dev.mysql.com/downloads/windows/installer/에서 로컬 PC에 다운로드해 설치할 수 있다.

2. 설치를 실행한다.

Choosing the right file:

- If you have an online connection while running the MySQL Installer, choose the `mysql-installer-web-community` file.
- If you do NOT have an online connection while running the MySQL Installer, choose the `mysql-installer-community` file.

Note: MySQL Installer is 32 bit, but will install both 32 bit and 64 bit binaries.

Online Documentation

- MySQL Installer Documentation and Change History

Please report any bugs or inconsistencies you observe to our Bugs Database.
Thank you for your support!

Generally Available (GA) Releases

MySQL Installer 8.0.16

Select Operating System:

| Microsoft Windows | ▼ |

Looking for previous GA versions?

Windows (x86, 32-bit), MSI Installer	8.0.16	20.0M	Download
(mysql-installer-web-community-8.0.16.0.msi)		MD5: 08b01313c1f7a7aa26a4b6bc1167c604	Signature
Windows (x86, 32-bit), MSI Installer	8.0.16	373.4M	Download

3. root 사용자를 위한 패스워드를 선택하고 경우에 따라 다른 사용자를 추가한다.

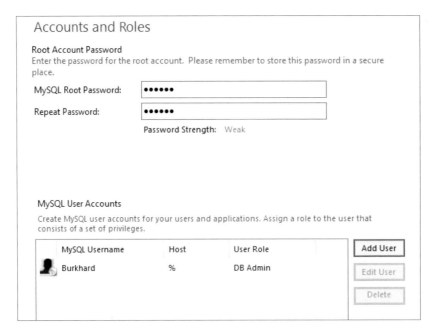

4. \Python37\Lib\site-packages\mysql\connector 폴더가 있는지 확인한다.

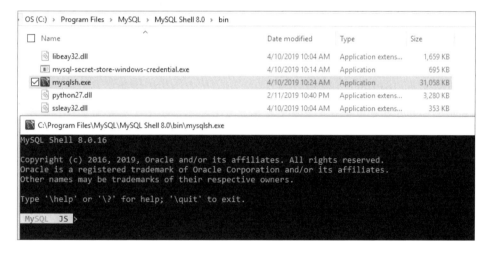

5. 실행 가능한 mysqlsh.exe를 열고 더블클릭해 실행한다.

6. SQL 모드의 명령행에서 \sql을 입력한다.

7. MySql > 프롬프트에서 SHOW DATABASES를 입력하고 Enter 키를 누른다.

8. 새로운 파이썬 모듈을 생성하고 MySQL_connect.py로 저장한다.

```
import mysql
conn = mysql.connector.connect(user=<adminUser>,
password=<adminPwd>, host='127.0.0.1')
print(conn)
conn.close()
```

9. 앞의 코드를 실행하면 다음과 같은 결과가 나오면 성공적으로 연결된 것이다.

```
Console ☒
<terminated> MySQL_connect_import_dict.py [C:\Python37\python.exe]
<mysql.connector.connection_cext.CMySQLConnection object at 0x000002114F92A390>
```

코드를 더 잘 이해하기 위해 동작 원리를 살펴보자.

동작 원리

먼저 운영체제와 일치하는 MySQL 버전을 다운로드해 설치했다.

 설치 과정에서 루트 사용자의 암호를 선택하고 더 많은 사용자를 추가할 수 있다. DB 관리자로 자신을 추가하고 암호도 선택하는 것이 좋다.

7장에서는 최신 MySQL Community Server 릴리스 8.0.16을 사용한다.

 SQL은 Structured Query Language의 약자로 때때로 '시퀄'로 발음하며, 수학과 집합 이론을 기반으로 한 집합 수학적 접근 방식을 사용한다. https://en.wikipedia.org/wiki/Set_theory에서 자세한 내용을 확인할 수 있다.

MySQL에 연결하기 위해서는 우선 특수 파이썬 커넥터 드라이버를 설치해야 한다. 이 드라이버를 사용하면 파이썬에서 MySQL 서버와 통신할 수 있다. MySQL 웹사이트(http://dev.mysql.com/doc/connector-python/en/index.html)에는 무료로 사용할 수 있는 드라이버가 있으며 아주 좋은 온라인 자습서가 제공된다.

 최신 버전의 MySQL을 새로 설치했을 때 파이썬 커넥터가 자동으로 설치됐다. 따라서 설치할 필요가 없다. 그러나 문제가 발생해 직접 설치해야 하는 경우를 대비해 알아두면 좋다.

올바른 드라이버를 설치했는지와 파이썬이 MySQL과 통신 여부를 확인하는 한 가지 방법은 파이썬 site-packages 디렉터리를 살펴보는 것이다. site-packages 디렉터리에 새로운 MySQLdb 폴더와 다른 _mysql 모듈이 있다면 설치가 성공적으로 완료된 것이다.

5단계에서 MySQL 명령행 클라이언트를 사용해 MySQL 서버 설치가 작동하는지 확인해보자. mysql> 프롬프트에서 SHOW DATABASES;를 입력한 다음 Enter 키를 누른다.

특히 맥OS 또는 리눅스라면 경우 경로가 다를 수 있다.

〈path to〉\Program Files\MySQL\MySQL Shell 8.0\bin

다음으로 파이썬 3.6을 사용해 동일한 결과를 얻을 수 있는지 확인한다.

 〈adminUser〉 및 〈adminPwd〉 위치 표시자를 괄호로 묶은 이름을 MySQL 설치에서 사용
중인 실제 자격 증명으로 바꾼다.

MySQL 서버에 연결할 수 있어야 한다. 기본적으로 자바스크립트 JS 모드에 있다. SQL 모
드로 들어가기 위해 프롬프트에 \sql을 입력해 변경할 수 있다. 이제 SQL 명령을 사용할
수 있다. 6단계와 7단계에서 이 작업을 수행했다. 명령줄 클라이언트나 파이썬 mysql 클
라이언트를 통해 MySQL 서버에 연결할 수 없다면, 설치 중에 문제가 생긴 것이다. 이 경
우 제거하고 PC를 재부팅한 후 다시 설치한다.

GUI를 MySQL 서버에 연결하려면 관리자 권한으로 서버에 연결할 수 있어야 한다. 자체
데이터베이스를 생성하려는 경우에도 이 작업을 수행해야 한다. 데이터베이스가 이미 존
재하는 경우 데이터를 연결, 삽입, 업데이트 및 삭제 권한만 있으면 된다. 다음 레시피에
서 MySQL 서버에 새 데이터베이스를 생성한다.

MySQL 데이터베이스 연결 설정하기

이전 레시피에서는 인증에 필요한 자격 증명을 connect 메서드에 하드코딩해 MySQL
서버에 연결하는 가장 짧은 방법을 사용했다. 초기 개발을 위한 빠른 접근 방식이지만,
MySQL 서버 자격 증명을 다른 사람에게 공개하고 싶지 않다. 대신 데이터베이스, 테이
블, 뷰 및 관련 데이터베이스 명령에 특정 사용자에게 액세스할 수 있는 권한을 부여한다.

MySQL 서버에 의해 인증받는 훨씬 더 안전한 방법은 이 레시피에서 수행할 설정 파일에

자격 증명을 저장하는 것이다. 구성 파일을 사용해 MySQL 서버에 연결한 다음 MySQL 서버에 자체 데이터베이스를 만든다.

 다음의 모든 레시피에서 이 데이터베이스를 사용할 것이다.

준비하기

이 레시피에 표시된 코드를 실행하려면 관리자 권한이 있는 실행 중인 MySQL 서버에 액세스해야 한다.

 이전 레시피에서는 무료 MySQL 서버 커뮤니티 에디션을 설치하는 방법을 보여준다. 관리자 권한으로 이 레시피를 구현할 수 있다.

실행 방법

이 레시피를 수행하는 방법을 살펴보자.

1. 먼저 GUI_MySQL_connect.py 코드가 있는 동일한 모듈에 딕셔너리를 만든다. 순차적으로 다음을 실행한다.

    1. MySQL_connect.py를 열어 MySQL_connect_with_dict.py로 저장한다.
    2. 모듈에 다음 코드를 추가한다.

        ```
        # 접속 관련 정보를 저장하는 딕셔너리 생성
        dbConfig = {
            'user': <adminName>,      # 사용할 어드민 이름
            'password': <adminPwd>,   # 진짜가 아닌 비밀번호
            'host': '127.0.0.1',      # 로컬 호스트 IP 주소
        }
        ```

2. dbConfig 아래에 다음 코드를 추가한다.

```
import mysql.connector
# 딕셔너리 자격 증명 언팩
conn = mysql.connector.connect(**dbConfig)
print(conn)
```

3. 코드를 실행하고 동작하는지 확인한다.

4. 새 모듈인 GuiDBConfig.py를 만들고 여기에 다음 코드를 추가한다.

```
# 접속 관련 정보를 저장하는 딕셔너리 생성
dbConfig = {
            'user': <adminName>,     # 사용할 어드민 이름
            'password': <adminPwd>,  # 진짜가 아닌 비밀번호
            'host': '127.0.0.1',     # 로컬 호스트 IP 주소
}
```

5. 이제 MySQL_connect_with_dict.py를 열어서 MySQL_connect_import_dict.py로 저장한다.

6. 다음과 같이 GuiDBConfig를 임포트하고 딕셔너리를 언패킹한다.

```
import GuiDBConfig as guiConf
# 딕셔너리 자격 증명을 언팩한다.
conn = mysql.connector.connect(**guiConf.dbConfig)
print(conn)
```

7. 새로운 파이썬 모듈을 생성하고 MySQL_create_DB.py로 저장한다. 다음으로 아래 코드를 추가한다.

```
import mysql.conntector
import Ch07_Code_GuiDBConfig as guiConf

GUIDB = 'GuiDB'

# 딕셔너리 자격 증명을 언팩
conn = mysql.connector.connect(**guiConf.dbConfig)

cursor = conn.cursor()
```

```
try:
    cursor.execute("CREATE DATABASE {}
                    DEFAULT CHARACTER SET 'utf8'".format(GUIDB))
except mysql.connector.Error as err:
    print("Failed to create DB: {}".format(err))

conn.close()
```

8. MySQL_create_DB.py를 두 번 실행한다.

```
Console ☒
<terminated> MySQL_create_DB.py [C:\Python37\python.exe]
Failed to create DB: 1007 (HY000): Can't create database 'guidb'; database exists
```

9. 새로운 파이썬 모듈을 생성하고 MySQL_show_DBs.py로 저장한 후 다음 코드를 추가한다.

```python
import mysql.connector
import GuiDBConfig as guiConf

# 딕셔너리 자격 증명을 언팩
conn = mysql.connector.connect(**guiConf.dbConfig)

cursor = conn.cursor()

cursor.execute("SHOW DATABASES")
print(cursor.fetchall())

conn.close()
```

10. 위 코드를 실행하면 다음과 같은 결과를 얻는다.

```
Console ☒                                                    ▣ ✖ ✖ ◕ ▤
<terminated> MySQL_show_DBs.py [C:\Python37\python.exe]
[('guidb',), ('information_schema',), ('mysql',), ('performance_schema',), ('sakila',), ('sys',), ('world',)]
```

코드를 더 잘 이해하기 위해 동작 원리를 살펴보자.

먼저 딕셔너리를 만들고 파이썬 딕셔너리에 연결 자격 증명을 저장했다. 다음으로 connec
tion 메소드에서 딕셔너리 값을 가져온다. 다음 코드를 보자.

```
mysql.connector.connect('user': <adminName>, 'password': <adminPwd>, 'host': '127.0.0.1')
```

앞의 스니펫을 사용하는 대신 (** dbConfig)를 사용한다. 앞의 예제와 동일한 결과를 얻
지만 훨씬 더 짧다. 그 결과 MySQL 서버에 성공적으로 연결되지만 그 차이점은 연결 방
법이 더 이상 중요한 정보를 노출하지 않는다는 것이다.

 데이터베이스 서버는 작업에 매우 중요하다. 귀중한 데이터를 잃어버리고 나서야 최근 백업
이 없다는 사실을 깨닫게 된다!

이제는 동일한 사용자 이름, 암호, 데이터베이스 등을 동일한 파이썬 모듈의 딕셔너리에
배치해도 코드를 악용하는 사람이 볼 수 있는 자격 증명을 가질 위험이 없다. 데이터베이
스 보안을 강화하기 위해 먼저 딕셔너리를 자체 파이썬 모듈로 이동한다. 새로운 파이썬
모듈 GuiDBConfig.py를 호출해보자.

그런 다음 이 모듈을 가져와서 이전처럼 자격 증명을 언팩했다.

 이 모듈을 나머지 코드와 별도로 보안된 곳에 배치하면 MySQL 데이터에 대해 더 높은 수준
의 보안이 확보된다.

일단 이 모듈을 나머지 코드와 분리된 안전한 장소에 배치하면 MySQL 데이터에 대해 더
욱 나은 보안 수준을 달성하게 된다.

MySQL 명령을 실행하기 위해 연결 객체로부터 커서 객체를 생성한다. 커서는 대개 데이

터베이스 테이블의 특정 행에서 위 또는 아래로 이동하지만 여기서는 데이터베이스를 작성하는 데 사용한다. 파이썬 코드를 try...except 블록으로 감싸고 MySQL의 내장된 오류 코드를 사용해 잘못된 것이 있으면 알려준다.

데이터베이스 생성 코드를 두 번 실행하면 이 블록이 작동하는지 확인할 수 있다. 첫 실행에서 MySQL에서 새로운 데이터베이스를 만들고 두 번째 실행에서 이 데이터베이스가 이미 있음을 알리는 오류 메시지를 출력한다.

매우 비슷한 커서 객체 구문을 사용해 다음 MySQL 명령을 실행해 어떤 데이터베이스가 존재하는지 확인할 수 있다. CREATE DATABASE 명령을 실행하는 대신 커서를 만들고 이를 사용해 SHOW DATABASES 명령을 실행한다. 이 결과는 콘솔에 출력한다.

 커서 객체에서 fetchall 메서드를 호출해 결과를 검색한다.

이 코드를 실행하면 MySQL 서버 인스턴스에 현재 존재하는 데이터베이스가 표시된다. 출력에서 볼 수 있듯이, MySQL에는 information_schema와 같은 몇 가지 내장 데이터베이스가 함께 제공된다. guidb 데이터베이스를 성공적으로 만들었고 출력 화면에 나타난다. 다른 모든 데이터베이스는 MySQL과 함께 제공된다.

GuiDB와 같이 대소문자를 혼합해 작성했을 때 데이터베이스를 지정했더라도 SHOW DATABASES 명령은 MySQL의 기존 데이터베이스를 모두 소문자로 표시하고 데이터베이스를 guidb로 표시한다.

 물리적 MySQL 파일은 my.ini 파일에 따라 하드 드라이브에 저장되며 윈도우 10 설치 시 C:\ ProgramData\MySQL\MySQL Server 8.0에 있을 수 있다. 이 .ini 파일 내에서 Data 폴더에 대한 다음 구성 경로를 찾을 수 있다.
```
# 데이터베이스 루트 경로
datadir=C:/ProgramData/MySQL/MySQL Server 8.0/Data
```

다음 레시피를 살펴보자.

파이썬 GUI 데이터베이스 설계하기

테이블을 만들고 데이터를 저장하기 전에 데이터베이스를 설계해야 한다. 로컬 파이썬 변수 이름을 변경하는 것과 달리, 일단 데이터베이스 스키마가 생성되고 로드된 후에는 데이터베이스 스키마를 변경하는 것이 쉽지 않다. 테이블을 DROP해야 한다. 즉, 테이블에 있는 모든 데이터를 잃게 된다. 따라서 테이블을 삭제하기 전에 데이터를 추출한 다음 테이블을 삭제하고 다시 만들고 원래 데이터를 다시 가져와야 한다. 이것이 얼마나 지루할 수 있는지 이해하길 바란다.

MySQL 데이터베이스를 위한 GUI 설계는 먼저 파이썬 애플리케이션에서 원하는 용도에 대해 생각한 다음 의도한 목적과 일치하는 테이블의 이름을 선택하는 것을 의미한다.

준비하기

이전 레시피인 'MySQL 데이터베이스 연결 설정하기'에서 생성한 MySQL 데이터베이스로 작업하고 있다. 실행 중인 MySQL 인스턴스가 필요하며 이전의 두 레시피는 MySQL을 설치하는 방법, 필요한 모든 추가 드라이버 및 7장에서 사용 중인 데이터베이스를 만드는 방법을 보여준다.

실행 방법

이 레시피에서는 6장의 GUI_TCP_IP.py 파일로 시작한다. MySQL 데이터베이스에 연결할 수 있도록 파이썬 GUI를 구성하기 위해 이전 레시피에서 만든 두 탭 사이에서 파이썬 GUI의 위젯을 이동한다. 이 레시피를 완료하는 방법을 살펴보자.

1. **GUI_TCP_IP.py**를 열어 **GUI_MySQL.py**로 저장한다.

2. 출판사(Packt) 웹사이트에서 전체 코드를 다운로드한다.

3. 두 버전의 GUI를 비교하기 위해 WinMerge 같은 도구를 사용한다.

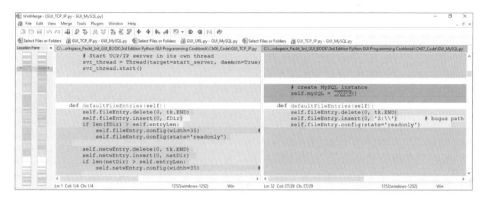

4. **GUI_MySQL.py** 코드를 실행하고 다음과 같은 결과를 관찰한다.

a. 이제 **MySQL_create_DB.py**를 열어서 **MySQL_show_DB.py**로 저장한다.

b. try...catch 블록을 가진 다음 코드로 바꾼다.

```
# 딕셔너리 자격 인증 언팩
conn = mysql.connect(**guiConf.dbConfig)
# 커서 생성
cursor = conn.cursor()
# 명령어 실행
cursor.execute("SHOW TABLES FROM guidb")
print(cursor.fetchall())

# MySQL 연결 종료하기
conn.close()
```

5. 코드를 실행하고 결과를 관찰한다.

a. GUI_MySQL_class.py와 유사한 모듈을 생성한다.

b. 다음 코드를 추가하고 실행한다.

```
# 딕셔너리 자격 인증을 언팩하고 접속한다.
conn = mysql.connect(**guiConf.dbConfig)

# 커서 생성
cursor = conn.cursor()

# DB 선택
cursor.execute("USE guidb")

# DB 내부에 테이블 생성
cursor.execute("CREATE TABLE Books (
        Book_ID INT NOT NULL AUTO_INCREMENT,
```

```
            Book_Title VARCHAR(25) NOT NULL,
            Book_Page INT NOT NULL,
            PRIMARY KEY (Book_ID)
        ) ENGINE=InnoDB")

    # MySQL 연결을 종료
    conn.close()
```

6. GUI_MySQL_class.py에 있는 다음 코드를 실행한다.

```
# show Tables from guidb DB
cursor.execute("SHOW TABLES FROM guidb")
print(cursor.fetchall())
```

📋 Console ✕ 📖 Bookmarks

\<terminated> C:\Eclipse_NEON_workspace\2nd Edition Python GUI Programming
(('books',),)

7. 명령 프롬프트를 열고 mysql.exe로 이동한다.

```
Command Prompt                                    —    □    ×

C:\Users\Burkh>cd C:\Program Files\MySQL\MySQL Server 8.0\bin

C:\Program Files\MySQL\MySQL Server 8.0\bin>mysql.exe
ERROR 1045 (28000): Access denied for user 'ODBC'@'localhost' (using password: NO)

C:\Program Files\MySQL\MySQL Server 8.0\bin>
```

8. mysql.exe를 실행한다.

```
Command Prompt - mysql.exe -u root -p            —    □    ×

C:\Program Files\MySQL\MySQL Server 8.0\bin>mysql.exe -u root -p
Enter password: ********
Welcome to the MySQL monitor.  Commands end with ; or \g.
Your MySQL connection id is 65
Server version: 8.0.16 MySQL Community Server - GPL

Copyright (c) 2000, 2019, Oracle and/or its affiliates. All rights reserved.

Oracle is a registered trademark of Oracle Corporation and/or its
affiliates. Other names may be trademarks of their respective
owners.

Type 'help;' or '\h' for help. Type '\c' to clear the current input statement.

mysql>
```

9. SHOW COLUMNS FROM books; 명령을 입력한다.

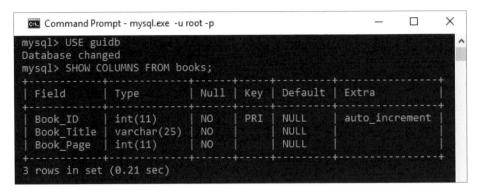

10. 다음 코드를 실행해 두 번째 테이블을 생성한다.

```
# DB 선택
cursor.execute("USE guidb")

# DB 내 두 번째 테이블 생성
cursor.execute("CREATE TABLE Quotations (
        Quote_ID INT,
        Quotation VARCHAR(250),
        Books_Book_ID INT,
        FOREIGN KEY (Books_Book_ID)
        REFERENCES Books(Book_ID)
        ON DELETE CASCADE
    ) ENGINE=InnoDB")
```

11. 이제 SHOW TABLES 명령을 실행한다.

```
# show Tables from guidb DB
cursor.execute("SHOW TABLES FROM guidb")
print(cursor.fetchall())
```

📇 Console ✕ 📖 Bookmarks

<terminated> C:\Eclipse_NEON_workspace\2nd Edition Python GUI Programming

(('books',), ('quotations',))

12. SHOW COLUMNS 명령을 실행한다.

```
# execute command
cursor.execute("SHOW COLUMNS FROM quotations")
print(cursor.fetchall())
```

```
Console ☒  Bookmarks
<terminated> C:\Eclipse_NEON_workspace\2nd Edition Python GUI Programming Cookbook\Ch07_Code\GUI_MySQL_class.py
(('Quote_ID', 'int(11)', 'NO', 'PRI', None, 'auto_increment'), ('Quotation', 'varchar(250)', 'YES',
```

13. pprint로 SHOW COLUMNS를 다시 실행한다.

```
from pprint import pprint
# execute command
cursor.execute("SHOW COLUMNS FROM quotations")
pprint(cursor.fetchall())
```

```
Console ☒  Bookmarks
<terminated> C:\Eclipse_NEON_workspace\2nd Edition Python GUI Programming Cookbook
(('Quote_ID', 'int(11)', 'NO', 'PRI', None, 'auto_increment'),
 ('Quotation', 'varchar(250)', 'YES', '', None, ''),
 ('Books_Book_ID', 'int(11)', 'YES', 'MUL', None, ''))
```

코드를 더 잘 이해하기 위해 동작 원리를 살펴보자.

동작 원리

6장의 GUI_TCP_IP.py 파일로 시작해 위젯을 재구성했다. 여러 위젯의 이름을 바꾸고 MySQL 데이터에 액세스하는 코드를 Tab 1이라는 이름으로 분리하고 관련 없는 위젯을 이전 레시피에서 Tab 2라는 이름으로 옮긴다. 또한 코드를 더 잘 이해하기 위해 내부 파이썬 변수 이름 일부를 조정한다.

 코드 가독성은 코딩 미덕이며 시간 낭비가 아니다.

리팩터링된 모듈은 400줄에 가까우며 여기에 전체 코드를 표시하기에는 너무 많은 페이지가 필요하다. 윈도우에서는 WinMerge라는 도구를 사용해 다른 파이썬 코드 모듈을 비교할 수 있다. 맥OS와 리눅스에 유사한 도구가 있다고 확신한다.

 WinMerge는 윈도우에서 서로 다른 파이썬 (및 기타) 코드 모듈을 비교하기 위한 훌륭한 도구다. 이를 사용해 코드 모듈 간의 차이점을 살펴볼 수 있다. https://sourceforge.net/projects/winmerge에서 무료로 다운로드할 수 있다.

리팩터링된 파이썬 GUI는 이제 다음처럼 보인다.

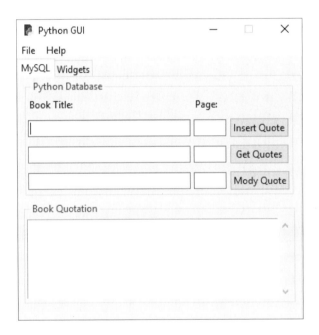

첫 번째 탭의 이름을 MySQL로 바꾸고 두 개의 tkinter LabelFrame 위젯을 만들었다. 가장 위에 Python Database 라벨을 붙였으며 두 개의 라벨과 여섯 개의 tkinter 입력 위젯과 세 개의 버튼을 포함하고 있다. tkinter 그리드 레이아웃 매니저를 사용해 4개의 행과 3개의 열로 정렬했다.

입력 위젯에 책 제목과 페이지를 입력하고 버튼을 클릭하면 책 인용문을 저장, 검색 또는 수정하게 된다. 하단의 LabelFrame 위젯에는 Book Quotation 라벨이 있으며 이 프레임의 일부인 ScrolledText 위젯에는 책과 인용문이 표시된다.

그런 뒤 데이터를 저장할 두 개의 SQL 테이블을 생성한다. 첫 번째는 책 제목과 책 페이지에 대한 데이터를 저장하고 책 인용문을 보관하는 두 번째 테이블을 조인한다. 두 테이블을 기본 키와 외래 키 관계로 연결한다.

이제 첫 번째 데이터베이스 테이블을 생성해보자. 먼저 데이터베이스가 실제로 테이블을 가지고 있지 않은지 확인한다. 온라인 MySQL 문서에 따르면 데이터베이스에 존재하는 테이블을 보는 명령은 다음과 같다.

13.7.7.39로 업데이트
```
SHOW [FULL] TABLES [{FROM | IN} db_name]
    [LIKE 'pattern' | WHERE expr]
```

앞의 구문에서 FROM과 같은 대괄호 안의 인수는 SHOW TABLES 명령에 필수이지만 FULL과 같은 대괄호 안의 인수는 선택 사항이다. FROM과 IN 사이의 파이프 기호는 MySQL 구문에 둘 중 하나가 필요함을 말한다.

MySQL_show_DB.py에서 SQL 명령을 실행할 때 데이터베이스에 현재 테이블이 없다는 것을 나타내는 빈 튜플을 결과로 예상한다.

또한 USE <DB> 명령을 실행해 데이터베이스를 선택할 수 있으므로 연결 대상 데이터베이스를 이미 선택했으므로 SHOW TABLES 명령에 이를 전달할 필요가 없다.

 모든 SQL 코드는 GUI_MySQL_class.py에 있으며 이를 GUI_MySQL.py로 임포트한다.

이제 데이터베이스에 테이블이 없는지 확인하는 방법을 알았으므로 데이터베이스를 만들자. 두 개의 테이블을 만든 후에는 이전과 같은 명령을 사용해 데이터베이스에 실제 테이블을 만들었음을 확인한다.

다음 코드를 실행해 Books라는 첫 번째 테이블을 만든다.

```
cursor.execute("SHOW TABLES FROM guidb")
```

다음 명령을 실행해 데이터베이스에 테이블이 생성됐는지 확인할 수 있다.

결과는 더 이상 빈 튜플이 아니라 튜플을 포함하는 튜플로 방금 만든 books 테이블을 보여준다.

MySQL 명령행 클라이언트를 사용해 테이블의 열을 볼 수 있다. 이를 위해 루트 사용자로 로그인해야 한다. 또한 명령의 끝에 세미콜론을 추가해야 한다.

 윈도우에서는 MySQL 설치 중 자동으로 설치되는 MySQL 명령행 클라이언트 바로가기를 두 번 클릭하기만 하면 된다.

바탕화면에 바로가기가 없는 일반적인 기본 설치의 경우 다음 경로에서 실행 파일을 찾을 수 있다.

```
C:\Program Files\MySQL\MySQL Server 8.0\bin\mysql.exe
```

MySQL 클라이언트를 실행하기 위한 바로가기가 없다면 몇 가지 매개변수를 전달해야 한다.

- `C:\Program Files\MySQL\MySQL Server 8.0\bin\mysql.exe`
- `-u root`
- `-p`

 두 번 클릭해 오류가 발생하는 경우 –u 및 –p 옵션을 사용해야 한다.

바로가기를 더블클릭하거나 실행 파일의 전체 경로와 함께 명령줄을 사용하고 필요한 매개변수를 전달하면 루트 사용자의 암호를 입력하라는 메시지가 표시되는 MySQL 명령줄 클라이언트가 나타난다.

설치 중에 루트 사용자에게 지정한 암호를 기억하면 `SHOW COLUMNS FROM books;` 명령을 실행할 수 있다. 그러면 guidb의 books 테이블 열이 표시된다.

 MySQL 클라이언트에서 명령을 실행할 때 구문을 완료하려면 세미콜론이 필요하므로 파이썬답지(Pythonic) 않다.

다음으로 책과 저널 인용문을 저장할 두 번째 테이블을 만들었다. 첫 번째 테이블을 만들 때 사용한 것과 비슷한 코드를 작성해 만든다. 이제 동일한 SQL 명령을 실행해 두 개의 테이블이 있음을 확인했다.

파이썬을 사용해 SQL 명령을 실행해 열을 볼 수 있다.

```
cursor.execute("SHOW COLUMNS FROM quotations")
```

MySQL 클라이언트를 사용하면 명령 프롬프트보다 더 나은 형식으로 데이터를 표시할 수 있다. 파이썬의 보기 좋은 출력(pprint) 기능을 사용할 수도 있다.

MySQL 클라이언트는 여전히 이 열거형을 더욱 명확한 형식으로 보여주고 이 클라이언트를 실행할 때 볼 수 있다.

파이썬 GUI 데이터베이스를 설계하고 새로운 데이터베이스를 사용할 수 있도록 GUI를 리팩터링했다. 그런 다음 MySQL 데이터베이스를 생성하고 그 안에 두 개의 테이블을 생성했다.

테이블이 파이썬과 MySQL 서버와 함께 제공되는 MySQL 클라이언트를 모두 사용해 데이터베이스에 저장했음을 확인했다. 다음 레시피에서는 테이블에 데이터를 저장한다.

SQL INSERT 명령 사용하기

이 레시피는 MySQL 데이터베이스 및 테이블을 생성 및 삭제하는 방법과 MySQL 인스턴스의 기존 데이터베이스, 테이블, 열 및 데이터를 표시하는 방법을 보여주는 전체 파이썬 코드를 제공한다. 데이터베이스와 테이블을 생성한 후에는 이 레시피에서 생성하는 두 개의 테이블에 데이터를 저장한다.

 두 테이블의 데이터를 연결하기 위해 기본 키와 외래 키의 관계를 사용하고 있다.

MySQL 데이터베이스의 데이터를 수정하고 삭제하는 다음 두 레시피에서 이것이 어떻게 작동하는지 자세히 설명한다.

준비하기

이 레시피는 이전 레시피 'Python GUI 데이터베이스 설계하기'에서 생성한 MySQL 데이터베이스에서 GuiDB 삭제 및 재생성 방법을 보여준다.

 물론 데이터베이스를 삭제하면 데이터베이스에서 테이블에 있는 모든 데이터가 삭제되므로 해당 데이터를 다시 저장하는 방법도 보여준다.

실행 방법

GUI_MySQL_class.py 모듈의 전체 코드는 7장의 코드 폴더에 있으며 https://github.com/PacktPublishing/Python-GUI-Programming-Cookbook-third-Edition에서 다운로드할 수 있다. 이 단계를 순차적으로 살펴보자.

1. 7장을 위한 코드를 다운로드한다.

2. GUI_MySQL_class.py를 열고 클래스 메서드를 살펴본다.

```python
import mysql.connector
import Ch07_Code.GuiDBConfig as guiConf


class MySQL():
    # 클래스 변수
    GUIDB = 'GuiDB'
    #--------------------------------------------------------
    def connect(self):
        # 딕셔너리 자격 증명 언패킹에 의한 연결
        conn = mysql.connector.connect(**guiConf.dbConfig)
        # 커서 생성
            cursor = conn.cursor()
            return conn, cursor
    #--------------------------------------------------------
    def close(self, cursor, conn):
        # 커서 종료
    #--------------------------------------------------------
    def showDBs(self):
        #  MySQL 연결
    #--------------------------------------------------------
    def createGuiDB(self):
        # MySQL 연결
    #--------------------------------------------------------
    def dropGuiDB(self):
        # MySQL 연결
    #--------------------------------------------------------
    def useGuiDB(self, cursor):
        '''Expects open connection.'''
        # DB 선택
    #--------------------------------------------------------
    def createTables(self):
        # MySQL 연결
        # DB내 테이블 생성
    #--------------------------------------------------------
    def dropTables(self):
```

```
        # MySQL 연결
    #-------------------------------------------------------
    def showTables(self):
        # MySQL 연결
    #-------------------------------------------------------
    def insertBooks(self, title, page, bookQuote):
        # MySQL 연결
        # data 입력
    #-------------------------------------------------------
    def insertBooksExample(self):
        # MySQL 연결
        # 하드코딩된 데이터 입력
    #-------------------------------------------------------
    def showBooks(self):
        # MySQL 연결
    #-------------------------------------------------------
    def showColumns(self):
        # MySQL 연결
    #-------------------------------------------------------
    def showData(self):
        # MySQL 연결
#-------------------------------------------------------
if __name__ == '__main__':
    # 클래스 인스턴스 생성
    mySQL = MySQL()
```

3. 앞의 코드(전체 코드 구현을 포함)를 실행하면 생성된 데이터베이스에 다음 테이블과 데이터가 생성된다.

4. 명령 프롬프트를 열고 두 개의 **SELECT** * 구문을 실행한다.

```
mysql> USE guidb
Database changed
mysql> SELECT * FROM books;
+---------+------------------+-----------+
| Book_ID | Book_Title       | Book_Page |
+---------+------------------+-----------+
|       1 | Design Patterns  |         7 |
|       2 | xUnit Test Patterns |      31 |
+---------+------------------+-----------+
2 rows in set (0.10 sec)

mysql> SELECT * FROM quotations;
+----------+------------------------------------------------+--------------+
| Quote_ID | Quotation                                      | Books_Book_ID |
+----------+------------------------------------------------+--------------+
|        1 | Programming to an Interface, not an Implementation |          1 |
|        2 | Philosophy of Test Automation                  |            2 |
+----------+------------------------------------------------+--------------+
2 rows in set (0.00 sec)

mysql>
```

코드를 더 잘 이해하기 위해 동작 원리를 살펴보자.

동작 원리

GUI_MySQL_class.py 코드는 데이터베이스를 생성하고 테이블을 추가한 다음 생성된 두
테이블에 데이터를 삽입한다.

 여기에서는 전체 코드를 표시하는 데 너무 많은 페이지가 필요하므로 공간을 절약하기 위해
모든 구현 세부 정보를 표시하지 않고 코드를 간략하게 설명한다.

연결된 MySQL 데이터베이스를 생성한 다음 좋아하는 책이나 저널 인용 데이터를 저장
하는 두 개의 테이블을 생성했다. 인용문이 다소 큰 경향이 있는 반면, 책 제목과 책 페이
지 번호는 짧기 때문에 두 테이블 간에 데이터를 분배했다. 이렇게 함으로써 데이터베이
스의 효율성을 높일 수 있다.

> SQL 데이터베이스 언어에서 데이터를 별도의 테이블로 분리하는 것을 정규화라고 한다. SQL 데이터베이스를 사용하는 동안 수행해야 하는 가장 중요한 작업 중 하나는 데이터를 관계라고 하는 관련 테이블로 분리하는 것이다.

다음 레시피를 살펴보자.

SQL UPDATE 명령 사용하기

이 레시피는 이전 레시피의 코드를 사용한다. `SQL INSERT` 명령을 사용해 더 자세하게 설명하고 코드를 확장해 데이터를 업데이트한다.

이전에 MySQL 데이터베이스 테이블에 저장한 데이터를 업데이트하기 위해 `SQL UPDATE` 명령을 사용해야 한다.

준비하기

이 레시피는 이전 레시피 'SQL INSERT 명령 사용하기'를 수정하기 위해 기존 레시피를 읽고 연구하는 것을 기반으로 한다.

실행 방법

`SQL UPDATE` 명령을 사용하는 방법을 살펴보자.

1. 먼저 다음 파이썬에서 MySQL 명령을 실행해 수정할 데이터를 표시한다. 순차적으로 다음 단계를 수행한다.

   b. GUI_MySQL_class.py를 연다.

   c. `showData` 메서드를 살펴보자.

   ```
   import mysql.connector
   ```

```
import Ch07_Code.GuiDBConfig as guiConf

class MySQL():
    # 클래스 변수
    GUIDB = 'GuiDB'
    #--------------------------------------------------------
    def showData(self):
        # MySQL 연결
        conn, cursor = self.connect()

        self.useGuiDB(cursor)

        # 명령어 실행
        cursor.execute("SELECT * FROM books")
        print(cursor.fetchall())

        cursor.execute("SELECT * FROM quotations")
        print(cursor.fetchall())

        # 커서 및 연결 종료
        self.close(cursor, conn)
#================================================================
if __name__ == '__main__':
    # Create class instance
    mySQL = MySQL()
    mySQL.showData()
```

2. 위 코드를 실행하면 다음과 같은 결과가 나타난다.

```
Console 🔲 Bookmarks
<terminated> C:\Eclipse_NEON_workspace\2nd Edition Python GUI Programming Cookbook\Ch07_Code\GUI_MySQL_class.py
((1, 'Design Patterns', 7), (2, 'xUnit Test Patterns', 31))
((1, 'Programming to an Interface, not an Implementation', 1), (2, 'Philosophy of Test Automation', 2))
```

3. updateGOF 메서드를 살펴보자.

```
#--------------------------------------------------------
def updateGOF(self):
    # MySQL 접속
```

```
        conn, cursor = self.connect()
        self.useGuiDB(cursor)
        # 명령 실행
        cursor.execute("SELECT Book_ID FROM books WHERE Book_Title =
        'Design Patterns'")
        primKey = cursor.fetchall()[0][0]
        print("Primary key=" + str(primKey))
        cursor.execute("SELECT * FROM quotations WHERE Books_Book_ID =
        (%s)", (primKey,))
        print(cursor.fetchall())
        # 커서 및 접속 종료
            self.close(cursor, conn)
#=========================================================
if __name__ == '__main__':
    mySQL = MySQL()              # 클래스 인스턴스 생성
    mySQL.updateGOF()
```

4. GUI_MySQL_class.py 내에 메소드를 실행한다.

```
# execute command
cursor.execute("SELECT Book_ID FROM books WHERE Book_Title = 'Design Patterns'")
primKey = cursor.fetchall()[0][0]
print("Primary key=" + str(primKey))

cursor.execute("SELECT * FROM quotations WHERE Books_Book_ID = (%s)", (primKey,))
print(cursor.fetchall())
```

Console ⏵ Bookmarks
<terminated> C:\Eclipse_NEON_workspace\2nd Edition Python GUI Programming Cookbook\Ch07_Code\GUI_MySQL_class.py
Primary key=1
((1, 'Programming to an Interface, not an Implementation', 1),)

5. 다음 코드를 추가하고 실행한다.

```
#----------------------------------------------------
def showDataWithReturn(self):
    # MySQL 접속
    conn, cursor = self.connect()

    self.useGuiDB(cursor)

    # 명령 실행
```

```
cursor.execute("SELECT Book_ID FROM books WHERE Book_Title =
'Design Patterns'")
primKey = cursor.fetchall()[0][0]
print(primKey)

cursor.execute("SELECT * FROM quotations WHERE Books_Book_ID =
(%s)", (primKey,))
print(cursor.fetchall())

cursor.execute("UPDATE quotations SET Quotation =
(%s) WHERE Books_Book_ID = (%s)",
("Pythonic Duck Typing: If it walks like a duck and
talks like a duck it probably is a duck...",
primKey))

# 트랜잭션 커밋
conn.commit ()

cursor.execute("SELECT * FROM quotations WHERE Books_Book_ID =
(%s)", (primKey,))
print(cursor.fetchall())

# 커서 및 연결 닫기
self.close(cursor, conn)


#=====================================================
if __name__ == '__main__':
    # 클래스 인스턴스 생성
    mySQL = MySQL()
    #-----------------------
    mySQL.updateGOF()
    book, quote = mySQL.showDataWithReturn()
    print(book, quote)
```

6. MySQL 클라이언트를 열고 SELECT * 구문을 실행한다.

```
mysql> USE guidb
Database changed
mysql> SELECT * FROM books;
+---------+------------------+-----------+
| Book_ID | Book_Title       | Book_Page |
+---------+------------------+-----------+
|       1 | Design Patterns  |         7 |
|       2 | xUnit Test Patterns |      31 |
+---------+------------------+-----------+
2 rows in set (0.10 sec)

mysql> SELECT * FROM quotations;
+----------+-------------------------------------------------+--------------+
| Quote_ID | Quotation                                       | Books_Book_ID |
+----------+-------------------------------------------------+--------------+
|        1 | Programming to an Interface, not an Implementation |           1 |
|        2 | Philosophy of Test Automation                   |            2 |
+----------+-------------------------------------------------+--------------+
```

```
mysql> SELECT * FROM books;
+---------+------------------+-----------+
| Book_ID | Book_Title       | Book_Page |
+---------+------------------+-----------+
|       1 | Design Patterns  |         7 |
|       2 | xUnit Test Patterns |      31 |
+---------+------------------+-----------+
2 rows in set (0.00 sec)

mysql> SELECT * FROM quotations;
+----+-----------+------------------------------------------------------------------+
| Quote_ID | Quotation
D
+----+-----------+
|        1 | Pythonic Duck Typing: If it walks like a duck and talks like a duck it probably is a duck... |
1 |
|        2 | Philosophy of Test Automation                                   |
2 |
+----+-----------+
```

코드를 더 잘 이해하기 위해 동작 원리를 살펴보자.

동작 원리

먼저 `GUI_MySQL_class.py`를 열거나 자체 모듈에 표시된 코드를 입력하고 실행했다. Gang of Four에 동의하지 않을 수도 있으므로 그들의 유명한 프로그래밍 인용을 변경해보자.

 Gang of Four는 세계적으로 유명한 『디자인 패턴(Design Patterns)』이라는 책을 만든 4명의 저자이다. 이 책은 소프트웨어 디자인 패턴을 사용해 소프트웨어 업계가 소프트웨어 디자인 패턴을 인식, 사고 및 코딩하는 데 큰 영향을 미쳤다.

선호하는 인용문의 데이터베이스를 업데이트함으로써 이를 수행한다. 먼저 책 제목을 검색해 기본 키 값을 검색한 다음 그 값을 인용문 검색에 전달한다. 이제 인용문의 기본 키를 알았으므로 SQL UPDATE 명령을 실행해 인용문을 업데이트할 수 있다.

코드를 실행하기 전에 Book_ID가 1인 제목은 기본 키를 통해 인용 테이블의 Books_Book_ID 열에 있는 인용과 외래 키 관계로 돼 있다. 이것은 디자인 패턴북의 원래 인용문이다.

5단계에서 SQL UPDATE 명령을 통해 이 ID와 관련된 인용문을 업데이트했다.

어떤 ID도 변경되지 않았지만 Book_ID = 1과 관련된 인용문은 두 번째 MySQL 클라이언트 창에서 보듯이 변경됐다.

이 레시피에서는 이전 레시피에서 만든 데이터베이스 및 데이터베이스 테이블에서 기존 데이터를 조회했다. SQL UPDATE 명령을 사용해 테이블에 데이터를 저장하고 데이터를 업데이트했다.

다음 레시피를 살펴보자.

SQL DELETE 명령 사용하기

이 레시피에서는 SQL DELETE 명령을 사용해 이전 레시피 'SQL UPDATE 명령 사용하기'에서 생성한 데이터를 삭제한다. 데이터를 삭제하는 것이 처음에는 사소하게 들릴 수도 있지만, 일단 프로덕션에서 상당히 큰 데이터베이스 설계를 도입하면, 더 이상 그렇게 쉽지 않을 수 있다.

기본 키와 외래 키 관계를 통해 두 테이블을 연결해 GUI 데이터베이스를 설계했으므로 특정 데이터를 삭제할 때 캐스캐이딩(다중 연계) 삭제를 처리하기 때문에 고아 레코드로 끝나지 않는다.

이 레시피는 MySQL 데이터베이스, 테이블뿐만 아니라 이전 레시피의 테이블에 저장된 데이터, **SQL UPDATE** 명령 사용을 사용한다. 고아 레코드가 생성되는 방법을 보여주기 위해 데이터베이스 테이블 중 하나의 디자인을 변경해야 한다.

 의도적으로 잘못된 디자인을 만들도록 디자인을 변경하는 것은 데모용일 뿐이며 데이터베이스를 디자인하는 데 권장되는 방법이 아니다.

books 테이블과 외래 키 관계가 없는 인용문 테이블을 만들면 고아 레코드로 끝날 수 있다. 다음 단계를 살펴보자.

1. GUI_MySQL_class.py를 열고 def createTablesNoFK(self)를 살펴보자.

```
# DB 내에 두 번째 테이블 생성
# Books 테이블의 관계는 외래 키가 아니다.
cursor.execute("CREATE TABLE Quotations (
    Quote_ID INT AUTO_INCREMENT,
    Quotation VARCHAR(250),
    Books_Book_ID INT,
    PRIMARY KEY (Quote_ID)
) ENGINE=InnoDB")
```

2. SQL 명령을 실행한다.

```
cursor.execute("DELETE FROM books WHERE Book_ID = 1")
```

3. 두 개의 SELECT * 명령을 실행한다.

```
mysql> SELECT * FROM books;
+---------+-------------------+-----------+
| Book_ID | Book_Title        | Book_Page |
+---------+-------------------+-----------+
|       2 | xUnit Test Patterns |      31 |
+---------+-------------------+-----------+
1 row in set (0.00 sec)

mysql> SELECT * FROM quotations;
+----------+---------------------------------------------------+--------------+
| Quote_ID | Quotation                                         | Books_Book_ID |
+----------+---------------------------------------------------+--------------+
|        1 | Programming to an Interface, not an Implementation |           1 |
|        2 | Philosophy of Test Automation                     |           2 |
+----------+---------------------------------------------------+--------------+
2 rows in set (0.00 sec)

mysql>
```

4. GUI_MySQL_class.py를 열어서 def createTables(self)를 살펴보자.

```
# DB 내 두 번째 테이블 생성
cursor.execute("CREATE TABLE Quotations (
    Quote_ID INT AUTO_INCREMENT,
    Quotation VARCHAR(250),
    Books_Book_ID INT,
    PRIMARY KEY (Quote_ID),
    FOREIGN KEY (Books_Book_ID)
    REFERENCES Books(Book_ID)
    ON DELETE CASCADE
) ENGINE=InnoDB")


#==========================================================
if __name__ == '__main__':
    # Create class instance
    mySQL = MySQL()
    mySQL.showData()
```

5. showData() 메서드를 실행한다.

```
🖥 Console ☒ 📑 Bookmarks                                                          🗑 ✖
<terminated> C:\Eclipse_NEON_workspace\2nd Edition Python GUI Programming Cookbook\Ch07_Code\GUI_MySQL_class.py
((1, 'Design Patterns', 7), (2, 'xUnit Test Patterns', 31))
((1, 'Programming to an Interface, not an Implementation', 1), (2, 'Philosophy of Test Automation', 2))
```

6. deleteRecord( ) 메서드를 실행한 다음 showData( ) 메서드를 실행한다.

```python
import mysql.connector
import Ch07_Code.GuiDBConfig as guiConf

class MySQL():
    #--------------------------------------------------------
    def deleteRecord(self):
        # MySQL 접속
        conn, cursor = self.connect()

        self.useGuiDB(cursor)

        # 명령 실행
        cursor.execute("SELECT Book_ID FROM books WHERE Book_Title =
        'Design Patterns'")
        primKey = cursor.fetchall()[0][0]
        # print(primKey)

        cursor.execute("DELETE FROM books WHERE Book_ID = (%s)",
        (primKey,))

        # 트랜잭션 커밋
        conn.commit ()

        # 커서 및 접속 종료
        self.close(cursor, conn)
    #========================================================
if __name__ == '__main__':
    # Create class instance
    mySQL = MySQL()
    #------------------------
    mySQL.deleteRecord()
    mySQL.showData()
```

7. 이전 명령을 실행해 레코드를 삭제한 후에 다음과 같은 새로운 결과를 얻는다.

```
#------------------------
mySQL.deleteRecord()
mySQL.showData()
```

```
Console 📋 Bookmarks
<terminated> C:\Eclipse_NEON_workspace\2nd Edition Python GUI Programming Cookbook\Ch07_Code\GUI_MySQL_class.py
((2, 'xUnit Test Patterns', 31),)
((2, 'Philosophy of Test Automation', 2),)
```

코드를 더 잘 이해하기 위해 동작 원리를 살펴보자.

동작 원리

데이터베이스 테이블을 두 개만 사용해 데이터베이스 디자인을 단순하게 유지했다.

이 작업은 데이터를 삭제할 때 작동하지만 항상 고아 레코드로 끝날 가능성이 있다. 즉, 한 테이블의 데이터를 삭제하지만 다른 SQL 테이블의 관련 데이터는 삭제하지 않는다. 여기서는 고아 레코드를 만드는 방법을 의도적으로 보여주는 것으로 시작했다.

책과 인용문 테이블에 데이터를 저장한 후 실행하면 DELETE문은 Book_Book_ID = 1과 관련된 인용문이 남아 있는 동안 Book_ID = 1인 책만 삭제한다.

이것이 고아 레코드다. Book_ID가 1인 책 레코드가 더 이상 존재하지 않는다.

 이 상황은 데이터 손상의 원인이 될 수 있으며 캐스캐이딩 삭제를 사용해 피할 수 있다.

특정 데이터베이스 제약 조건을 추가해 테이블을 만들 때 이 작업을 방지했다. 이전 레시피에서 인용문을 보관하는 테이블을 만들 때 book 테이블의 기본 키를 명시적으로 참조하는 외래 키 제약 조건을 사용해 quotations 테이블을 만들고 이 두 테이블을 연결한다.

FOREIGN KEY 릴레이션은 ON DELETE CASCADE 속성을 포함한다. 이 속성은 기본적으로 MySQL 서버에 이 외래 키와 관련된 레코드가 삭제될 때 이 테이블의 관련 레코드를 삭제하도록 지시한다.

이런 설계로 인해 원하던 대로 고아 레코드가 남지 않는다.

 MySQL에서 기본 키와 외래 키 관계를 사용하기 위해 관련된 테이블 양쪽에 ENGINE =InnoDB를 지정해야 한다.

showData() 메서드는 기본 키와 외래 키 관계를 통해 관련된 두 개의 레코드를 가지고 있음을 보여준다. books 테이블의 레코드를 삭제하면 quotations 테이블의 관련 레코드도 캐스캐이딩 삭제로 삭제될 것으로 예상된다.

레코드를 삭제하고 표시하는 명령을 실행한 후 새로운 결과를 얻었다.

 유명한 디자인 패턴은 선호하는 인용문 데이터베이스에서 사라졌다(농담이다). 필자는 개인적으로 유명한 디자인 패턴을 높이 평가한다. 그러나 파이썬의 덕 타이핑(duck typing)은 참으로 매우 멋진 기능이다!

캐스캐이딩 삭제가 있는 기본 키-외래 키 관계를 통해 견고한 방식으로 데이터베이스를 설계함으로써 캐스캐이딩 삭제를 트리거했다. 이는 데이터를 온전하고 통합적으로 유지한다. 다음 레시피에서는 GUI_MySQL.py 모듈 코드를 사용한다.

MySQL 데이터베이스에서 데이터 저장, 조회하기

파이썬 GUI를 사용해 MySQL 데이터베이스 테이블에 데이터를 저장한다. 이미 데이터베이스 연결과 사용 준비를 위해 이전 레시피에서 만든 GUI를 이미 리팩터링했다.

책이나 저널 제목과 페이지 번호를 입력할 수 있는 두 개의 텍스트 입력 위젯을 사용한다. ScrolledText 위젯을 사용해 좋아하는 책 인용문을 입력하고, MySQL 데이터베이스에 저장할 것이다.

준비하기

7장의 레시피는 이전 레시피에서 만든 MySQL 데이터베이스와 테이블을 기반으로 한다.

실행 방법

파이썬 GUI를 사용해 선호하는 인용문을 저장, 조회 및 수정할 것이다. 이 작업을 위해 GUI의 MySQL 탭을 리팩터링했다.

이를 어떻게 처리하는 살펴보자.

1. GUI_MySQL.py를 연다.
2. 이 파일의 코드를 실행하면 GUI가 표시된다.

3. GUI_MySQL.py를 연다.

4. 다음과 같이 insertQuote( ) 메서드에 주목한다.

```
# 버튼 추가
self.action = ttk.Button(self.mySQL, text="Insert Quote",
command=self.insertQuote)
self.action.grid(column=2, row=1)

# 버튼 콜백
def insertQuote(self):
    title = self.bookTitle.get( )
    page = self.pageNumber.get( )
    quote = self.quote.get(1.0, tk.END)
    print(title)
    print(quote)
    self.mySQL.insertBooks(title, page, quote)
```

5. GUI_MySQL.py를 실행하고, 인용문을 입력하고 Insert Quote 버튼을 클릭한다.

6. Get Quotes를 클릭한다.

7. GUI_MySQL.py를 열고 getQuote 메서드와 버튼을 살펴본다.

```
# 버튼 추가하기
    self.action1 = ttk.Button(self.mySQL, text="Get Quotes",
    command=self.getQuote)
    self.action1.grid(column=2, row=2)


# 버튼 콜백
def getQuote(self):
    allBooks = self.mySQL.showBooks()
    print(allBooks)
    self.quote.insert(tk.INSERT, allBooks)
```

8. GUI_MySQL.py를 열고 self.mySQL과 showBooks()를 살펴본다.

```
from Ch07_Code.GUI_MySQL_class import MySQL
class OOP():
    def __init__(self):
        # MySQL 인스턴스 생성
        self.mySQL = MySQL()


class MySQL():
    #-------------------------------------------------------
    def showBooks(self):
        # MySQL 접속
        conn, cursor = self.connect()

        self.useGuiDB(cursor)

        # 결과 출력
        cursor.execute("SELECT * FROM Books")
        allBooks = cursor.fetchall()
        print(allBooks)

        # 커서 및 접속 종료
        self.close(cursor, conn)

        return allBooks
```

이 레시피의 동작 원리를 살펴보자.

GUI_MySQL.py의 버튼이 어떤 일을 하도록 만들기 위해, 여러 번 했던 것처럼 콜백함수에 연결한다. 버튼 아래의 ScrolledText 위젯에 데이터를 표시한다. 이를 위해 이전과 마찬가지로 MySQL.py 모듈을 임포트한다. MySQL 서버 인스턴스와 데이터베이스와 통신하는 전체 코드는 이 모듈에 있다. 이 모듈은 객체지향 프로그래밍 정신으로 코드를 캡슐화하는 형태다.

코드를 실행할 때 파이썬 GUI의 데이터를 MySQL 데이터베이스에 삽입할 수 있다. 책 제목 및 책 페이지와 책의 인용문을 입력한 후 Insert Quote 버튼을 클릭해 데이터베이스에 데이터를 저장한다.

 현재 설계는 제목, 페이지 및 인용을 허용한다. 또한 영화에서 좋아하는 인용문을 저장할 수 있다. 영화에는 페이지가 없지만 페이지 칼럼을 사용해 영화 안에서 인용이 발생한 대략적인 시간을 저장할 수 있다.

데이터를 저장한 후 Get Quotes 버튼을 클릭해 두 개의 MySQL 테이블에 입력했음을 확인할 수 있다. 그러면 앞의 스크린샷과 같이 두 개의 MySQL 데이터베이스 테이블에 저장된 데이터가 표시된다.

Get Quotes 버튼을 클릭하면 버튼 클릭 이벤트와 연관된 콜백 메소드가 호출된다. 그러면 ScrolledText 위젯에 표시되는 데이터가 표시된다.

self.mySQL 클래스 인스턴스 속성을 사용해 가져온 MySQL 클래스의 일부인 showBooks( ) 메서드를 호출했다. 이 레시피에서는 MySQL 데이터베이스에 연결하는 코딩 로직이 모두 포함돼 있고 데이터를 저장, 업데이트 및 삭제하는 방법을 알고 있는 파이썬 모듈을 임포트했다. 이제 파이썬 GUI를 이 SQL 로직에 연결했다.

이제 다음 레시피를 살펴보자.

MySQL 워크벤치 사용하기

MySQL에는 무료로 다운로드할 수 있는 매우 훌륭한 GUI가있다. MySQL 워크벤치이다. 이 레시피에서는 이 워크 벤치를 성공적으로 설치한 다음 이전 레시피 'MySQL 데이터베이스 연결 구성, Python GUI 데이터베이스 디자인'에서 만든 GuiDB에 대한 SQL 쿼리를 실행한다.

준비하기

이 레시피를 사용하려면 이전 레시피에서 개발한 MySQL 데이터베이스가 필요하다. 또한 실행 중인 MySQL 서버가 필요하다.

실행 방법

공식 MySQL 웹사이트(https://dev.mysql.com/downloads/workbench/)에서 MySQL 워크벤치를 다운로드할 수 있다.

이 레시피를 수행하는 방법을 살펴보자.

1. MySQL 워크벤치 인스톨러를 다운로드한다.
2. Download 버튼을 클릭한다.

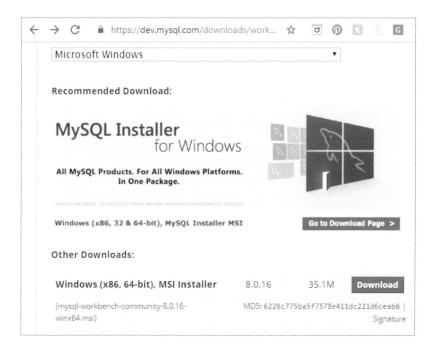

3. 설치를 실행한다.

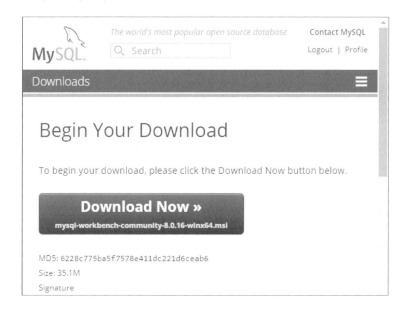

4. 설치가 완료될 때까지 Next 버튼을 클릭한다.

5. MySQL 워크벤치를 연다.

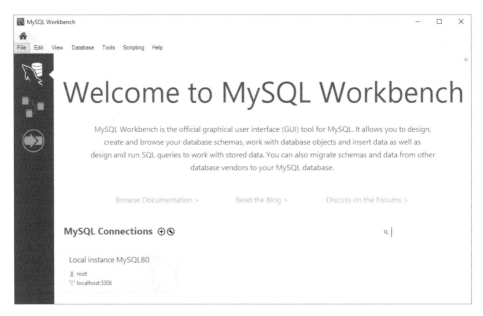

6. guidb를 선택한다.

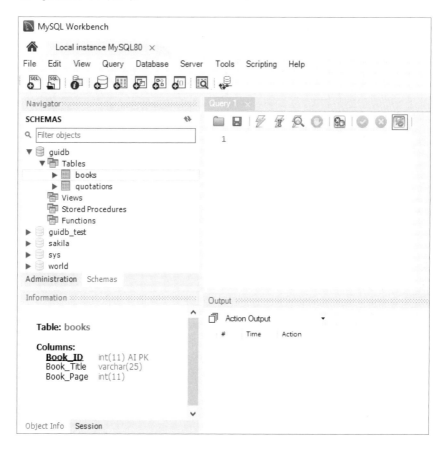

7. 몇 가지 SQL 명령을 작성해 실행한다.

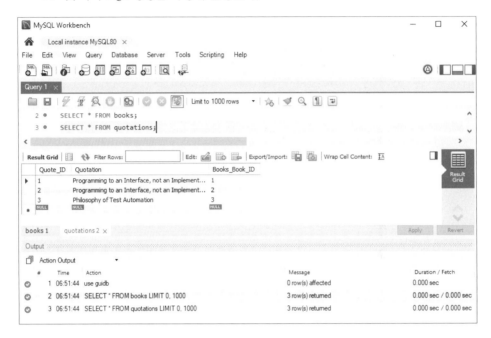

코드를 더 잘 이해하기 위해 동작 원리를 살펴보자.

동작 원리

MySQL을 설치할 때 필요한 구성 요소가 PC에 설치돼 있다면 MySQL 워크벤치가 이미 설치돼 있을 수 있다. 워크벤치가 설치돼 있지 않다면, 다음과 같이 MySQL 워크벤치를 설치한다.

 MySQL 워크벤치는 자체 GUI로 이전 레시피에서 개발한 것과 매우 유사하다. MySQL과 관련된 몇 가지 추가 기능이 있다. 설치 프로그램 윈도우 8.0 CE는 버전 8.0 Community Edition의 약어다.

MySQL 워크벤치를 시작하면 연결하라는 메시지가 나타난다. 루트 사용자와 지정한 암호를 사용한다. MySQL 워크벤치는 실행 중인 MySQL 서버와 수신 대기하는 포트를 인식할 만큼 똑똑하다.

MySQL 서버 인스턴스에 성공적으로 로그인하면 생성된 guidb를 선택할 수 있다.

 일부 문서 및 제품에서는 데이터베이스를 종종 SCHEMAS라고 부른다. 스키마는 데이터베이스의 구조와 레이아웃을 나타낸다. 개인적으로 마이크로소프트 SQL 서버에서 왔기 때문에 단순히 데이터베이스라고 부르는 게 익숙하다.

쿼리 편집기에 SQL 명령을 입력하고 번개 모양 아이콘을 클릭해 명령을 실행할 수 있다. 다음 화면처럼 오른쪽 상단에 있는 버튼이다.

Result Grid에서 결과를 볼 수 있다. 다른 탭을 클릭해 다른 결과를 볼 수 있다.

이제 MySQL 워크벤치 GUI를 통해 MySQL 데이터베이스에 연결할 수 있다. 이전과 동일한 SQL 명령을 실행해 파이썬 GUI에서 실행했을 때와 동일한 결과를 얻을 수 있다.

추가 사항

7장과 6장에서 레시피 전반에 걸쳐 얻은 지식을 바탕으로 파이썬으로 작성된 자체 GUI를 만들 수 있다. 이 GUI는 MySQL 데이터베이스에 연결해 통신할 수 있다.

8

국제화 및 테스팅

8장에서는 라벨, 버튼, 탭 및 기타 위젯에 텍스트를 다른 언어로 표시해 GUI를 국제화한다. 간단히 시작해 디자인 레벨에서 국제화를 위한 GUI를 준비할 수 있는 방법을 살펴본다.

또한 국제화와 약간 다른 GUI를 현지화한다.

> ℹ️ 이 단어는 길기 때문에 단어의 첫 번째 문자를 사용하고 첫 번째 문자와 마지막 문자 사이의 총 문자 수, 그다음 단어의 마지막 문자를 사용해 축약했다. 따라서 국제화는 I18N이되고 현지화는 L10N이 된다.

또한 GUI 코드를 테스트하고, 유닛테스트를 작성하고, 유닛테스트가 개발 노력에서 제공할 수 있는 가치를 살펴봄으로써 코드를 리팩터링하는 최선의 경험을 이끌 것이다.

> ℹ️ 설치할 추가 파이썬 패키지는 없다. 파이썬으로 자체 코드를 작성하고 유닛테스트 프레임워크가 파이썬과 함께 제공되므로 간단히 임포트할 수 있다.

코드를 국제화하고 테스트하는 방법을 아는 것은 모든 프로그래머가 알아야 할 필수 기술이다. 8장에서는 테스트, 리팩터링 및 국제화의 가치 있는 기술을 배운다.

다음은 8장의 파이썬 모듈에 관한 개요다.

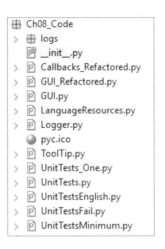

파이썬 GUI를 국제화하고 테스트하며 다음과 같은 레시피를 다룬다.

- 다른 언어로 텍스트 위젯 표시하기
- 전체 GUI 언어 한 번에 바꾸기
- GUI 지역화
- 국제화 GUI 준비하기
- 애자일하게 GUI 설계하는 방법
- GUI 코드 테스트의 필요성
- 디버그 워치 설정하기
- 다양한 디버그 출력 레벨 설정하기
- __main__ 섹션을 사용해 셀프 테스트 코드 만들기
- 유닛테스트 통해 강력한 GUI 만들기
- 이클립스 PyDev IDE로 유닛테스트 작성하기

다른 언어로 텍스트 위젯 표시하기

파이썬에서 텍스트 문자열을 국제화하는 가장 쉬운 방법은 개별 파이썬 모듈로 텍스트 문자열을 이동한 다음 이 모듈에 인수를 전달해 GUI에 표시할 언어를 선택하는 것이다. 온라인 검색 결과에 따르면 이 방법을 적극 권장하지 않지만 개발 중인 애플리케이션의 특정 요구 사항에 따라 이 방법을 구현하는 것이 가장 실용적이고 빠른 방법일 수 있다.

시작하기

7장, 'GUI를 통해 MySQL 데이터베이스 데이터 정렬하기'에서 작성한 파이썬 GUI를 재사용한다. 8장에서는 MySQL 데이터베이스와 연동하지 않기 때문에 MySQL 탭을 만드는 파이썬 코드 한 줄을 주석 처리했다.

실행 방법

이 레시피에서는 윈도우 제목을 영어에서 다른 언어로 변경해 GUI의 I18N을 시작한다. GUI 이름이 다른 언어에서도 동일하기 때문에 먼저 변경 사항의 시각적 효과를 볼 수 있는 이름을 확장한다. 이 단계를 자세히 살펴보자.

1. 7장, 'GUI를 통해 MySQL 데이터베이스에 데이터 저장하기'에서 GUI_MySQL.py를 열어서 GUI.py로 저장한다.
   이전 코드는 다음과 같다.

   ```
   self.win.title("Python GUI")
   ```

2. 이것을 다음과 같이 변경하고 MySQL 탭의 생성 부분도 주석 처리한다.

   ```
   self.win.title("Python Graphical User Interface") # 새로운 윈도우 타이틀
   # self.mySQL = MySQL()                            # 주석 처리
   ```

3. 앞의 코드를 변경하면 GUI 프로그램의 제목은 다음과 같다.

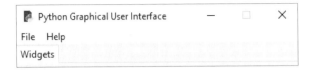

8장에서는 파이썬 GUI를 국제화하는 원칙을 설명하기 위해 영어와 독일어를 사용함에 유의하자.

4. 새로운 파이썬 모듈을 만들고 LanguageResources.py라고 이름을 짓는다. 다음으로 GUI 제목의 영문 문자열을 이 모듈로 이동한 다음 독일어 버전도 만들어 보자.

5. 다음 코드를 추가한다.

```python
class I18N():
    '''Internationalization'''
    def __init__(self, language):
        if    language == 'en': self.resourceLanguageEnglish()
        elif  language == 'de': self.resourceLanguageGerman()
        else: raise NotImplementedError('Unsupported language.')

    def resourceLanguageEnglish(self):
        self.title = "Python Graphical User Interface"

    def resourceLanguageGerman(self):
        self.title = 'Python Grafische Benutzeroberflaeche'
```

6. I18N 클래스를 임포트하고 언어를 'de'로 변경한다.

```python
from Ch08_Code.LanguageResources import I18N
class OOP():
    def __init__(self, language='en'):
        self.win = tk.Tk()        # 인스턴스 생성하기
        self.i18n = I18N('de')      # 다른 언어 선택하기
        self.win.title(self.i18n.title)    # self.i18n을 사용해 타이틀 추가
```

7. 앞의 코드를 실행하면 이제 다음과 같은 국제화된 결과를 얻는다.

코드를 더 잘 이해하기 위해 동작 원리를 살펴보자.

동작 원리

4단계부터는 GUI의 일부인 하드코딩된 문자열을 별도의 모듈인 LanguageResources.py 로 나눈다. 클래스의 __init__() 메서드 내에서 전달된 언어 인수에 따라 GUI가 표시할 언어를 선택한다. 그런 다음 LanguageResources.py 모듈을 OOP 클래스 모듈로 임포트한다.

기본 언어를 영어를 의미하는 'en'으로 설정했다.

GUI.py 내에서 I18N 클래스의 인스턴스를 생성했다. 이 클래스는 LanguageResources.py 에 있으므로 클래스 이름은 파이썬 모듈의 이름과 더 짧고 다르다.

선택한 언어를 클래스 인스턴스 속성 self.i18n에 저장하고 제목 표시에 사용한다. OOP 디자인 원칙인 GUI와 표시되는 언어를 분리한다. 국제화된 문자열을 XML 또는 다른 형식의 개별 파일로 분리해 코드를 모듈화할 수 있다. 또한 그것들을 MySQL 데이터베이스에서 읽을 수 있다.

이것은 OOP 프로그래밍의 중심에 있는 관심사의 분리[SoC, Separation of Concerns] 코딩 접근법이다.

전체 GUI 언어 한 번에 바꾸기

이 레시피에서는 이전에 하드코딩된 모든 영어 문자열을 별도의 파이썬 모듈로 리팩터링한 다음 해당 문자열을 국제화해 모든 GUI 표시 이름을 한 번에 변경한다.

이 레시피는 GUI에 표시되는 문자열을 하드코딩하지 않고 GUI가 표시하는 텍스트와 GUI 코드를 구분하는 것이 좋은 설계 원칙임을 보여준다.

GUI를 모듈 방식으로 설계하면 훨씬 쉽게 국제화할 수 있다.

시작하기

이전 레시피 GUI.py의 GUI를 계속 사용한다. 그 레시피에서 이미 GUI의 제목을 국제화했다. 더 많은 국제화된 문자열을 추가해 이전 레시피에서 LanguageResources.py 모듈을 향상시킨다.

실행 방법

모든 GUI 위젯에 표시되는 텍스트를 국제화하려면 모든 하드코딩된 문자열을 별도의 파이썬 모듈로 이동해야 하며 다음에 수행할 작업이다.

1. LanguageResources.py 모듈을 연다.
2. 영어 국제화 문자열에 대해 다음 코드를 추가한다.

```
classI18N():
    '''Internationalization'''
    def __init__(self, language):
        if   language == 'en': self.resourceLanguageEnglish()
        elif language == 'de': self.resourceLanguageGerman()
        else: raiseNotImplementedError('Unsupported language.')

    def resourceLanguageEnglish(self):
```

```
        self.title = "Python Graphical User Interface"
        self.file  = "File"
        self.new   = "New"
        self.exit  = "Exit"
        self.help  = "Help"
        self.about = "About"

        self.WIDGET_LABEL = ' Widgets Frame '

        self.disabled  = "Disabled"
        self.unChecked = "UnChecked"
        self.toggle    = "Toggle"

        # 라디오 버튼 리스트
        self.colors   = ["Blue", "Gold", "Red"]
        self.colorsIn = ["in Blue", "in Gold", "in Red"]

        self.labelsFrame  = ' Labels within a Frame '
        self.chooseNumber = "Choose a number:"
        self.label2       = "Label 2"

        self.mgrFiles = ' Manage Files '

        self.browseTo = "Browse to File..."
        self.copyTo   = "Copy File To :   "
```

3. 파이썬 GUI.py 모듈에서 하드코딩된 모든 문자열을 새로운 **I18N** 클래스의 인스턴스(예: self.i18n.colorsIn)로 바꾼다.

```
from Ch08_Code.LanguageResources import I18N
class OOP():
    def __init__(self):
        self.win = tk.Tk()              # 인스턴스 생성
        self.i18n = I18N('de')          # 언어 선택
        self.win.title(self.i18n.title) # 타이틀 추가

    # 라디오 버튼 콜백함수
    def radCall(self):
        radSel = self.radVar.get()
```

```
            if   radSel == 0: self.widgetFrame.configure(text=
                        self.i18n.WIDGET_LABEL + self.i18n.colorsIn[0])
            elif radSel == 1: self.widgetFrame.configure(text=
                        self.i18n.WIDGET_LABEL + self.i18n.colorsIn[1])
            elif radSel == 2: self.widgetFrame.configure(text=
                        self.i18n.WIDGET_LABEL + self.i18n.colorsIn[2])
```

이제 변수 이름에 해당 단어를 입력해 독일어로 번역을 구현할 수 있다.

4. LanguageResources.py에 다음 코드를 추가한다.

```
class I18N():
    '''Internationalization'''
    def __init__(self, language):
        if   language == 'en': self.resourceLanguageEnglish()
        elif language == 'de': self.resourceLanguageGerman()
        else: raise NotImplementedError('Unsupported language.')

    def resourceLanguageGerman(self):
        self.file  = "Datei"
        self.new   = "Neu"
        self.exit  = "Schliessen"
        self.help  = "Hilfe"
        self.about = "Ueber"

        self.WIDGET_LABEL = ' Widgets Rahmen '

        self.disabled  = "Deaktiviert"
        self.unChecked = "Nicht Markiert"
        self.toggle    = "Markieren"

        # 라디오 버튼 리스트
        self.colors   = ["Blau", "Gold", "Rot"]
        self.colorsIn = ["in Blau", "in Gold", "in Rot"]

        self.labelsFrame  = ' Etiketten im Rahmen '
        self.chooseNumber = "Waehle eine Nummer:"
        self.label2       = "Etikette 2"
```

```
        self.mgrFiles = ' Dateien Organisieren '

        self.browseTo = "Waehle eine Datei... "
        self.copyTo   = "Kopiere Datei zu :    "
```

5. GUI 코드에서 이제 한 줄의 파이썬 코드로 전체 GUI 디스플레이 언어를 변경할 수 있다.

```
class OOP():
    def __init__(self):
        self.win = tk.Tk()          # 인스턴스 생성
        self.i18n = I18N('de')      # 언어 인수 전달
```

6. 위 코드를 실행하면 다음과 같은 국제화된 GUI가 생성된다.

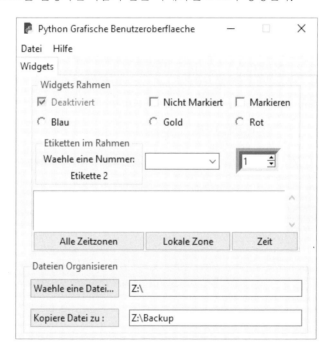

이제 동작 원리를 살펴보자.

GUI를 국제화하기 위해 하드코딩된 문자열을 별도의 모듈로 리팩터링한 다음 동일한 클래스 인스턴스 속성을 사용해 I18N 클래스의 이니셜라이저로 문자열을 전달함으로써 GUI를 국제화해 GUI가 표시하는 언어를 효과적으로 제어했다.

이전에 하드코딩된 모든 영어 문자열이 새 I18N 클래스 인스턴스에 대한 호출로 대체된 방법에 유의한다. 한 가지 예를 들면 `self.win.title(self.i18n.title)` 같은 경우다. 이것이 주는 것은 GUI를 국제화할 수 있는 능력이다. 표시할 언어를 선택하는 파라미터를 전달해 조합하고 동일한 변수 이름을 사용하면 된다.

GUI의 일부로 즉시 언어를 변경할 수도 있고 로컬 PC 설정을 읽고 GUI 텍스트가 해당 설정에 따라 표시돼야 하는 언어를 결정할 수도 있다. 로컬 설정 값을 읽는 방법에 대한 예제는 다음 로컬 처리 방법인 GUI 지역화에서 다룬다.

이전에는 GUI 제목, 탭 컨트롤 이름 등을 포함한 모든 위젯의 모든 단일 문자열이 모두 하드코딩되고 GUI를 생성하는 코드와 섞여 있었다.

GUI 소프트웨어 개발 프로세스의 설계 단계에서 GUI를 가장 잘 국제화하는 방법에 관해 생각하는 것이 좋다. 이 레시피에서는 GUI 위젯에 표시되는 모든 문자열을 국제화했다. GUI에 입력된 텍스트는 PC의 로컬 설정에 따라 다르기 때문에 국제화하지 않았다.

GUI 지역화

GUI를 국제화하는 첫 번째 단계 후에, 다음 단계는 그것을 지역화하는 것이다. 왜 이를 해야 할까? 미국에서는 모두 카우보이이며 서로 다른 시간대에 살고 있다. 미국으로 국제화되는 동안 우리의 말들은 다른 시간대에서 일어난다(그리고 자신들의 말 시간대 계획에 따라 먹이를 줄 것으로 예상된다). 이것이 지역화가 필요한 이유다.

이전 레시피에서 개발한 GUI를 현지화해 확장했다.

이 레시피를 실행하는 방법을 살펴보자.

1. pip를 사용해 파이썬 pytz 시간대 모듈을 먼저 설치한다.
2. 명령 프로세서 프롬프트에 다음 명령을 입력한다.

   ```
   pip install pytz
   ```

3. 성공하면 다음 결과를 얻는다.

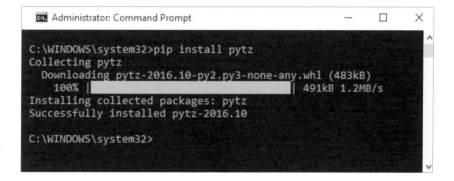

```
C:\WINDOWS\system32>pip install pytz
Collecting pytz
  Downloading pytz-2016.10-py2.py3-none-any.whl (483kB)
    100% |                                      | 491kB 1.2MB/s
Installing collected packages: pytz
Successfully installed pytz-2016.10

C:\WINDOWS\system32>
```

4. 다음으로 GUI.py에 새로운 Button 위젯을 추가한다. 다음 코드를 실행해 기존 표준 시간대를 모두 나열할 수 있다. 그러면 다음과 같이 allTimeZone 메서드를 추가해 ScrolledText 위젯에 표준 시간대가 표시된다.

   ```python
   import pytz
   class OOP():
       # TZ 버튼 콜백
       def allTimeZones(self):
           for tz in pytz.all_timezones:
               self.scr.insert(tk.INSERT, tz + '\n')
   ```

```
def createWidgets(self):
    # TZ 버튼 추가하기
    self.allTZs = ttk.Button(self.widgetFrame,
                             text=self.i18n.timeZones,
                             command=self.allTimeZones)
    self.allTZs.grid(column=0, row=9, sticky='WE')
```

5. 새로운 버튼 위젯을 클릭하면 다음과 같은 결과가 출력된다.

6. pip를 사용해 tzlocal 파이썬 모듈을 설치한 다음 localZone 메서드를 추가하고
   새 버튼 명령에 연결해 현재 로케일을 표시할 수 있다.

```
# TZ 지역 버튼 콜백
def localZone(self):
    from tzlocal import get_localzone
    self.scr.insert(tk.INSERT, get_localzone())

def createWidgets(self):
    # 지역 TZ 버튼 추가하기
    self.localTZ = ttk.Button(self.widgetFrame,
    text=self.i18n.localZone, command=self.localZone
    self.localTZ.grid(column=1, row=9, sticky='WE')
```

LanguageResources.py에서 두 개의 새로운 버튼 문자열을 국제화했다.

영어 버전은 다음과 같다.

```
self.timeZones = "All Time Zones"
self.localZone = "Local Zone"
```

독일어 버전은 다음과 같다.

300

```
self.timeZones = "Alle Zeitzonen"
self.localZone = "Lokale Zone"
```

새로운 버튼을 클릭하면 현재 시간대를 알 수 있다.

7. 이제 UTC^{지역 표준시}로 변환한 다음 가져온 pytz 모듈에서 표준 시간대 함수를 적용해 현지 시간을 US EST로 변경할 수 있다. **GUI.py**에 다음 코드를 추가한다.

```
import pytz
class OOP():
    # 타임존 정보를 지역 US 시간 포맷으로 설정
    def getDateTime(self):
        fmtStrZone = "%Y-%m-%d %H:%M:%S %Z%z"
        # UTC 가져오기
        utc = datetime.now(timezone('UTC'))
        print(utc.strftime(fmtStrZone))

        # UTC datetime 객체를 LA 타임존으로 변환
        la = utc.astimezone(timezone('America/Los_Angeles'))
        print(la.strftime(fmtStrZone))

        # UTC datetime 객체를 뉴욕 타임존으로 변환
        ny = utc.astimezone(timezone('America/New_York'))
        print(ny.strftime(fmtStrZone))

        # 뉴욕 타임존으로 GUI 라벨 업데이트
        self.lbl2.set(ny.strftime(fmtStrZone))  # <-- Label 2 설정
```

8. New York으로 이름이 변경된 단추를 클릭하면 GUI의 상단 왼쪽 모서리의 label 2에 다음과 같은 결과가 출력된다.

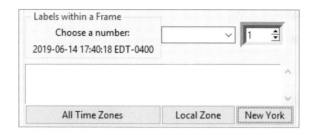

9. 콘솔에서 다음 결과를 확인한다.

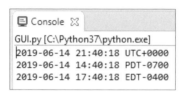

다음 절에서 이 레시피를 배워보자.

동작 원리

먼저 pip를 사용해 pytz 파이썬 모듈을 설치했다.

 이 책에서는 pip 모듈이 내장된 파이썬 3.6을 사용한다. 이전 버전의 파이썬을 사용하는 경우 먼저 pip 모듈을 설치해야 할 수 있다.

2단계의 스크린샷은 pip 명령으로 .whl 포맷을 다운로드했음을 보여준다. 그렇지 않으면 먼저 파이썬 wheel 모듈을 설치해야 한다. 파이썬 pytz 모듈이 site-packages 폴더에 설치됐으므로 이제 파이썬 GUI 코드에서 이 모듈을 가져올 수 있다.

날짜 및 시간 정보를 현지화하려면 먼저 현지 시간을 UTC 시간으로 변환해야 한다. 그다음 시간대 정보를 적용하고 pytz 파이썬 표준 시간대 모듈의 astimezone 함수를 사용해 전 세계 시간대로 변환한다.

pip을 사용해 파이썬 tzlocal 모듈을 설치했으며 이제 현지 시간을 다른 시간대로 변환할 수 있다. US EST를 예로 사용했다.

8단계에서는 미국 서부 해안의 현지 시간을 UTC로 변환한 다음 GUI의 라벨 2(self.lbl2)에 미국 동부 해안 시간을 표시했다. 동시에 라벨 2는 뉴욕의 현재 시간으로 업데이트됐으며, 미국 날짜 포맷팅 문자열을 사용해 이클립스 콘솔의 UTC시간에 비례해 로스엔젤레스 및 뉴욕의 UTC 시간을 출력한다.

 UTC는 서머타임제를 지키지 않는다. 동부 서머타임(EDT) 동안 UTC는 4시간 빠르고 표준 시(EST)는 현지 시간보다 5시간 빠르다.

국제화 GUI 준비하기

이 레시피에서는 영어를 외국어로 번역할 때 생각만큼 쉽지는 않다는 사실을 깨닫게 함으로써 국제화를 위한 GUI를 준비한다. 아직 해결해야 할 한 가지 문제가 있는데, 바로 외국어로 된 영어가 아닌 유니코드 문자를 제대로 표시하는 방법이다. 독일의 ä, ö 및 ü 유니코드 움라우트 문자 표시는 파이썬 3.7에서 자동으로 처리되지만, 이 경우는 아니다.

시작하기

최근 장에서 개발한 파이썬 GUI를 계속 사용한다. 먼저 GUI.py 초기화 코드에서 기본 언어를 독일어로 변경한다. 이 레시피는 이클립스 PyDev IDE에 한정될 수 있지만 이를 예제로 보는 것이 좋다.

실행 방법

레시피를 자세히 살펴보기 전에 움라우트 문자를 사용해 Ueber라는 단어를 올바른 독일어 "Über"로 바꿀 때 이클립스 PyDev 플러그인이 너무 만족스럽지 않음을 알아야 한다.

이제 이 레시피 단계를 순서대로 살펴보자.

1. GUI.py를 연다.
2. 독일어를 사용하기 위해 self.i18n = I18N('de') 주석을 제거한다.
3. GUI.py를 실행한다.

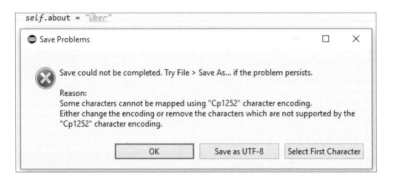

4. 이클립스 PyDev 콘솔 내에서 동일한 코드행을 실행할 때 예상되는 결과가 나오기 때문에 다소 혼란스러운 오류 메시지가 나타난다.

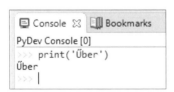

5. 파이썬 기본 인코딩을 요청할 때 예상된 결과 utf-8을 얻는다.

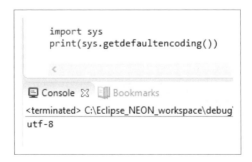

6. 윈도우의 내장 문자맵을 사용해 움라우트 문자가 있는 유니코드 표현을 찾을 수 있다. 움라우트 문자는 대문자 U의 움라우트 문자로 U+00DC이다.

7. 이 해결책은 정말 형편없지만, 효과가 있다. 문자 대신 U+00DC의 유니코드를 전달해 GUI에 올바르게 표시되도록 할 수 있다.

8. 또한 이클립스에서 PyDev를 사용해 Cp1252에서 UTF-8로 기본 인코딩의 변경 사항을 허용할 수도 있지만 그렇게 할 것인지 항상 묻는 것은 아니다. 대신 다음 과 같은 오류 메시지가 표시될 수 있다.

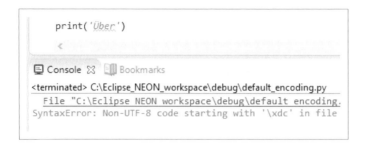

9. 이 문제를 해결하는 방법은 PyDev 프로젝트의 텍스트 파일 인코딩 속성을 UTF-8로 변경하는 것이다.

10. PyDev 기본 인코딩을 변경한 후 이제 해당 독일어 움라우트 문자를 표시할 수 있다. 올바른 독일어 문자를 사용하도록 제목을 업데이트했다.

코드를 더 잘 이해하기 위해 동작 원리를 살펴보자.

동작 원리

국제화와 외국어 유니코드 문자 작업은 원하는 것처럼 쉽지 않은 경우가 많다. 때로는 해결 방법을 찾아야 하며, \u 같은 직접 표현을 사용해 파이썬을 통해 유니코드 문자를 표현해 효과를 볼 수 있다.

윈도우 기본 제공 문자 맵은 "U + 00DC"를 표시하며, 이를 파이썬으로 "\ u00DC"로 해석한다. 항상 유니코드의 직접적인 표현에 의지할 수 있다.

다른 경우에는 조정하기 위해 개발 환경 설정을 찾아야 한다. 이클립스 IDE를 사용해 이를 수행하는 방법의 예제를 봤다.

애자일하게 GUI 설계하는 방법

현대의 애자일 소프트웨어 개발 접근 방식은 소프트웨어 전문가가 배운 교훈에서 나왔다. 이 방법은 다른 코드처럼 GUI에 적용된다. 애자일 소프트웨어 개발의 주요 열쇠 중 하나는 지속적으로 적용되는 리팩터링 프로세스다. 코드를 리팩터링하는 것이 소프트웨어 개발 작업에서 어떻게 도움이 되는지 보여주는 실용적인 사례는 먼저 함수를 사용해 간단한 기능을 구현하는 것이다.

코드가 복잡해짐에 따라 함수를 클래스의 메서드로 리팩터링하는 것이 좋다. 이 방법을 사용하면 전역변수를 제거하고 클래스 내부에 메소드를 배치하는 위치를 더욱 유연하게 지정할 수 있다.

코드의 기능은 변경되지 않았지만 구조는 변경됐다.

이 과정에서 코드를 만들고, 테스트하고, 리팩터링한 다음 다시 테스트한다. 이 작업은 짧은 주기로 수행되며 일부 기능을 작동시키는 데 필요한 최소 코드로 시작하는 경우가 많다.

테스트 주도 소프트웨어 개발은 애자일 개발 방법론의 한 가지 스타일이다.

GUI가 잘 작동하는 동안 주요 GUI.py 코드는 계속해 복잡해지고 있으며 전반적인 코드를 유지하기가 조금 더 어려워졌다. 즉, 코드를 리팩터링해야 한다.

시작하기

8장에서 작성한 GUI를 리팩터링한다. 영어 버전의 GUI를 사용한다.

실행 방법

이전 레시피에서 국제화할 때 GUI가 표시하는 모든 이름이 이미 깨졌다. 이것이 코드를 리팩터링하는 훌륭한 시작이었다.

1. GUI.py 파일을 GUI_Refactored.py로 이름을 변경한다.
2. 다음 임포트 구문들을 그룹화한다.

```python
#=====================
# imports
#=====================
import tkinter as tk
from tkinter import ttk, scrolledtext, Menu, Spinbox, filedialog as fd,
messagebox as mBox
from queue import Queue
from os import path
from Ch08_Code.ToolTip import ToolTip
from Ch08_Code.LanguageResources import I18N
from Ch08_Code.Logger import Logger, LogLevel

# 모듈 레벨 GLOBALS
GLOBAL_CONST = 42
```

콜백 메서드를 자체 모듈로 분리해 코드를 추가로 리팩터링할 수 있다.

3. 새로운 모듈 Callbacks_Refactored.py를 생성한다.

4. GUI_Refactored.py에 콜백 클래스를 임포트한다.

5. Callbacks_Refactored.py에 self.callBacks = Callbacks(self)를 추가한다.

```
#=====================
# imports
#=====================
import tkinter as tk
from tkinter import ttk, scrolledtext, Menu, Spinbox,
                    filedialog as fd, messagebox as mBox
from queue import Queue
from os import path
import Ch08_Code.ToolTip as tt
from Ch08_Code.LanguageResources import I18N
from Ch08_Code.Logger import Logger, LogLevel
from Ch08_Code.Callbacks_Refactored import Callbacks # <-- 클래스 임포트

# 모듈 레벨 GLOBALS
GLOBAL_CONST = 42

class OOP():
    def __init__(self):
        # Callback methods now in different module
        self.callBacks = Callbacks(self)  # <-- self 전달
```

6. Callbacks 클래스에 다음 코드를 추가한다.

```
#=====================
# imports
#=====================
import tkinter as tk
from time import sleep
from threading import Thread
from pytz import all_timezones, timezone
from datetime import datetime

class Callbacks():
```

```python
    def __init__(self, oop):
        self.oop = oop

    def defaultFileEntries(self):
        self.oop.fileEntry.delete(0, tk.END)
        self.oop.fileEntry.insert(0, 'Z:')     # bogus path
        self.oop.fileEntry.config(state='readonly')
        self.oop.netwEntry.delete(0, tk.END)
        self.oop.netwEntry.insert(0, 'Z:Backup')   # bogus path

    # 콤보박스 콜백
    def _combo(self, val=0):
        value = self.oop.combo.get()
        self.oop.scr.insert(tk.INSERT, value + '\n')

    ...
```

레시피의 동작 원리를 살펴보자.

동작 원리

먼저 관련 import문을 그룹화해 코드의 가독성을 향상시켰다. 다음으로 콜백 메서드를 자체 클래스와 모듈인 Callback_Refactored.py로 분리해 코드의 복잡성을 더 줄였다.

새 클래스의 이니셜라이저에서 전달된 GUI 인스턴스는 self.oop라는 이름으로 저장되고 새로운 파이썬 클래스 모듈 전체에서 사용된다.

리팩터링된 GUI 코드를 실행해도 이전과 동일하게 여전히 작동한다. 앞으로 많은 개발 작업을 위해 가독성을 높이고 코드의 복잡성을 줄였다. ToolTip 클래스를 자체 모듈에 두고 이전의 레시피에서 모든 GUI 문자열을 국제화해 동일한 OOP 접근 방식을 이미 적용했다.

이 레시피에서 GUI가 의존하는 콜백 메소드의 클래스에 자신의 인스턴스를 전달해 리팩터링에 한 발 더 나아갔다. 이를 통해 모든 GUI 위젯을 사용할 수 있다. 이제 소프트웨어 개발에 대한 모듈식 접근 방식의 가치를 더 잘 이해했으므로 향후 소프트웨어 설계에서 이 접근 방식을 사용한다.

 리팩터링은 기존 코드의 구조, 가독성 및 유지 관리성을 개선하는 프로세스다. 새로운 기능을 추가하지 않는다.

GUI 코드 테스트의 필요성

소프트웨어 테스트는 서비스 팩이나 버그 수정을 릴리스할 때뿐만 아니라 코딩 단계에서 중요한 활동이다. 다양한 수준의 테스트가 있다. 첫 번째 레벨은 개발자 테스트다. 컴파일러 또는 인터프리터로 시작해 버그가 있는 코드를 실행하지 않도록 코드의 작은 부분을 개별 메소드 수준에서 테스트해야 한다. 이것은 첫 번째 레벨 방어다.

코드의 두 번째 레벨은 방어하기 위해 소스 코드 제어 시스템이 해결해야 할 충돌에 대해 알려주고 수정된 코드를 체크인하지 못하도록 하는 경우다. 이 방식은 개발 팀에서 전문적으로 일할 때 매우 유용하고 절대적으로 필요하다.

소스 코드 관리 시스템은 자신이나 다른 개발자가 특정 분기 또는 최상위 트리에 커밋한 변경 사항을 표시하고 코드를 저장소에 제출하기 전에 코드의 로컬 버전이 오래되고 해결해야 할 충돌이 있음을 알려준다.

이 부분에서는 소스 관리 시스템을 사용해 코드를 관리하고 저장한다고 가정한다. 예를 들면 git, mercurial, svn 등 여러 가지가 있다. Git은 매우 대중적인 소스 관리 시스템이고 개인 사용자에게 무료다.

세 번째 레벨은 공개된 인터페이스를 통해 코드와 상호작용만 허용해 잠재적인 코드 변경을 캡슐화하는 API 레벨이다. 또 다른 수준의 테스트는 통합 테스트다. 만든 다리의 절반이 다른 개발 팀이 만든 나머지 절반을 충족시키지 못하는 경우이고, 두 다리가 같은 높이에서 만나지 않는다(예를 들어 절반은 2미터 또는 2야드보다 높다).

그런 다음 최종 사용자 테스트가 수행된다. 정의된 것을 만들었지만 실제로 원하는 것이 아니다. 이전 모든 예제는 설계 및 구현 단계에서 코드를 테스트해야 하는 타당한 이유다.

시작하기

최근 레시피와 장에서 작성한 GUI를 테스트한다. 또한 잘못될 수 있는 몇 가지 간단한 예와 API를 통해 호출하는 코드 및 코드를 계속 테스트해야 하는 이유를 보여줄 것이다.

실행 방법

이 레시피를 자세히 살펴보자. 파이썬 GUI 프로그래밍에서 가장 먼저 잘못될 수 있는 것은 필요한 모듈이나 기존 모듈을 가져오지 못하는 것이다.

다음은 간단한 예다.

1. GUI.py에서 `# import tkinter as tk` 부분이 주석 처리됐다.
2. 코드를 실행하고 다음 결과를 확인한다.

3. 이 오류를 해결하려면 다음과 같이 임포트 구문을 맨 위에 추가한다.

```
#====================
# imports
#====================
import tkinter as tk
```

7장, 'GUI를 통해 MySQL 데이터베이스에 데이터 저장하기'의 예제를 사용해, **Get Quotes** 버튼을 클릭한다고 가정해보자. 그러나 **Mody Quote** 버튼을 한 번도 클릭하지 않았다.

4. 7장, 'GUI를 통해 MySQL 데이터베이스에 데이터 저장하기'에서 `GUI_MySQL.py`를 열어서 **Get Quotes** 버튼을 클릭한다.

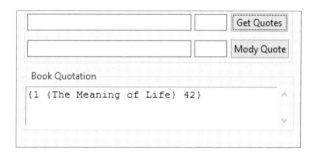

5. 다음으로 **Mody Quote** 버튼을 클릭하면 다음과 같은 결과가 생성된다.

6. 또 다른 잠재적인 버그 영역은 함수나 메서드가 갑자기 예상 결과를 반환하지 않을 때다. 예상된 결과를 반환하는 다음 함수를 호출한다고 가정해보자.

7. 그런 다음 누군가 실수를 해, 더 이상 이전 결과를 얻지 못한다.

(num * num)을 (num ** num)으로 변경하고 코드를 실행한다.

코드를 더 잘 이해하기 위해 동작 원리를 살펴보자.

동작 원리

우선 tkinter 클래스의 인스턴스를 만들려고 하지만, 예상대로 작동하지 않는다. 모듈을 별칭 tk로 import하는 것을 잊었다. 클래스 생성 부분 위에 파이썬 코드 라인을 추가해 이를 수정할 수 있다. 여기서는 import문이 살아 있다.

이것은 개발 환경이 우리를 위한 테스트를 수행하는 예제다. 디버깅과 코드 수정만 하면 된다. 개발자 테스트와 더 밀접한 또 다른 예는 조건문을 코딩하고 일반적인 개발 중에 모든 논리 분기를 테스트하지 않는 경우다.

4, 5단계에서 7장, 'GUI를 통해 MySQL 데이터베이스에 데이터 저장하기'의 예제를 사용해, **Get Quotes** 버튼을 클릭한다고 가정해보자. 그러나 **Mody Quote** 버튼을 한 번도 클릭하지 않았다.

첫 번째 버튼 클릭은 원하는 결과를 생성하지만 두 번째 버튼은 예외를 발생시킨다(아직 이 코드를 구현하지 않았고 아마도 모든 것을 잊어버렸을 것이다).

다음 예에서는 6단계와 7단계에서 곱하는 대신 전달된 숫자의 거듭제곱으로 기하급수적으로 증가하고 결과는 더 이상 예전과 다르다.

 소프트웨어 테스팅에서 이런 종류의 버그를 회귀라고 한다.

코드에서 문제가 발생하면 디버깅해야 한다. 이 작업을 수행하는 첫 번째 단계는 중단점을 설정한 다음 코드를 라인 단위, 메서드 단위로 한 단계씩 진행하는 것이다. 코드가 원활하게 실행될 때까지 일상적인 활동이다. 이 레시피에서 코드가 어디에서 잘못되고 소프트웨어 결함(버그라고도 함)이 발생할 수 있는 몇 가지 예를 보여줌으로써 소프트웨어 개발 생명주기의 여러 단계에서 소프트웨어 테스팅의 중요성을 강조했다.

디버그 워치 설정하기

이클립스의 PyDev 플러그인이나 NetBeans과 같은 다른 현대적인 IDE^{Integrated Development} Environments에서는 코드 실행 중에 GUI의 상태를 모니터링하기 위해 디버그 워치^{watch}를 설정할 수 있다. 이는 마이크로소프트 IDE인 비주얼 스튜디오 및 최신 버전의 Visual Studio.NET과 매우 비슷하다.

 디버그 워치를 설정하는 것은 개발의 수고를 더는 매우 편리한 방법이다.

이 레시피에서는 이전 레시피에서 개발한 파이썬 GUI를 다시 사용한다. 이전에 개발한 코드를 단계별로 실행하고 디버그 워치를 설정한다.

실행 방법

이 레시피는 Java 기반 이클립스 IDE의 PyDev 플러그인에 적용되지만 그 원리는 많은 현대적 IDE에도 적용된다.

이제 이 레시피를 순차적으로 진행하는 방법을 살펴보자.

1. GUI.py를 열고 mainloop가 있는 줄에 중단점을 설정한다.

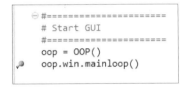

2. 다음처럼 디버그 세션을 시작한다.

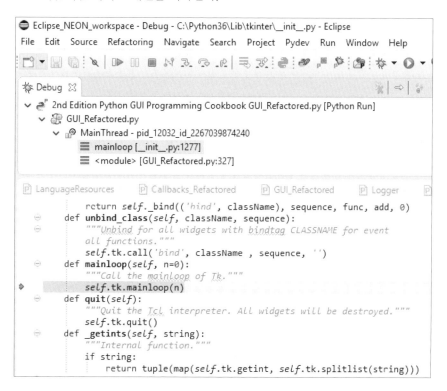

getDateTime이라는 이름의 New York 버튼 콜백 메서드에 중단점을 설정한다.

3. Callbacks_Refactored.py를 열고 getDateTime 메서드에 중단점을 설정한다.

4. 코드를 단계별로 살펴본다.

코드를 더 잘 이해하기 위해 동작 원리를 살펴보자.

동작 원리

중단점을 설정하고자 하는 첫 번째 위치는 tkinter 메인 이벤트 루프를 호출해 GUI를 표시할 수 있는 곳이다. 1단계에서 한다. 왼쪽의 녹색 풍선 기호는 PyDev/이클립스의 중단점이다. 디버그 모드에서 코드를 실행하면 중단점에 도달하면 코드 실행이 중단된다.

이 지점에서 현재 범위에 있는 모든 변수의 값을 볼 수 있다. 디버거 창 중 하나에 표현식을 입력할 수도 있다. 그러면 표현식이 실행돼 결과를 보여준다. 결과가 원하는 것이면 방금 배운 것을 사용해 코드 변경을 결정할 수 있다.

일반적으로 IDE 툴바의 아이콘을 클릭하거나 키보드 단축키(F5 키를 눌러 코드로 들어가기, F6 키로 단계 이동, F7 키를 눌러 현재 메소드 빠져나오기)를 사용해 코드를 단계별로 실행한다.

중단점을 설정하고나서 이 코드를 단계적으로 실행하면 지금 당장 디버깅하고 싶지 않은 낮은 수준의 tkinter 코드 때문에 결국 문제가 된다.

Step-Out 툴바 아이콘(프로젝트 메뉴바로 아래 세 번째 노란색 화살표)을 클릭하거나 F7 키를 눌러 로우 레벨 tkinter 코드를 종료한다(이클립스에서 PyDev를 사용한다고 가정).

스크린샷의 오른쪽에 있는 버그 툴바 아이콘을 클릭해 디버깅 세션을 시작했다. 디버깅하지 않고 실행하면 버그 아이콘 오른쪽에 있는 흰색 삼각형이 있는 녹색 원을 클릭한다.

더 좋은 아이디어는 파이썬 변수의 값을 보기 위해 중단점을 코드에 가깝게 설정하는 것이다. 이벤트 중심의 최신 GUI 환경에서 이벤트 동안 호출되는 코드(예: 버튼 클릭)에 중단점을 설정해야 한다. 3, 4단계에서 한다.

현재 주요 기능 중 하나가 버튼 클릭 이벤트에 있다. "New York"이라는 라벨이 붙은 버튼을 클릭하면 이벤트가 만들어지고 GUI에서 어떤 일이 발생하게 된다.

 TIP 파이썬용 PyDev 플러그인을 이클립스에 설치하는 방법을 배우고 싶다면 설치에 필요한 모든 공짜 소프트웨어를 설치하는 방법에 관해 소개하는 튜토리얼과 이클립스 내의 PyDev로 동작하는 간단한 파이썬 프로그램을 소개하는 사이트가 있다.

http://www.vogella.com/tutorials/Python/article.html

우리는 21세기에 현대적인 통합 개발 환경IDEs을 사용한다. 이 통합 개발 환경은 튼튼한 코드 작성을 위해 자유롭게 사용할 수 있다.

이 레시피는 모든 개발자의 스킬 세트에서 기본적인 도구인 디버그 워치를 설정하는 방법을 보여준다. 버그를 추적하지 않을 때도 자체 코드를 실행하면 코드를 이해할 수 있으며 리팩터링을 통해 코드를 개선할 수 있다.

 디버그 워치는 견고한 코드를 만드는 데 도움이 되며 시간 낭비가 아니다.

다양한 디버그 출력 레벨 설정하기

이 레시피에서는 런타임에 선택하고 변경할 수 있는 여러 가지 디버그 레벨을 구성할 것이다. 이렇게 하면 코드를 디버깅할 때 얼마나 자세히 할지를 제어할 수 있다. 두 개의 새로운 파이썬 클래스를 만들어 두 모듈을 동일한 모듈에 배치한다. 4가지 로깅 수준을 사용하고 생성할 로그 파일에 디버깅 출력을 작성한다. 로그 폴더가 없으면 자동으로 생성된다.

로그 파일의 이름은 실행 스크립트의 이름이며, 이는 리팩터링된 GUI_Refactored.py이다. Logger 클래스의 초기화에 대한 전체 경로를 전달해 로그 파일의 다른 이름을 선택할 수도 있다.

시작하기

이전 레시피의 리팩터링된 GUI_Refactored.py 코드를 계속 사용한다.

실행 방법

이 레시피를 어떻게 진행할지 살펴보자.

1. 먼저 두 개의 새로운 클래스를 추가하는 새로운 파이썬 모듈을 만든다. 첫 번째 클래스는 매우 간단하며 로깅 수준을 정의한다. 기본적으로 열거형이다.
2. 새로운 모듈을 생성하고 이름은 Logger.py로 한다.

3. 다음 코드를 추가한다.

```
class LogLevel:
'''Define logging levels.'''
    OFF = 0
    MINIMUM = 1
    NORMAL = 2
    DEBUG =3
```

4. 동일한 Logger.py 모듈에 두 번째 클래스를 추가한다.

```
import os, time
from datetime import datetime
class Logger:
    ''' Create a test log and write to it. '''
    #--------------------------------------------------------
    def __init__(self, fullTestName, loglevel=LogLevel.DEBUG):
        testName = os.path.splitext(os.path.basename(fullTestName))[0]
        logName  = testName  + '.log'

        logsFolder = 'logs'
        if not os.path.exists(logsFolder):
            os.makedirs(logsFolder, exist_ok = True)

        self.log = os.path.join(logsFolder, logName)
        self.createLog()

        self.loggingLevel = loglevel
        self.startTime    = time.perf_counter()

    #--------------------------------------------------------
    def createLog(self):
        with open(self.log, mode='w', encoding='utf-8') as logFile:
            logFile.write(self.getDateTime() +
                        '\t\t*** Starting Test ***\n')
        logFile.close()
```

5. 다음의 writeToLog 메서드를 추가한다.

```
#-------------------------------------------------------
def writeToLog(self, msg='', loglevel=LogLevel.DEBUG):
    # 로그의 범위를 조절
    if loglevel > self.loggingLevel:
        return

    # 추가 모드로 로그 파일 열기
    with open(self.log, mode='a', encoding='utf-8') as logFile:
        msg = str(msg)
        if msg.startswith('\n'):
            msg = msg[1:]
        logFile.write(self.getDateTime() + '\t\t' + msg + '\n')

    logFile.close()
```

6. GUI_Refactored.py를 열고 다음 코드를 추가한다.

```
from os import path
from Ch08_Code.Logger import Logger
class OOP():
    def __init__(self):
        # Logger 인스턴스 생성
        fullPath = path.realpath(__file__)
        self.log = Logger(fullPath)
        print(self.log)
```

7. 코드를 실행하고 결과를 관찰한다.

```
                # create Logger instance
                fullPath = path.realpath(__file__)
                self.log = Logger(fullPath)
                print(self.log)
        <
```
```
📃 Console ⊠  📖 Bookmarks
<terminated> C:\Eclipse_NEON_workspace\2nd Edition Python GUI Programming
<Ch08_Code.Logger.Logger object at 0x000001FFAD0C5CF8>
```

앞의 스크린샷은 새로운 Logger 클래스의 인스턴스를 만들었고 다음 스크린샷은 로그 폴더와 로그가 모두 생성됐음을 보여준다.

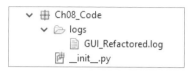

8. 마지막으로 로그 파일을 연다.

이제 코드를 더 잘 이해하기 위해 동작 원리를 살펴보자.

동작 원리

먼저 새 모듈을 만들고 열거형으로 간단하게 클래스를 사용했다. 두 번째 클래스는 전달된 파일 이름의 전체 경로를 사용해 로그 파일을 만들고 이를 로그 폴더에 저장한다. 첫 번째 실행에서는 로그 폴더가 없을 수 있으므로 코드가 자동으로 폴더를 만든다.

로그 파일에 쓰려면 writeToLog 메서드를 사용한다. 메서드 내에서 우선 원하는 로깅 출력을 설정한 것보다 높은 로깅 레벨을 가지고 있는지 확인한다. 메시지의 레벨이 낮으면 메시지를 버리고 메서드에서 즉시 반환한다.

메시지에 표시할 로깅 레벨이 있는 경우 줄 바꿈 문자로 시작하는지 확인한다. 있다면 파이썬 슬라이스 연산자(msg = msg[1:])를 사용해 인덱스 1에서 시작하는 메서드를 잘라서 새 줄을 없앤다.

그런 다음 로그 파일에 현재 날짜 타임스탬프, 두 개의 탭 공백, 메시지 및 개행 문자로 구성된 한 줄을 작성한다. 이제 새로운 파이썬 모듈을 가져올 수 있으며 GUI 코드의 __init__ 섹션에서 Logger 클래스의 인스턴스를 만들 수 있다.

실행 중인 GUI 스크립트의 전체 경로를 path.realpath (__file__)를 통해 검색하고 이를 Logger 클래스의 초기화 프로그램에 전달한다. logs 폴더가 없으면 파이썬 코드에 의해 자동으로 만들어진다. 그런 다음 로그와 폴더가 생성됐는지 확인한다.

이 레시피에서는 자체 로깅 클래스를 만들었다. 파이썬이 Logging 모듈과 함께 제공되므로 완전히 자체적으로 로깅 형식을 제어하는 모듈을 작성하는 것이 매우 쉽다. 이것은 8장의 레시피에서 살펴본 MS 엑셀 또는 Matplotlib의 자체 로깅 출력과 결합할 때 매우 유용하다.

다음 레시피에서는 파이썬에 내장된 __main__ 기능을 사용해 방금 작성한 네 가지 로깅 수준을 사용한다.

__main__ 섹션을 사용해 셀프 테스트 코드 만들기

파이썬에는 각 모듈을 자체 테스트할 수 있는 아주 멋진 기능이 있다. 이 기능을 사용하면 코드 변경으로 인해 기존 코드가 손상되지 않고 __main__ 자체 테스트 섹션이 각 모듈의 작동 방식을 설명하는 문서로 사용될 수 있다.

몇 달 또는 몇 년 후, 가끔 코드가 하는 일을 잊는다. 그래서 코드 자체에 설명이 있는 것이 실제로 큰 장점이다.

가능한 경우 항상 모든 파이썬 모듈에 자체 테스트 섹션을 추가하는 것이 좋다. 때로는 불가능하지만 대부분의 모듈에서 할 수 있다.

시작하기

이전 레시피를 확장할 것이므로 이 레시피의 코드가 무엇을 하는지 이해하려면 먼저 이전 레시피의 코드를 읽고 이해해야 한다.

이 레시피의 단계를 자세히 살펴보자.

1. 먼저 이 자체 테스트 섹션을 LanguageResources.py 모듈에 추가해 파이썬 __
   main__ 자체 테스트 섹션의 기능을 살펴본다.

2. 다음으로 Language.py에 다음 코드를 추가한다.

```python
if __name__ == '__main__':
    language = 'en'
    inst = I18N(language)
    print(inst.title)

    language = 'de'
    inst = I18N(language)
    print(inst.title)
```

3. 코드를 실행하고 결과를 관찰한다.

```python
#================================================
if __name__ == '__main__':
    language = 'en'
    inst = I18N(language)
    print(inst.title)

    language = 'de'
    inst = I18N(language)
    print(inst.title)
```

📺 Console ⊠ 📖 Bookmarks

<terminated> C:\Eclipse_NEON_workspace\2nd Edition Python GUI Programming
Python Graphical User Interface
Python Grafische Benutzeroberfläche

4. GUI_Refactored.py 모듈에 __main__ 자체 테스트 섹션을 추가하고 코드를 실행
해 다음 결과를 확인한다.

```
#=================================
if __name__ == '__main__':
    #=====================
    # Start GUI
    #=====================
    oop = OOP()
    print(oop.log)
    oop.win.mainloop()
```

```
Console ⊠    Bookmarks
<terminated> C:\Eclipse_NEON_workspace\2nd Edition Python GUI
<Ch08_Code.Logger.Logger object at 0x0000020CE0386CF8>
```

5. 다음으로 GUI_Refactored.py 모듈에서 oop.log.writeToLog ('Test message')
를 추가한다.

```
if __name__ == '__main__':
#=====================
# Start GUI
#=====================
    oop = OOP()
    print(oop.log)
    oop.log.writeToLog('Test message')
    oop.win.mainloop()
```

로그의 다음 스크린샷에서 볼 수 있듯이 이것은 로그 파일에 기록된다.

```
GUI_Refactored.log ⊠
    2016-12-19 18:26:35      *** Starting Test ***
    2016-12-19 18:26:35      Test message
```

6. GUI_Refactored.py에서 Logger 모듈로부터 두 개의 새로운 클래스를 가져온다.

```
from Ch08_Code.Logger import Logger, LogLevel
```

7. 다음으로, 그 클래스의 로컬 인스턴스를 생성한다.

```
# 로거 인스턴스 생성
fullPath = path.realpath(__file__)
self.log = Logger(fullPath)

# 로그 레벨 인스턴스 생성
self.level = LogLevel()
```

8. `self.oop.level`을 통해 로깅의 레벨을 사용한다.

```
# 타임존 정보로 US 지역 시간 포맷 지정
def getDateTime(self):
    fmtStrZone = "%Y-%m-%d %H:%M:%S %Z%z"
    # UTC 가져오기
    utc = datetime.now(timezone('UTC'))
    self.oop.log.writeToLog(utc.strftime(fmtStrZone),
    self.oop.level.MINIMUM)

    # UTC 타임 객체를 LA 타임존으로 변환
    la = utc.astimezone(timezone('America/Los_Angeles'))
    self.oop.log.writeToLog(la.strftime(fmtStrZone),
    self.oop.level.NORMAL)

    # UTC 타임 객체를 NY 타임존으로 변환
    ny = utc.astimezone(timezone('America/New_York'))
    self.oop.log.writeToLog(ny.strftime(fmtStrZone),
    self.oop.level.DEBUG)

    # NY 타임존으로 GUI 라벨 업데이트
    self.oop.lbl2.set(ny.strftime(fmtStrZone))
```

9. 코드를 실행하고 로그를 연다.

```
GUI_Refactored.log ⊠
  2016-12-19 18:30:40      *** Starting Test ***
  2016-12-19 18:30:40      Test message
  2016-12-19 18:30:42      2016-12-20 02:30:42 UTC+0000
  2016-12-19 18:30:42      2016-12-19 18:30:42 PST-0800
  2016-12-19 18:30:42      2016-12-19 21:30:42 EST-0500
```

Logger 클래스의 selfLoggingLevel 메서드에 주목한다.

```
#--------------------------------------------------------------------
def setLoggingLevel(self, level):
    '''change logging level in the middle of a test.'''
    self.loggingLevel = level
```

10. GUI의 __main__ 섹션에서 로깅 수준을 MINIMUM으로 변경하면 결과가 로그 파일에 기록된다.

```
if __name__ == '__main__':
#=====================
# Start GUI
#=====================
oop = OOP()
    oop.log.setLoggingLevel(oop.level.MINIMUM)
    oop.log.writeToLog('Test message')
    oop.win.mainloop()
```

11. 로그 파일을 연다.

```
📄 GUI_Refactored.log ☒
   2016-12-19 18:34:42        *** Starting Test ***
   2016-12-19 18:34:43        2016-12-20 02:34:43 UTC+0000
```

코드를 더 잘 이해하기 위해 동작 원리를 살펴보자.

동작 원리

__main__ 자체 테스트 섹션을 LanguageResources.py에 추가하는 것으로 시작한다. 이 자체 테스트 섹션이 모듈의 맨 아래에 있는 모듈을 단독으로 실행할 때마다 이 코드가 실행된다. 모듈을 가져와서 다른 모듈에서 사용하면 __main__ 자체 테스트 섹션의 코드가 실행되지 않는다.

먼저 영어를 GUI에 표시될 언어로 전달한 다음, 독일어를 전달한다.

GUI의 제목을 출력해 파이썬 모듈이 의도된 대로 작동하는지 확인한다.

다음 단계는 이전 레시피에서 생성한 로깅 기능을 사용하는 것이다. __main__ 자체 테스팅 섹션을 리팩터링된 GUI_Refactored.py 모듈에 추가한 다음 Logger 클래스의 인스턴스를 생성했는지 확인한다.

다음 명령을 사용해 로그 파일에 기록한다. 로깅 수준을 모든 메시지(DEBUG 수준)를 기록하도록 기본값으로 설정했기 때문에 아무것도 변경할 필요가 없다. writeToLog 메서드에 기록할 메시지를 그냥 전달한다. 이제 로깅 레벨을 로깅 구문에 추가하고 출력할 레벨을 설정해 로깅을 제어할 수 있다. 이 기능을 Callbacks_Refactored.py 모듈의 New York 버튼 콜백 메서드인 getDateTime 메서드에 추가해보자. 이전 print문을 다른 디버그 수준을 사용하는 로그 구문으로 변경한다.

GUI 클래스의 인스턴스를 Callbacks_Refactored.py 이니셜라이저, LogLevel 클래스에 따라 로깅 레벨 제약 조건을 사용할 수 있다. 선택한 로깅 레벨에 따라 New York 버튼을 클릭하면 로그 파일에 다른 출력이 기록된다. 기본 로깅 수준은 DEBUG이다. 즉, 모든 내용이 로그에 기록된다.

로깅 레벨을 변경하면 로그에 기록되는 내용을 제어한다. Logger 클래스의 setLoggingLevel 메서드를 호출해 이를 수행한다. 레벨을 MINIMUM으로 설정하면 로그 파일에 기록되는 출력이 줄어든다. 이제 로그 파일에 더 이상 테스트 메시지가 표시되지 않고 설정된 로깅 수준을 충족하는 메시지만 표시된다.

이 레시피에서는 파이썬에 내장된 __main__ 자체 테스트 섹션을 유용하게 사용했다. 자체 로깅 파일을 도입하고 동시에 여러 로깅 수준을 만드는 방법을 배웠다. 이렇게 하면 로그 파일에 기록되는 내용을 완전히 제어할 수 있다.

유닛테스트 통해 강력한 GUI 만들기

파이썬에는 유닛 테스팅 프레임워크가 내장돼 있다. 이 레시피에서는 이 프레임워크를 사용해 파이썬 GUI 코드를 테스트하려고 한다. 유닛테스트를 작성하기 전에 테스트 전략을 설계해야 한다. 유닛테스트를 테스트 중인 코드와 쉽게 섞을 수 있지만 더 나은 전략은 유닛테스트 코드로부터 애플리케이션 코드를 분리하는 것이다.

 PyUnit은 다른 모든 xUnit 테스트 프레임워크의 원칙에 따라 설계됐다.

시작하기

9장의 앞부분에서 작성한 국제화된 GUI를 테스트할 것이다.

실행 방법

파이썬의 기본 제공 유닛테스트 프레임워크를 사용하기 위해 파이썬 unittest 모듈을 임포트한다. 이제 다음 단계를 살펴보자.

1. 새 모듈을 만들고 이름을 UnitTestsMinimum.py로 한다.
2. 다음 코드를 추가한다.

```python
import unittest

class GuiUnitTests(unittest.TestCase):
    pass

if __name__ == '__main__':
    unittest.main()
```

3. UnitTestsMinimum.py를 실행하고 다음 결과를 살펴본다.

4. 새로운 모듈을 생성하고 이름을 UnitTests_One.py로 한 후 다음 코드를 추가한다.

```python
import unittest
from Ch08_Code.LanguageResources import I18N

class GuiUnitTests(unittest.TestCase):

    def test_TitleIsEnglish(self):
        i18n = I18N('en')
        self.assertEqual(i18n.title, "Python Graphical User Interface")
```

5. UnitTest_One.py를 실행한다.

6. 모듈을 UnitTestsFail.py로 저장한 다음 코드를 복사, 붙여넣기 및 수정한다.

```python
import unittest
from Ch08_Code.LanguageResources import I18N

class GuiUnitTests(unittest.TestCase):
    def test_TitleIsEnglish(self):
        i18n = I18N('en')
```

```
        self.assertEqual(i18n.title, "Python Graphical User Interface")

    def test_TitleIsGerman(self):
        i18n = I18N('en')
        self.assertEqual(i18n.title,
        'Python Grafische Benutzeroberfl' + "u00E4" + 'che')
```

7. UnitTestFail.py를 실행한다.

8. 'de'를 I18N에 전달해 이 오류를 수정한다.

```
    def test_TitleIsGerman(self):
        # i18n = I18N('en')                # <= 유닛테스트 버그
        i18n = I18N('de')
        self.assertEqual(i18n.title,
        'Python Grafische Benutzeroberfl' + "u00E4" + 'che')
```

9. 오류를 수정해 UnitTestsFail.py를 다시 실행하고 결과를 관찰한다.

이제 코드를 더 잘 이해하기 위해 동작 원리를 살펴보자.

실제로 콘솔에 출력 결과를 얻는다. 성공적으로 제로 테스트를 실행했다. 그 출력은 약간의 오해의 소지가 있다. 지금까지 해온 모든 것은 실제 테스트 방법이 없는 클래스를 만드는 것이다.

모든 테스트 메서드의 기본 이름을 test라는 단어로 시작해 실제 유닛테스트를 수행하는 테스트 메서드를 추가한다. 이 옵션은 변경할 수 있지만 이 명명 규칙을 따르는 것이 훨씬 쉽고 명확하다.

그런 다음 GUI의 제목을 테스트할 테스트 메소드를 추가해보자. 예상되는 인수를 전달해 예상 결과를 얻는지 확인한다. LanguageResources.py 모듈에서 I18N 클래스를 가져와서 GUI에 표시할 언어로 영어를 전달한다. 이것이 첫 번째 유닛테스트이기 때문에, 무엇을 얻고 있는지 확실히 하기 위해 Title 결과를 출력한다. 다음으로 unittest assertEqual 메소드를 사용해 제목이 올바른지 확인한다.

이 코드를 실행하면 OK를 얻을 수 있다. 이는 유닛테스트가 통과됐음을 의미한다. 유닛테스트가 실행되고 성공하면 점 하나와 OK라는 단어로 표시된다. 실패했거나 오류가 발생했다면 점은 없지만 출력은 F 또는 E이다.

이제 독일 버전의 GUI에 대한 제목을 확인해 동일한 자동 유닛테스트 검사를 수행할 수 있다. 코드를 복사, 붙여넣기 및 수정만 하면 된다. 국제화된 GUI 타이틀을 두 가지 언어로 테스트한다. 두 번의 유닛테스트를 실행했지만 OK 대신에 실패했다. 어떻게 된 걸까? GUI의 독일어 버전에 대한 assertion은 실패했다.

코드를 디버깅하는 동안 유닛테스트 코드의 복사, 붙여넣기 및 수정 접근법에서 독일어를 언어로 전달하는 것을 잊었다. 이를 쉽게 해결할 수 있다. 오류를 수정한 후에 유닛테스트를 다시 실행하면 모든 테스트가 통과해 예상한 결과를 얻는다.

유닛테스트 코드도 코드이며 버그도 있을 수 있다.

유닛테스트를 작성하는 목적은 실제로 애플리케이션 코드를 테스트하는 것이지만, 테스트가 올바르게 작성됐는지 확인해야 한다. TDD^Test-Driven-Development 방법론의 한 가지 방법이 도움이 될 수 있다.

 TDD에서는 실제로 애플리케이션 코드를 작성하기 전에 유닛테스트를 개발한다. 이제 테스트가 심지어 존재하지 않는 메서드가 테스트를 통과하면, 무언가 잘못된 것이다. 다음 단계는 존재하지 않는 메서드를 작성하고 실패하는지 확인하는 것이다. 그 후 유닛테스트를 통과하는 데 필요한 최소한의 코드를 작성할 수 있다.

이 레시피에서는 파이썬으로 유닛테스트를 작성해 파이썬 GUI를 테스트한다. 파이썬 유닛테스트 코드가 코드일 뿐이며 실수를 수정할 필요가 있음을 알았다. 다음 레시피에서는 이 코드를 확장하고 이클립스 IDE용 PyDev 플러그인과 함께 제공되는 그래픽 유닛테스트 러너를 사용한다.

이클립스 PyDev IDE로 유닛테스트 작성하기

이전 레시피에서는 파이썬의 유닛테스트 기능을 사용하기 시작했다. 이 레시피에서는 이 기능을 사용해 GUI 코드의 품질을 보장한다. GUI를 유닛테스트해 GUI가 디스플레이하는 국제화된 문자열이 예상한 것과 같은지 확인한다.

이전 레시피에서는 유닛테스트 코드에 몇 가지 버그가 발생했지만 대개 유닛테스트는 유닛테스트 코드가 아닌 기존 애플리케이션 코드를 수정해 회귀 버그를 찾는다. 유닛테스트 코드가 올바른지 확인한 후에는 일반적으로 변경하지 않는다.

유닛테스트는 코드에서 기대하는 바를 문서화하는 역할을 한다.

기본적으로 파이썬의 유닛테스트는 텍스트 유닛테스트 러너로 실행되며 이클립스 IDE 내에서 PyDev 플러그인으로 실행할 수 있다. 콘솔창에서 똑같은 유닛테스트를 실행할 수도 있다. 이 레시피의 텍스트 러너 외에도 이클립스 IDE 내에서 사용할 수 있는 PyDev의 그래픽 유닛테스트 기능을 살펴볼 것이다.

시작하기

파이썬 유닛테스트를 사용하기 시작한 이전 레시피를 확장한다. 파이썬 유닛테스트 프레임워크는 Test Fixture라는 이름으로 제공된다. 테스트 픽스처에 대한 설명은 다음 URL을 참조한다.

- https://docs.python.org/3.7/library/unittest.html
- https://en.wikipedia.org/wiki/Test_fixture
- http://www.boost.org/doc/libs/1_51_0/libs/test/doc/html/utf/user-guide/fixture.html

이것이 의미하는 바는 setup 메서드를 생성해 단일 테스트가 실행되기 전에 setup( ) 메서드가 처음 호출되게 하고, 모든 단일 유닛테스트가 끝날 때 teardown 메서드가 호출된다.

 이 픽스처 기능은 유닛테스트를 실행할 수 있는 매우 제어된 환경을 제공한다.

이제 이 레시피 수행 방법을 살펴보자.

1. 우선 유닛테스트 환경을 설정해보자. 앞서 언급한 코드의 정확성에 초점을 맞춘 새로운 테스트 클래스를 만든다.

2. 새 모듈 UnitTestsEnglish.py를 생성한다.

3. 다음 코드를 추가한다.

```python
import unittest
from Ch08_Code.LanguageResources import I18N
from Ch08_Code.GUI_Refactored import OOP as GUI

class GuiUnitTests(unittest.TestCase):
    def test_TitleIsEnglish(self):
        i18n = I18N('en')
        self.assertEqual(i18n.title, "Python Graphical User Interface")

    def test_TitleIsGerman(self):
        # i18n = I18N('en') # <= 유닛테스트 버그
        i18n = I18N('de')
        self.assertEqual(i18n.title,
            'Python Grafische Benutzeroberfl' + "u00E4" + 'che')

class WidgetsTestsEnglish(unittest.TestCase):
    def setUp(self):
        self.gui = GUI('en')

    def tearDown(self):
        self.gui = None

    def test_WidgetLabels(self):
        self.assertEqual(self.gui.i18n.file, "File")
        self.assertEqual(self.gui.i18n.mgrFiles, ' Manage Files ')
        self.assertEqual(self.gui.i18n.browseTo, "Browse to File...")


#=========================
```

336

```
if __name__ == '__main__':
    unittest.main()
```

4. 코드를 실행하고 결과를 살펴본다.

5. UnitTestsEnglish.py를 열어서 UnitTests.py로 저장한다.

6. 모듈에 다음 코드를 추가한다.

```
class WidgetsTestsGerman(unittest.TestCase):
    def setUp(self):
        self.gui = GUI('de')

    def test_WidgetLabels(self):
        self.assertEqual(self.gui.i18n.file, "Datei")
        self.assertEqual(self.gui.i18n.mgrFiles, ' Dateien Organisieren
')
        self.assertEqual(self.gui.i18n.browseTo, "Waehle eine Datei... ")

    def test_LabelFrameText(self):
        labelFrameText = self.gui.widgetFrame['text']
        self.assertEqual(labelFrameText, " Widgets Rahmen ")
        self.gui.radVar.set(1)
        self.gui.callBacks.radCall()
        labelFrameText = self.gui.widgetFrame['text']
        self.assertEqual(labelFrameText, " Widgets Rahmen in Gold")
    ...
```

7. UnitTests.py를 실행한다.

8. 명령 프롬프트에서 코드를 실행하고 다음과 같은 결과를 관찰한다.

그러면 **Ch08_Code** 폴더가 파이썬 패키지로 인식돼 코드가 실행된다.

9. 이클립스를 사용해 유닛테스트를 간단한 파이썬 스크립트가 아닌 파이썬 유닛테스트 스크립트로 실행할 수 있다. 이것은 DOS 프롬프트의 흑백 세계 대신 화려한 출력을 제공한다.

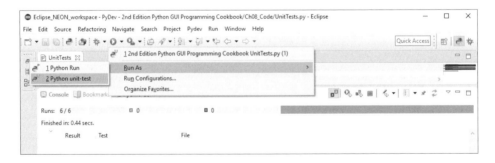

다음 절에서 단계별로 배워보자.

동작 원리

우선 3개의 테스트 메서드를 생성한다.

unittest.main()은 주어진 파이썬 모듈 내에서 몇 개의 클래스를 생성했는지에 관계없이 접두사 test로 시작하는 모든 메서드를 실행한다.

유닛테스트 코드는 unittest.main( )을 호출해 여러 개의 유닛테스트 클래스를 만들고 동일한 모듈에서 모두 실행할 수 있음을 보여준다. 또한 setup 메서드는 단원 테스트 보고서의 출력에서 테스트 수로 세지 않지만(테스트 수는 3임) 동시에 클래스에 액세스할 수 있는 동시에 유닛테스트 메서드 내에서 인스턴스 변수 self.gui에 의도된 작업을 수행했음을 보여준다.

모든 라벨의 정확성을 테스트하고 특히 코드를 변경할 때 버그를 잡는 데 관심을 둔다. 애플리케이션 코드에서 테스트 코드로 문자열을 복사해 붙여넣으면 유닛테스트 프레임워크 버튼을 클릭해 의도하지 않은 변경 사항을 잡는다.

또한 모든 언어 결과에서 RadioButton 위젯을 호출해 LabelFrame 위젯 텍스트가 업데이트 되는지 테스트한다. 이것을 자동적으로 테스트하기 위해서는 두 가지를 해야 한다. 먼저 LabelFrame 위젯의 값을 가져와서 labelFrameText라는 변수에 값을 할당해야 한다. 이 위젯의 속성이 딕셔너리 데이터 타입을 통해 전달되고 검색되므로 다음 구문을 사용해야 한다.

```
self.gui.widgetFrame['text']
```

프로그래밍 방식으로 라디오 버튼 위젯 중 하나를 클릭한 후 기본 텍스트를 확인한 다음 국제화 버전을 확인할 수 있다. 기본 labelFrameText를 확인한 후 라디오 버튼을 프로그래밍 방식으로 인덱스 1로 설정한 다음 라디오 버튼의 콜백 메서드를 호출한다.

```
self.gui.radVar.set(1)
self.gui.callBacks.radCall( )
```

이것은 기본적으로 GUI에서 라디오 버튼을 클릭하는 것과 동일한 액션이지만 유닛테스트에서 코드를 통해 이 버튼 클릭 이벤트를 수행한다.

그런 다음 LabelFrame 위젯의 텍스트가 의도한 대로 변경됐는지 확인한다.

 ModuleNotFoundError를 얻으면 다음 스크린샷과 같이 Python 코드가 있는 디렉터리를 Windows PYTHONPATH 환경변수에 추가만 하면 된다.

다음과 같은 오류가 발생했다.

오류가 발생하면 해결 방법은 다음과 같다.

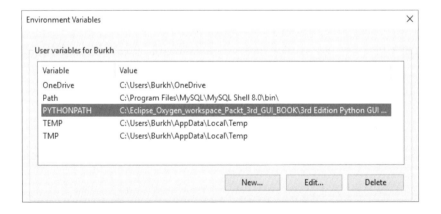

예: C:\Eclipse_NEON_workspace\3rd Edition Python GUI Programming Cookbook:

Name	Date modified	Type	Size
.settings	5/29/2019 2:48 AM	File folder	
Ch01_Code	4/30/2019 2:07 PM	File folder	
Ch02_Code	5/15/2019 7:23 PM	File folder	
Ch03_Code	5/3/2019 12:59 AM	File folder	
Ch04_Code	6/14/2019 12:59 PM	File folder	
Ch05_Code	5/24/2019 12:19 PM	File folder	
Ch06_Code	6/14/2019 1:01 PM	File folder	
Ch07_Code	6/14/2019 1:04 PM	File folder	
Ch08_Code	6/14/2019 1:09 PM	File folder	

OS (C:) > Eclipse_Oxygen_workspace_Packt_3rd_GUI_BOOK > 3rd Edition Python GUI Programming Cookbook

그러면 Ch08_Code 폴더가 파이썬 패키지로 인식되고 코드가 실행된다. 이클립스의 그래픽 러너에서 유닛테스트를 실행하면 결과 표시줄이 녹색으로 표시돼 모든 유닛테스트가 통과됐음을 의미한다. 라벨 테스트하고 프로그래밍 방식으로 RadioButton 호출한 다음, 유닛테스트에서 LabelFrame 위젯의 해당 text 속성이 예상대로 변경됐는지 확인해 유닛테스트 코드를 확장했다. 두 가지 다른 언어를 테스트했다. 그런 다음 이클립스/PyDev 그래픽 유닛테스트 러너를 사용했다.

9
wxPython 라이브러리로 GUI 확장하기

9장에서는 파이썬에 적용되지 않는 wxPython이라는 또 다른 파이썬 GUI 툴킷에 대해 소개하려고 한다. 이 라이브러리는 2개의 버전이 있다. 원본은 Classic이라고 부르고 최신 버전은 Phoenix라는 개발 프로젝트 코드명으로 부른다.

이전 클래식 버전은 파이썬 3.x에서 작동하지 않으며 이 버전을 더 이상 살펴보지 않고 대신 Phoenix 소프트웨어 버전에 집중한다.

이 책에서는 파이썬 3.6 이상을 사용해 프로그래밍하고 있으며 새로운 Phoenix 프로젝트 는 파이썬 3.6 이상을 지원하기 때문에 9장에서 사용할 것이다.

먼저 간단한 wxPython GUI를 생성하고 새로운 wxPython 라이브러리를 사용해 개발한 tkinter 기반 GUI와 연결할 예정이다.

wxPython은 파이썬 바인딩된 wxWidget이다. wxPython의 w는 윈도우 OS를 나타내고 x 는 리눅스, 애플 OSX(MacOC로 바뀜) 유닉스 기반 운영체제들을 위한 표시이다.

tkinter는 파이썬과 같이 제공되지만 파이썬과 함께 작동하는 다른 GUI 프레임워크를 사용한 경험이 중요하다. 이런 경험으로 파이썬 GUI 프로그래밍 기술이 향상되고 프로젝트에서 사용할 프레임워크를 선택할 수 있다. 9장을 위한 파이썬 모듈의 개요는 다음과 같다.

```
⊞ Ch09_Code
  📄 __init__.py
> 📄 Communicate.py
> 📄 Control_Frameworks_NOT_working.py
> 📄 Control_Frameworks.py
> 📄 Embed_tkinter.py
> 📄 Embed_wxPython.py
> 📄 GUI_wxPython.py
> 📄 Hello_wxPython.py
> 📄 wxPython_frame_GUI.py
> 📄 wxPython_panel_GUI.py
```

9장에서는 wxPython 라이브러리를 사용해 GUI를 강화해본다. 다룰 내용은 다음과 같다.

- wxPython 라이브러리 설치하기
- wxPython으로 GUI 생성하기
- wxPython을 사용해 빠르게 컨트롤 추가하기
- 메인 tkinter 앱에 wxPython 앱 임베딩하기
- wxPython에 tkinter GUI 코드 임베딩하기
- 파이썬에서 두 개의 다른 GUI 프레임워크 제어하기
- 연결된 두 GUI 사이의 통신

wxPython 라이브러리 설치하기

wxPython은 파이썬에 포함돼 있지 않기 때문에 사용하기 위해서는 처음에 설치해야 한다. 이번 레시피는 사용 중인 운영체제와 설치된 파이썬 버전에 맞추기 위해 설치할 버전을 찾는 방법을 알려줄 것이다.

wxPython 서드파티 라이브러리는 18년 이상 사용돼왔으며 강력한 라이브러리다.

시작하기

파이썬 3.7 이상에서 wxPython을 사용하기 위해 wxPython Phoenix 버전을 설치해야 한다. 다운로드 페이지는 https://wxpython.org/pages/downloads/이다. 이 링크를 사용해 wxPython GUI 프레임워크를 다운로드하고 설치한다.

그리고 wxPython 사용 방법에 대한 좋은 정보가 있는 PyPI에 대한 링크는 https://pypi.org/project/wxPython/이다.

실행 방법

불과 몇 년 전에는 파이썬 3에 적합한 wxPython 버전을 찾는 것이 약간 까다로웠지만 이제는 pip를 사용하면 된다. 자세히 살펴보자.

1. 커맨드 프롬프트나 파워셀 윈도우를 연다.
2. pip install wxPython을 입력한다.
3. 결과는 다음과 비슷해야 한다.

```
Windows PowerShell                                                    —  □  ×
PS C:\Python37> pip install wxPython
Collecting wxPython
  Downloading https://files.pythonhosted.org/packages/d0/8e/2c72bc3624e5cee50aa94f8ae8756bc1c3ae
c96e8d456b6aa1242e92e9e8/wxPython-4.0.6-cp37-cp37m-win_amd64.whl (22.9MB)
    |                                     | 22.9MB 930kB/s
Requirement already satisfied: six in c:\python37\lib\site-packages (from wxPython) (1.11.0)
Requirement already satisfied: numpy in c:\python37\lib\site-packages (from wxPython) (1.15.1)
Requirement already satisfied: pillow in c:\python37\lib\site-packages (from wxPython) (5.2.0)
Installing collected packages: wxPython
Successfully installed wxPython-4.0.6
PS C:\Python37>
```

4. 파이썬 site-packages 폴더에 wx라는 새 폴더가 있는지 확인한다.

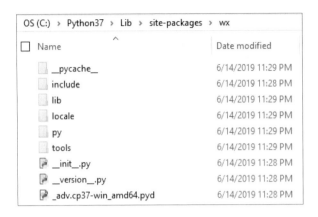

5. 새로운 모듈을 생성하고 `Hello_wxPython.py`를 호출한다.

6. 다음 코드를 추가한다.

```python
import wx
app = wx.App()
frame = wx.Frame(None, -1, "Hello World")
frame.Show()
app.MainLoop()
```

7. 위의 파이썬 3.6 스크립트를 실행하면 wxPython/Phoenix를 사용해 다음 GUI가 생성된다.

이제 코드를 더 잘 이해하기 위해 동작 원리를 살펴보자.

동작 원리

먼저 pip를 사용해 wxPython 프레임워크를 설치한다. 그런 다음 새 wx 폴더가 있는지 확인한다.

wx는 wxPython Phoenix 라이브러리가 설치돼 있는 폴더명이다. 파이썬 코드에 이 모듈을 임포트할 것이다.

공식 wxPython/Phoenix 웹사이트에서 간단한 데모 스크립트를 실행해 설치가 제대로 동작하는지 확인할 수 있다. 공식 웹사이트는 https://wxpython.org/pages/overview /#hello-world이다. 이번 레시피에서 파이썬 3.7에서 사용할 수 있는 wxPython 툴킷의 현재 버전을 성공적으로 설치했다. GUI 툴킷용 Phoenix 프로젝트는 현재 개발이 활성화돼 있다.

Phoenix는 기존 wxPython 툴킷을 대체하며 특히 파이썬 3.7에서 제대로 동작하는 걸 목표로 한다. wxPython/Phoenix 툴킷을 성공적으로 설치한 후에 이 툴킷을 사용해 단 5줄의 코드로 GUI를 만들 수 있다.

 이전에 tikinter를 사용해 같은 결과를 얻었다.

wxPython으로 GUI 생성하기

이번 레시피에서는 wxPython GUI 툴킷을 사용해 파이썬 GUI를 만든다. 처음에는 파이썬에 포함된 tkinter를 사용해 이전에 만들었던 몇 개의 위젯을 다시 만들어본다. 그리고 나서 tkinter를 사용해 만들기 쉽지 않았던 wxPython GUI 툴킷이 제공하는 몇 가지 위젯을 살펴볼 것이다.

시작하기

이전 레시피에서는 실행 중인 파이썬 버전과 운영체제 버전에 모두 맞는 wxPython의 올바른 버전을 설치하는 방법을 보여줬다. wxPython GUI 툴킷을 탐색하기에 좋은 곳은 다음 URL이다.

http://wxpython.org/Phoenix/docs/html/gallery.html

이 웹 페이지에서 많은 wxPython 위젯을 보여주며, 이들 중 하나를 클릭하면 해당 문서로 이동한다. 이 문서는 wxPython 컨트롤에 대해 빨리 배울 수 있는 매우 유용한 기능이다.

이제 wxPyttnon 라이브러리를 사용해보자.

실행 방법

타이틀, 메뉴바 및 상태바와 함께 제공되는 작업 윈도우를 매우 신속하게 생성한다. 이 상태바는 메뉴 항목 위로 마우스를 가져가면 메뉴 항목의 텍스트를 표시한다. 계속해 다음 단계들을 수행한다.

1. 새 Python 모듈을 만들고 이름을 wxPython_frame_GUI.py로 지정한다.

2. 다음 코드를 추가한다.

```python
# wxPython GUI 툴킷 임포트
import wx

# wxPython 프레임의 서브클래스
class GUI(wx.Frame):
    def __init__(self, parent, title, size=(200,100)):
        # Initialize super class
        wx.Frame.__init__(self, parent, title=title, size=size)

        # 프레임 배경색 변경
        self.SetBackgroundColour('white')

        # 상태바 생성
        self.CreateStatusBar()

        # 메뉴 생성
        menu= wx.Menu()

        # 메뉴에 메뉴 아이템 추가하기
        menu.Append(wx.ID_ABOUT, "About", "wxPython GUI")
        menu.AppendSeparator()
        menu.Append(wx.ID_EXIT,"Exit"," Exit the GUI")

        # 메뉴바 생성
        menuBar = wx.MenuBar()

        # 메뉴 타이틀 설정
        menuBar.Append(menu,"File")

        # 프레임에 메뉴바 연결
        self.SetMenuBar(menuBar)

        # 프레임 보여주기
        self.Show()

# wxPython 애플리케이션의 인스턴스 생성
app = wx.App()
```

```
# 기본 윈도우 크기로 wxPython GUI 서브클래스 호출
GUI(None, "Python GUI using wxPython", (300,150))

# GUI 주요 이벤트 순환문 실행
app.MainLoop()
```

3. wxPython 라이브러리를 사용해 파이썬으로 작성된 다음 GUI를 생성한다.
GUI_wxPython.py

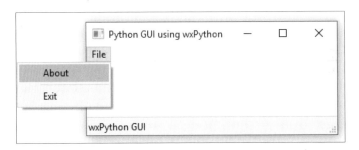

4. 새로운 모듈을 생성하고 이름을 wxPython_panel_GUI.py로 한다.

5. 다음 코드를 추가한다.

```
import wx     # wxPython GUI 툴킷 임포트
class GUI(wx.Panel):     # wxPython 패널 서브클래스
    def __init__(self, parent):

        # 슈퍼 클래스 초기화
        wx.Panel.__init__(self, parent)

        # 상태바 생성
        parent.CreateStatusBar()

        # 메뉴 생성
        menu= wx.Menu()

        # 메뉴에 메뉴 아이템 추가
        menu.Append(wx.ID_ABOUT, "About", "wxPython GUI")
        menu.AppendSeparator()
        menu.Append(wx.ID_EXIT,"Exit"," Exit the GUI")
```

```
# 메뉴바 생성
menuBar = wx.MenuBar()

# 메뉴 타이틀 설정
menuBar.Append(menu,"File")

# 프레임에 메뉴바 연결
parent.SetMenuBar(menuBar)

# 인쇄 버튼 생성
button = wx.Button(self, label="Print", pos=(0,60))

# 버튼에 Click Event 메서드 연결
self.Bind(wx.EVT_BUTTON, self.printButton, button)

# 텍스트 컨트롤 위젯 생성
self.textBox = wx.TextCtrl(self, size=(280,50),
style=wx.TE_MULTILINE)

    # 콜백 이벤트 핸들러
    def printButton(self, event):
        self.textBox.AppendText("The Print Button has been clicked!")

app = wx.App()        # wxPython 애플리케이션 인스턴스 생성
                      # 프레임 생성
frame = wx.Frame(None, title="Python GUI using wxPython",
size=(300,180))
GUI(frame)        # GUI에 프레임 전달
frame.Show()      # 프레임 보여주기
app.MainLoop()    # GUI 이벤트 주 순환문 실행
```

6. 앞의 코드를 실행하고 wxPython 버튼 위젯을 클릭하면 다음과 같은 GUI 결과
가 출력된다.

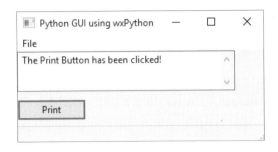

코드를 더 잘 이해하기 위해 동작 원리를 살펴보자.

동작 원리

`wxPython_frame_GUI.py` 코드에서 `wx.Frame`을 상속했다. 다음 코드에서는 `wx.Panel`에서 상속받고 `wx.Frame`에서 클래스의 `__init__()` 메서드로 전달한다.

 wxPython에서 최상위 GUI 윈도우를 프레임이라고 한다. 프레임이 없는 wxPython GUI는 있을 수 없으며 프레임은 wxPython 애플리케이션의 일부로 만들어야 한다. 코드의 하단에 애플리케이션과 프레임을 생성한다.

GUI에 위젯을 추가하려면 패널에 위젯을 첨부해야 한다. 패널의 부모는 프레임(최상위 윈도우)이고 패널에 배치하는 위젯의 부모는 패널이다. `wxPython_panel_GUI.py` 코드에서 부모는 GUI 이니셜 라이저로 전달하는 `wx.Frame`이다. 또한 패널 위젯에 버튼 위젯을 추가해 클릭하면 텍스트박스에 일부 텍스트를 출력한다.

완성도 높은 wxPython GUI 툴킷을 사용해 이 레시피에서 자체 GUI를 만들었다. 몇 줄의 파이썬 코드만으로 Minimize, Maximize 및 Exit 버튼과 함께 제공되는 완전한 기능을 갖춘 GUI를 만들 수 있다. 메뉴바, 여러 줄로 된 텍스트 컨트롤 및 버튼을 추가했다. 또한 메뉴 항목을 선택할 때 텍스트를 표시하는 상태바를 만들었다. 이 모든 위젯을 패널 컨테이너 위젯에 배치했다. 텍스트 컨트롤에 프린트하기 위해 버튼을 연결했다. 메뉴 항목 위로 마우스를 가져가면 상태바에 일부 텍스트가 표시된다.

wxPython을 사용해 빠르게 컨트롤 추가하기

이 레시피에서는 tkinter를 사용해 이 책의 앞부분에서 만든 GUI를 다시 만들지만, 이번에는 wxPython 라이브러리를 사용한다. 자체 파이썬 GUI를 만들기 위해 wxPython GUI 툴킷을 사용하는 것이 얼마나 쉽고 빠른지 알 수 있다. 8장에서 작성한 전체 기능을 다시 만들지 않는다. 예를 들어 wxPython GUI를 국제화하거나 MySQL 데이터베이스에 연결하지 않는다. GUI의 시각적 측면을 재현하고 몇 가지 기능을 추가한다.

 서로 다른 라이브러리를 비교하면 자신의 파이썬 GUI 개발에 사용할 툴킷을 선택할 수 있다. 이 툴킷 중 일부를 자체 파이썬 코드로 결합할 수 있다.

시작하기

wxPython 모듈이 이 레시피를 따르도록 설치됐는지 확인한다.

실행 방법

이 레시피를 실행하는 방법을 살펴보자.

1. 먼저 tkinter를 사용해 이전에 했던 것처럼 파이썬 OOP 클래스를 만들고, 이번에는 wx.Frame 클래스를 상속받아 확장한다. 클래스명은 MainFrame으로 한다.
2. 새로운 파이썬 모듈을 생성하고 GUI_wxPython.py로 한다.
3. 다음 코드를 추가한다.

```
import wx
BACKGROUNDCOLOR = (240, 240, 240, 255)
```

```
class MainFrame(wx.Frame):
    def __init__(self, *args, **kwargs):
        wx.Frame.__init__(self, *args, **kwargs)
        self.createWidgets()
        self.Show()

    def exitGUI(self, event):      # 콜백
        self.Destroy()

    def createWidgets(self):
        self.CreateStatusBar()     # wxPython 내장 메서드
        self.createMenu()
        self.createNotebook()
```

4. 노트북 위젯을 생성하는 다음 코드를 추가한다.

```
#--------------------------------------------------------
    def createNotebook(self):
        panel = wx.Panel(self)
        notebook = wx.Notebook(panel)
        widgets = Widgets(notebook) # Custom class explained below
        notebook.AddPage(widgets, "Widgets")
        notebook.SetBackgroundColour(BACKGROUNDCOLOR)
        # 레이아웃
        boxSizer = wx.BoxSizer()
        boxSizer.Add(notebook, 1, wx.EXPAND)
        panel.SetSizerAndFit(boxSizer)
```

5. 새로운 Widgets 클래스를 추가한다.

```
class Widgets(wx.Panel):
    def __init__(self, parent):
        wx.Panel.__init__(self, parent)
        self.createWidgetsFrame()
        self.addWidgets()
        self.layoutWidgets()
```

6. 다음 메서드들을 추가한다.

```
#------------------------------------------------------
def createWidgetsFrame(self):
    self.panel = wx.Panel(self)
    staticBox = wx.StaticBox(self.panel, -1, "Widgets Frame")
    self.statBoxSizerV = wx.StaticBoxSizer(staticBox, wx.VERTICAL)
#------------------------------------------------------
def layoutWidgets(self):
    boxSizerV = wx.BoxSizer(wx.VERTICAL)
    boxSizerV.Add(self.statBoxSizerV, 1, wx.ALL)
    self.panel.SetSizer(boxSizerV)
    boxSizerV.SetSizeHints(self.panel)
#------------------------------------------------------
def addWidgets(self):
    self.addCheckBoxes()
    self.addRadioButtons()
    self.addStaticBoxWithLabels()
```

7. addStaticBoxWithLabels 메서드를 추가한다.

```
def addStaticBoxWithLabels(self):
    boxSizerH = wx.BoxSizer(wx.HORIZONTAL)
    staticBox = wx.StaticBox(self.panel, -1, "Labels within a Frame")
    staticBoxSizerV = wx.StaticBoxSizer(staticBox, wx.VERTICAL)
    boxSizerV = wx.BoxSizer( wx.VERTICAL )
    staticText1 = wx.StaticText(self.panel, -1, "Choose a number:")
    boxSizerV.Add(staticText1, 0, wx.ALL)
    staticText2 = wx.StaticText(self.panel, -1,"Label 2")
    boxSizerV.Add(staticText2, 0, wx.ALL)
    #------------------------------------------------------
    staticBoxSizerV.Add(boxSizerV, 0, wx.ALL)
    boxSizerH.Add(staticBoxSizerV)
    #------------------------------------------------------
    boxSizerH.Add(wx.TextCtrl(self.panel))
    # Add local boxSizer to main frame
    self.statBoxSizerV.Add(boxSizerH, 1, wx.ALL)
```

8. 다음 메서드들을 추가하고 __init__에서 호출한다.

```python
class Widgets(wx.Panel):
    def __init__(self, parent):
        wx.Panel.__init__(self, parent)
        self.panel = wx.Panel(self)
        self.createWidgetsFrame()
        self.createManageFilesFrame()
        self.addWidgets()
        self.addFileWidgets()
        self.layoutWidgets()
    #------------------------------------------------------------
    def createWidgetsFrame(self):
        staticBox = wx.StaticBox(self.panel, -1, "Widgets Frame",
        size=(285, -1))
        self.statBoxSizerV = wx.StaticBoxSizer(staticBox, wx.VERTICAL)
    #------------------------------------------------------------
    def createManageFilesFrame(self):
        staticBox = wx.StaticBox(self.panel, -1, "Manage Files",
        size=(285, -1))
        self.statBoxSizerMgrV = wx.StaticBoxSizer(staticBox, wx.VERTICAL)
    #------------------------------------------------------------
    def layoutWidgets(self):
        boxSizerV = wx.BoxSizer( wx.VERTICAL )
        boxSizerV.Add( self.statBoxSizerV, 1, wx.ALL )
        boxSizerV.Add( self.statBoxSizerMgrV, 1, wx.ALL )

        self.panel.SetSizer( boxSizerV )
        boxSizerV.SetSizeHints( self.panel )
    #------------------------------------------------------------
    def addFileWidgets(self):
        boxSizerH = wx.BoxSizer(wx.HORIZONTAL)
        boxSizerH.Add(wx.Button(self.panel, label='Browse to File...'))
        boxSizerH.Add(wx.TextCtrl(self.panel, size=(174, -1),
        value= "Z:" ))

        boxSizerH1 = wx.BoxSizer(wx.HORIZONTAL)
        boxSizerH1.Add(wx.Button(self.panel, label='Copy File To:     '))
        boxSizerH1.Add(wx.TextCtrl(self.panel, size=(174, -1),
```

```
                value="Z:Backup" ))

            boxSizerV = wx.BoxSizer(wx.VERTICAL)
            boxSizerV.Add(boxSizerH)
            boxSizerV.Add(boxSizerH1)

            self.statBoxSizerMgrV.Add( boxSizerV, 1, wx.ALL )
```

9. 모듈의 아래쪽에 `MainLoop`를 호출하는 코드를 추가한다.

```
#=====================
# GUI 시작
#=====================
app = wx.App( )
MainFrame(None, , size=(350,450))
app.MainLoop( )
```

10. UI_wxPython.py를 실행한다. wxPython GUI의 최종 결과는 다음과 같다.

이제 코드를 더 잘 이해하기 위해 동작 원리를 살펴보자.

먼저 새 파이썬 모듈을 만든다. 명확성을 위해 더 이상 클래스 OOP라고 부르지 않고 대신 MainFrame으로 이름을 바꾼다.

 wxPython에서 기본 GUI 윈도우를 프레임이라고 한다.

또한 Exit 메뉴 항목을 클릭하면 GUI를 닫고 밝은 회색 tuple을 GUI 배경색으로 선언하는 콜백 메서드를 만든다. 그런 다음 wxPython 노트북 클래스의 인스턴스를 만들고 이를 Widgets라는 자체 사용자 정의 클래스의 부모로 할당해 GUI에 탭 컨트롤을 추가한다. notebook 클래스 인스턴스 변수의 부모는 wx.Panel이다.

 wxPython에서 탭으로 된 위젯은 tkinter에서와 같이 Notebook이라고 한다.

모든 노트북 위젯에는 부모가 필요하며, wxPython의 노트북에 위젯을 배치하기 위해 다양한 종류의 sizer를 사용한다.

 wxPython sizer는 tkinter의 격자 레이아웃 관리자와 유사한 레이아웃 관리자다.

그다음 노트북 페이지에 컨트롤을 추가한다. wx.Panel에서 상속받은 별도의 클래스 위젯을 생성한다. 코드를 관리하기 쉽고 이해하기 쉽게 유지하는 파이썬 OOP 프로그래밍 베스트 프랙티스에 따라 GUI 코드를 작은 메서드로 분해해 모듈화한다.

358

wxPython StaticBox 위젯을 사용하는 경우 StaticBox 위젯을 성공적으로 배치하기 위해 StaticBoxSizer와 일반 BoxSizer를 함께 사용한다. wxPython StaticBox는 tkinter LabelFrame 위젯과 매우 비슷하다.

StaticBox를 다른 StaticBox에 임베드하는 것은 tkinter에서는 간단하지만 wxPython을 사용하는 것은 약간 비직관적이다. 이를 작동시키는 한 가지 방법은 addStaticBoxWith Labels 메서드에서 봤다. 그런 다음, 먼저 가로형 BoxSizer를 만든다. 다음으로 이 프레임의 세로 레이아웃에 두 개의 라벨을 정렬하기 위해 세로 StaticBoxSizer를 만든다.

임베디드 StaticBox의 오른쪽에 다른 위젯을 배치하려면 내장된 StaticBox와 하위 컨트롤을 할당하고, 가로 위 BoxSizer에 다음 위젯을 할당한 다음 이 BoxSizer를 할당해야 한다. 이 BoxSizer에는 할당이 필요한 임베디드 StaticBox와 다른 StaticBox가 모두 포함돼 있다. 위젯을 기본 StaticBox에 추가한다.

혼란스러운가? 이러한 sizer를 어떻게 사용하는지 알아보자. 이 레시피의 코드에서 일부 코드를 주석 처리하거나 일부 x 및 y 좌표를 수정해 효과를 확인한다. 더 많은 것을 배우려면 wxPython 공식 문서를 읽는 것도 좋다.

 중요한 것은 원하는 레이아웃을 얻기 위해 코드에서 다른 sizer를 추가할 위치를 아는 것이다.

첫 번째 StaticBox 아래에 두 번째 StaticBox를 만들려면 별도의 StaticBoxSizer를 만들어 같은 패널에 할당한다.

wxPython GUI를 여러 클래스로 설계해 배치한다. 이 작업이 끝나면 파이썬 모듈의 맨 아래에 wxPython 애플리케이션의 인스턴스를 만든다. 다음으로 wxPython GUI 코드를 인스턴스화한다. 그런 다음이 애플리케이션 프로세스 내에서 실행되는 모든 파이썬 코드를 실행하는 기본 GUI 이벤트 루프를 호출한다. 그러면 wxPython GUI가 표시된다.

이 레시피에서는 wxPython GUI 툴킷을 사용하는 방법을 배우기 위해 OOP를 사용했다.

메인 tkinter 앱에 wxPython 앱 임베딩하기

이제 파이썬에 내장된 tkinter 라이브러리와 wxWidgets 라이브러리의 wxPython 래퍼를 사용해 동일한 GUI를 만들었으므로, 이러한 기술을 사용해 생성한 GUI를 결합해야 한다.

 wxPython과 tkinter 라이브러리에는 모두 장점이 있다. http://stackoverflow.com/과 같은 온라인 포럼에서는 어느 것이 더 나은지, 어떤 GUI 툴킷을 사용해야 하는지 등과 같은 질문을 자주 본다. 이는 결정을 내려야 한다는 것을 의미한다. 실제로 그런 결정을 내릴 필요가 없다.

이를 위한 주요 문제 중 하나는 각 GUI 툴킷이 자체 이벤트 루프를 가져야 한다는 것이다. 이 레시피에서는 tkinter GUI에서 wxPython GUI를 호출해 간단한 wxPython GUI를 임베드한다.

시작하기

1장, 'GUI 폼 생성 및 위젯 추가' 레시피 콤보박스 위젯에서 만든 tkinter GUI를 재사용한다.

실행 방법

tkinter GUI에서 시작한다.

1. 새 모듈을 만들고 이름을 Embed_wxPython.py로 지정한다.

2. 다음 코드를 추가한다.

```
#================================================================
import tkinter as tk
from tkinter import ttk, scrolledtext

win = tk.Tk()
win.title("Python GUI")
aLabel = ttk.Label(win, text="A Label")
aLabel.grid(column=0, row=0)
ttk.Label(win, text="Enter a name:").grid(column=0, row=0)
name = tk.StringVar()
nameEntered = ttk.Entry(win, width=12, textvariable=name)
nameEntered.grid(column=0, row=1)
ttk.Label(win, text="Choose a number:").grid(column=1, row=0)
number = tk.StringVar()
numberChosen = ttk.Combobox(win, width=12, textvariable=number)
numberChosen['values'] = (1, 2, 4, 42, 100)
numberChosen.grid(column=1, row=1)
numberChosen.current(0)
scrolW = 30
scrolH =  3
scr = scrolledtext.ScrolledText(win, width=scrolW, height=scrolH,
wrap=tk.WORD)
scr.grid(column=0, sticky='WE', columnspan=3)
nameEntered.focus()
action = ttk.Button(win, text="Call wxPython GUI")
action.grid(column=2, row=1)
#=====================
# GUI 시작
#=====================
win.mainloop()
```

3. 코드를 실행하고 결과를 살펴본다.

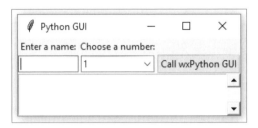

4. 새 함수 wxPythonApp을 만들고 기본 순환문 위에 배치한다.

```
#==========================================================
def wxPythonApp():
    import wx
    app = wx.App()
    frame = wx.Frame(None, -1, "wxPython GUI", size=(200,150))
    frame.SetBackgroundColour('white')
    frame.CreateStatusBar()
    menu= wx.Menu()
    menu.Append(wx.ID_ABOUT, "About", "wxPython GUI")
    menuBar = wx.MenuBar()
    menuBar.Append(menu,"File")
    frame.SetMenuBar(menuBar)
    frame.Show()
    app.MainLoop()

#=============== Bottom of module ================
action = ttk.Button(win, text="Call wxPython GUI",
command=wxPythonApp)
action.grid(column=2, row=1)

#======================
# Start GUI
#======================
win.mainloop()
```

5. 앞의 코드를 실행하면 tkinter 버튼 컨트롤을 클릭한 후 tkinter GUI에서 wxPython GUI를 시작한다.

이제 코드를 더 잘 이해하기 위해 동작 원리를 살펴보자.

동작 원리

먼저 간단한 tkinter GUI를 만들고 자체적으로 실행한다. 그다음 9장의 이전 레시피에서 만든 간단한 wxPython GUI를 호출한다. wxPython 코드가 있는 새 함수 wxPythonApp 을 만들고 tkinter 버튼 위에 배치한다. 그 후 버튼의 commnad 속성을 이 함수로 설정한다.

```
action = ttk.Button(win, text="Call wxPython GUI", command=wxPythonApp)    #
<====
```

중요한 부분은 전체 wxPython 코드를 자체 함수에 넣은 것이다. 이 함수의 이름은 def wxPythonApp( )이다. 버튼 click-event의 콜백함수에서 이 코드를 호출하면 된다.

 한 가지 주의할 점은 tkinter GUI를 계속 사용하려면 wxPython GUI를 닫아야 한다는 것이다.

wxPython에 tkinter GUI 코드 임베딩하기

이 레시피에서는 이전 레시피와 반대로 wxPython GUI 내에서 tkinter GUI 코드를 호출한다.

시작하기

9장에서 이전 레시피에서 작성한 wxPython GUI 코드 중 일부를 재사용한다.

실행 방법

wxPython GUI에서 시작한다.

1. 새 모듈을 만들고 이름을 Embed_tkinter.py로 지정한다.
2. 다음 코드를 추가한다.

```
#============================================================
import wx
app = wx.App()
frame = wx.Frame(None, -1, "wxPython GUI", size=(270,180))
frame.SetBackgroundColour('white')
frame.CreateStatusBar()
menu= wx.Menu()
menu.Append(wx.ID_ABOUT, "About", "wxPython GUI")
menuBar = wx.MenuBar()
menuBar.Append(menu,"File")
frame.SetMenuBar(menuBar)
textBox = wx.TextCtrl(frame, size=(250,50), style=wx.TE_MULTILINE)

def tkinterEmbed(event):
    tkinterApp()   # ← 다음으로 이 함수를 생성한다.

button = wx.Button(frame, label="Call tkinter GUI", pos=(0,60))
frame.Bind(wx.EVT_BUTTON, tkinterEmbed, button)
```

```
        frame.Show( )

        #=====================
        # Start wxPython GUI
        #=====================
        app.MainLoop( )
```

3. 코드를 실행하고 결과를 살펴본다.

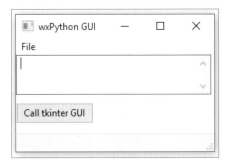

4. 모듈 제일 위에 다음 코드를 추가한다.

```
#=========================================================
def tkinterApp( ):
    import tkinter as tk
    from tkinter import ttk
    win = tk.Tk( )
    win.title("Python GUI")
    aLabel = ttk.Label(win, text="A Label")
    aLabel.grid(column=0, row=0)
    ttk.Label(win, text="Enter a name:").grid(column=0, row=0)
    name = tk.StringVar( )
    nameEntered = ttk.Entry(win, width=12, textvariable=name)
    nameEntered.grid(column=0, row=1)
    nameEntered.focus( )

    def buttonCallback( ):
        action.configure(text='Hello ' + name.get( ))
    action = ttk.Button(win, text="Print", command=buttonCallback)
    action.grid(column=2, row=1)
```

```
    win.mainloop()
#=============== Bottom of module ================
import wx
# ...
```

5. 코드를 실행하고 tkinter GUI 버튼을 호출한다.

6. tkinter GUI에서 텍스트를 입력하고 **인쇄** 버튼을 클릭한다.

7. wxPython TextCtrl 위젯에 입력한다.

8. 코드를 실행하고 tkinter GUI **호출** 버튼을 여러 번 클릭한다.

9. tkinter GUI에 입력하고 **인쇄** 버튼을 클릭한다.

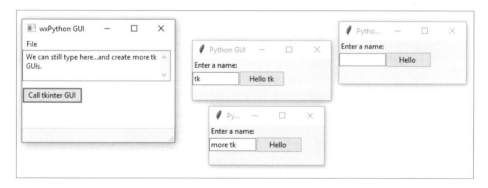

이제 코드를 더 잘 이해하기 위해 동작 원리를 살펴보자.

이 레시피에서 먼저 wxPython을 사용해 GUI를 만든 다음 그 안에서 tkinter를 사용해 빌드된 여러 GUI 인스턴스를 만드는 방식으로 이전 레시피와 반대 방향으로 진행했다. Embed_tkinter.py를 실행하면 wxPython 버튼 위젯을 클릭한 후 wxPython GUI에서 tkinter GUI를 시작한다. 그런 다음 텍스트를 tkinter 텍스트박스에 입력하고 버튼을 클릭하면 버튼 텍스트가 그 이름으로 업데이트된다.

tkinter GUI가 실행되고 있는 동안 TextCtrl 위젯에 입력할 수 있기 때문에 tkinter 이벤트 루프를 시작한 후에도 wxPython GUI가 응답한다.

 이전 레시피에서는 wxPython GUI를 닫을 때까지 tkinter GUI를 사용할 수 없었다. 이 차이점을 알고 있으면 두 개의 Python GUI 기술을 결합하려고 할 때 설계 의사 결정에 도움이 될 수 있다.

또한 wxPython GUI 버튼을 여러 번 클릭해 몇 가지 tkinter GUI 인스턴스를 만들 수 있다. 그러나 tkinter GUI가 실행되는 동안 wxPython GUI를 닫을 수 없다. 먼저 닫아야 한다.

하나 이상의 tkinter GUI가 실행되는 동안 wxPython GUI는 응답성이 유지됐다. 그러나 tkinter 버튼을 클릭하면 첫 번째 인스턴스의 버튼 텍스트만 업데이트됐다.

파이썬에서 두 개의 다른 GUI 프레임워크 제어하기

이 레시피에서는 파이썬에서 tkinter와 wxPython GUI 프레임워크를 제어하는 방법을 살펴본다. 이미 6장, '스레드 및 네트워킹'에서 파이썬 스레딩 모듈을 사용해 GUI 응답성을 유지했기 때문에 동일한 접근 방법을 사용한다.

일이 항상 직관적인 방식으로 작동하지 않는다는 것을 알게 될 것이다. 그러나 wxPython

GUI의 인스턴스를 호출하는 동안 tkinter GUI가 응답하지 않게 개선할 것이다.

이 레시피는 9장의 이전 레시피 '메인 tkinter 앱에 wkPython 앱 임베딩하기'를 확장한다. 여기에서 tkinter GUI에 wxPython GUI를 성공적으로 포함하려고 한다.

tkinter GUI에서 wxPython GUI의 인스턴스를 만들었을 때 우리는 wxPython GUI의 한 인스턴스를 닫을 때까지 더 이상 tkinter GUI 컨트롤을 사용할 수 없었다. 이제 이 부분을 개선해보자.

1. 새 모듈을 만들고 이름을 Control_Frameworks_NOT_working.py로 지정한다.
2. 다음 코드를 작성한다.

```
#================================================================
import tkinter as tk
from tkinter import ttk
from tkinter import scrolledtext
from threading import Thread

win = tk.Tk()
win.title("Python GUI")
aLabel = ttk.Label(win, text="A Label")
aLabel.grid(column=0, row=0)
ttk.Label(win, text="Enter a name:").grid(column=0, row=0)
name = tk.StringVar()
nameEntered = ttk.Entry(win, width=12, textvariable=name)
nameEntered.grid(column=0, row=1)
ttk.Label(win, text="Choose a number:").grid(column=1, row=0)
number = tk.StringVar()
numberChosen = ttk.Combobox(win, width=12, textvariable=number)
numberChosen['values'] = (1, 2, 4, 42, 100)
```

```
numberChosen.grid(column=1, row=1)
numberChosen.current(0)
scrolW = 30
scrolH = 3
scr = scrolledtext.ScrolledText(win, width=scrolW, height=scrolH,
wrap=tk.WORD)
scr.grid(column=0, sticky='WE', columnspan=3)
nameEntered.focus()


#===============================================================
# 동작하지 않음. 파이썬 충돌 ---------------------------------
def wxPythonApp():
    import wx
    app = wx.App()
    frame = wx.Frame(None, -1, "wxPython GUI", size=(200,150))
    frame.SetBackgroundColour('white')
    frame.CreateStatusBar()
    menu= wx.Menu()
    menu.Append(wx.ID_ABOUT, "About", "wxPython GUI")
    menuBar = wx.MenuBar()
    menuBar.Append(menu,"File")
    frame.SetMenuBar(menuBar)
    frame.Show()
    app.MainLoop()


def tryRunInThread():
    runT = Thread(target=wxPythonApp) # # <==== 스레드에서 wxPythonApp 호출
    runT.setDaemon(True)
    runT.start()
    print(runT)
    print('createThread():', runT.isAlive())
action = ttk.Button(win, text="Call wxPython GUI",
command=tryRunInThread)
action.grid(column=2, row=1)
#---------------------------------------------------------------
#====================
# GUI 시작
#====================
win.mainloop()
```

3. 코드를 실행한다. wxPython GUI를 열고 tkinter GUI에 입력한다.

4. GUI를 종료한다.

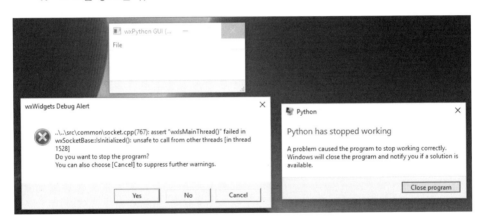

위의 스크린샷에서 볼 수 있듯이 Python.exe 실행 프로세스의 충돌을 방지하기 위해 스레드에서 전체 wxPython 애플리케이션을 실행하는 대신 wxPython app.MainLoop만 스레드에서 실행되도록 코드를 변경할 수 있다.

5. 새 모듈을 만들고 이름을 Control_Frameworks.py로 지정한다.

6. 다음 코드를 추가하고 실행한다.

```
#================================================================
import tkinter as tk
from tkinter import ttk
from tkinter import scrolledtext
from threading import Thread

win = tk.Tk()
win.title("Python GUI")
aLabel = ttk.Label(win, text="A Label")
aLabel.grid(column=0, row=0)
ttk.Label(win, text="Enter a name:").grid(column=0, row=0)
name = tk.StringVar()
nameEntered = ttk.Entry(win, width=12, textvariable=name)
nameEntered.grid(column=0, row=1)
ttk.Label(win, text="Choose a number:").grid(column=1, row=0)
number = tk.StringVar()
numberChosen = ttk.Combobox(win, width=12, textvariable=number)
numberChosen['values'] = (1, 2, 4, 42, 100)
numberChosen.grid(column=1, row=1)
numberChosen.current(0)
scrolW = 30
scrolH = 3
scr = scrolledtext.ScrolledText(win, width=scrolW, height=scrolH,
wrap=tk.WORD)
scr.grid(column=0, sticky='WE', columnspan=3)
nameEntered.focus()


#================================================================
## 동작
def wxPythonApp():
    import wx
    app = wx.App()
    frame = wx.Frame(None, -1, "wxPython GUI", size=(200,150))
    frame.SetBackgroundColour('white')
    frame.CreateStatusBar()
    menu= wx.Menu()
    menu.Append(wx.ID_ABOUT, "About", "wxPython GUI")
```

```
        menuBar = wx.MenuBar()
        menuBar.Append(menu,"File")
        frame.SetMenuBar(menuBar)
        frame.Show()
        runT = Thread(target=app.MainLoop)  # <==== MainLoop 전용 스레드
        runT.setDaemon(True)
        runT.start()
        print(runT)
        print('createThread():', runT.isAlive())

    action = ttk.Button(win, text="Call wxPython GUI", command=wxPythonApp)
    action.grid(column=2, row=1)
    #=================================================================
    #====================
    # Start GUI
    #====================
    win.mainloop()
```

다음 절에서 자세히 이해해보자.

동작 원리

먼저 전체 wxPython GUI 애플리케이션을 Control_Frameworks_NOT_working.py 스레드에서 실행하려고 했지만 wxPython 메인 이벤트 루프가 애플리케이션의 메인 스레드가 될 것으로 예상하기 때문에 작동하지 않았다.

처음에는 Control_Frameworks_NOT_working.py가 작동하는 것 같다. tkinter 컨트롤이 더 이상 비활성화되지 않고 버튼을 클릭해 wxPython GUI의 여러 인스턴스를 만들 수 있기 때문에 직관적이다. wxPython GUI에 입력하고 다른 tkinter 위젯을 선택할 수도 있다. 그러나 일단 GUI를 닫으려고 하면 wxWidgets에서 오류가 발생하고 파이썬 실행 파일이 충돌한다.

이것이 메인 스레드라고 믿도록 속이는 스레드에서 wxPython app.MainLoop만 실행해 Control_Frameworks.py의 해결 방법을 찾았다. 이 접근법의 한 가지 부작용은 더 이상

wxPython GUI 인스턴스를 모두 개별적으로 닫을 수 없다는 것이다. 적어도 하나는 데몬으로 스레드를 생성한 wxPython GUI를 닫을 때만 닫힌다.

wxPython 호출 GUI 버튼을 한 번 또는 여러 번 클릭한 다음 생성된 모든 wxPython 윈도우 폼을 닫고자 테스트할 수 있다. 호출된 tkinter GUI를 닫을 때까지 마지막 것을 닫을 수 없다! 직관적으로는 메인 스레드가 먼저 닫히기를 기다리지 않아도, 모든 데몬 스레드를 닫을 수 있을 것으로 예상했으나 왜 닫을 수 없는지 이해할 수 없다.

메인 스레드가 여전히 실행되는 동안 참조 카운터가 0으로 설정되지 않았을 가능성이 있다. 실용적인 차원에서 이것이 현재 작동하는 방법이다.

연결된 두 GUI 사이의 통신

이 레시피에서는 두 GUI 간 서로 통신할 수 있는 방법을 살펴본다.

시작하기

이전 레시피 중 하나를 읽으면 이 레시피를 잘 준비할 수 있다. 이 레시피는 이전 레시피와 관련해 약간 수정된 GUI 코드를 사용하지만 기본 GUI 작성 코드의 대부분은 동일하다.

실행 방법

두 GUI가 어느 정도 서로 통신하도록 하는 파이썬 코드를 작성한다.

1. 새 모듈을 만들고 이름을 Communicate.py로 지정한다.
2. 다음 코드를 추가한다.

```
#===============================================================
import tkinter as tk
from tkinter import ttk
from threading import Thread
```

```
win = tk.Tk()
win.title("Python GUI")
ttk.Label(win, text="Enter a name:").grid(column=0, row=0)

name = tk.StringVar()
nameEntered = ttk.Entry(win, width=12, textvariable=name)
nameEntered.grid(column=0, row=1)
nameEntered.focus()

ttk.Label(win, text="Choose a number:").grid(column=1, row=0)
number = tk.StringVar()
numberChosen = ttk.Combobox(win, width=12, textvariable=number)
numberChosen['values'] = (1, 2, 4, 42, 100)
numberChosen.grid(column=1, row=1)
numberChosen.current(0)

text = tk.Text(win, height=10, width=40, borderwidth=2,
wrap='word')
text.grid(column=0, sticky='WE', columnspan=3)

#================================================================
from multiprocessing import Queue
sharedQueue = Queue()
dataInQueue = False

def putDataIntoQueue(data):
    global dataInQueue
    dataInQueue =  True
    sharedQueue.put(data)

def readDataFromQueue():
    global dataInQueue
    dataInQueue = False
    return sharedQueue.get()
#===========================================================
import wx
class GUI(wx.Panel):
    def __init__(self, parent):
```

```
            wx.Panel.__init__(self, parent)
            parent.CreateStatusBar()
            menu= wx.Menu()
            menu.Append(wx.ID_ABOUT, "About", "wxPython GUI")
            menuBar = wx.MenuBar()
            menuBar.Append(menu, "File")
            parent.SetMenuBar(menuBar)
            button = wx.Button(self, label="Print", pos=(0,60))
            self.Bind(wx.EVT_BUTTON, self.writeToSharedQueue, button)
            self.textBox = wx.TextCtrl(self, size=(280,50),style=wx.TE_
MULTILINE)

    #--------------------------------------------------------
    def writeToSharedQueue(self, event):
        self.textBox.AppendText("The Print Button has been clicked! \n")
        putDataIntoQueue('Hi from wxPython via Shared Queue.\n')
        if dataInQueue:
            data = readDataFromQueue()
            self.textBox.AppendText(data)
            text.insert('0.0', data) # insert data into tkinter GUI

#============================================================
def wxPythonApp():
        app = wx.App()
        frame = wx.Frame(None, title="Python GUI using wxPython" ,
size=(300,180))
        GUI(frame)
        frame.Show()
        runT = Thread(target=app.MainLoop)
        runT.setDaemon(True)
        runT.start()
        print(runT)
        print('createThread():', runT.isAlive())
#============================================================
action = ttk.Button(win, text="Call wxPython GUI", command=wxPythonApp)
action.grid(column=2, row=1)

#=====================
# GUI 시작
```

```
#=====================
win.mainloop()
```

3. 코드를 실행하고 다음 단계를 수행한다.

4. 두 버튼을 모두 클릭하고 컨트롤에 입력한다.

이제 코드를 더 잘 이해하기 위해 동작 원리를 살펴보자.

동작 원리

Communicate.py를 실행하면 프로그램의 tkinter 부분이 먼저 생성되고 이 GUI에서 버튼을 클릭하면 wxPython GUI가 실행된다. 이전처럼 둘 다 동시에 실행되지만, 이번에는 두 GUI 사이에 추가 수준의 통신이 있다.

tkinter GUI는 위의 스크린샷의 왼쪽에 표시돼 있으며 **wxPython GUI 호출** 버튼을 클릭하면 wxPython GUI의 인스턴스를 호출한다. 버튼을 여러 번 클릭해 여러 인스턴스를 만들 수 있다.

생성된 모든 GUI는 응답성이 유지된다. 충돌하거나 멈추지 않는다.

wxPython GUI 인스턴스 중 하나에서 **인쇄** 버튼을 클릭하면 하나의 문장이 자체 TextCtrl 위젯에 쓰여지고 다른 라인이 tkinter GUI뿐만 아니라 그 자체에 쓰여진다. wxPython GUI에서 첫 번째 문장을 보려면 스크롤해야 한다.

 이것이 작동하는 방식은 모듈 수준의 큐와 tkinter 텍스트 위젯을 사용하는 것이다

주목해야 할 중요한 요소 중 하나는 이전 레시피에서 했던 것처럼 wxPython app. MainLoop을 실행하는 스레드를 만드는 것이다.

```python
def wxPythonApp():
    app = wx.App()
    frame = wx.Frame(None, title="Python GUI using wxPython ,
                    size=(300,180))
    GUI(frame)
    frame.Show()
    runT = Thread(target=app.MainLoop)
    runT.setDaemon(True)
    runT.start()
```

wx.Panel에서 상속받은 클래스를 만들고 GUI에 이름을 지정한 다음 앞의 코드에서 이 클래스의 인스턴스를 인스턴스화한다. 이 클래스에서 버튼 클릭 이벤트 콜백 메서드를 작성한 다음 위에 작성된 절차 코드를 호출한다. 이 때문에 클래스는 함수에 접근할 수 있고 공유 큐에 쓸 수 있다.

```python
    #------------------------------------------------------
    def writeToSharedQueue(self, event):
        self.textBox.AppendText("The Print Button has been clicked!n")
        putDataIntoQueue('Hi from wxPython via Shared Queue.n')
```

```
if dataInQueue:
    data = readDataFromQueue()
    self.textBox.AppendText(data)
    text.insert('0.0', data) # insert data into tkinter
```

우선 앞의 방법으로 데이터가 공유 큐에 있는지 확인한 다음 공용 데이터를 두 GUI에 모두 출력한다.

 putDataIntoQueue() 행은 데이터를 큐에 넣고 readDataFromQueue()는 이를 다시 읽어 데이터 변수에 저장한다. text.insert ('0.0', data)는 인쇄 버튼의 wxPython 콜백 메서드에서 이 데이터를 tkinter GUI에 쓰는 부분이다.

다음 함수가 코드에서 호출돼 동작한다.

```
from multiprocessing import Queue
sharedQueue = Queue()
dataInQueue = False

def putDataIntoQueue(data):
    global dataInQueue
    dataInQueue =  True
    sharedQueue.put(data)

def readDataFromQueue():
    global dataInQueue
    dataInQueue = False
    return sharedQueue.get()
```

dataInQueue라는 간단한 Boolean 플래그를 사용해 데이터가 큐에서 사용 가능할 때 통신한다. 이 레시피에서 비슷한 방식으로 생성한 두 개의 GUI를 성공적으로 결합했지만 이전에는 독립적이고 서로 통신하지 않았다.

그러나 이 레시피에서는 하나의 GUI를 다른 GUI로 시작해 간단한 다중 처리 파이썬 큐 메커니즘을 통해 공유 큐에서 두 GUI 간 데이터를 쓰면서 서로 통신하도록 만들었다.

다양한 프로세스, 스레드, 풀(pool), 락(lock), 파이프, TCP/IP 연결 등을 사용할 수 있는 고급 기술과 복잡한 기술이 많이 있다.

파이썬다운(Pythonic) 정신에 따라 적합한 간단한 솔루션을 발견했다. 코드가 복잡해지면 리팩터링해야 할 수도 있지만 좋은 시작이다.

10
PyQt5로 GUI 만들기

10장에서는 PyQt5라는 이름의 또 다른 파이썬 GUI 툴킷을 소개하려고 한다. 이것은 정말 훌륭하다. PyQt5는 tkinter와 비슷한 기능을 가지고 있지만 위젯을 폼에 끌어 놓을 수있는 매우 좋은 Visual Designer 도구가 함께 제공된다. 또한 Designer의 .ui 코드를 파이썬 코드로 변환하는 다른 도구를 사용할 것이다.

Designer에서 GUI를 시각적으로 설계한 다음 코드를 파이썬 코드로 변환한 후, 순수 파이썬을 사용해 위젯에 기능을 추가할 것이다. 먼저 디자이너 없이 간단한 PyQt5 GUI를 쓰기 전에 PyQt5 및 Designer를 설치한다. 그 후에 GUI를 시각적으로 디자인한다.

PyQt5 및 Visual Designer 도구와 .ui를 .py 코드로 변환하는 방법을 알면 파이썬 GUI 개발 도구 상자에 훌륭한 기술을 추가할 수 있다. 이를 통해 강력하고 복잡한 GUI를 생성하는 방법과 함께 UI를 시각적으로 설계한 다음 소프트웨어 개발에 대한 모듈식 접근 방식을 사용해 설계에서 기능을 분리하는 방법을 배울 수 있다.

또한 이 책을 통해 지금까지 본 다양한 GUI 프레임워크를 비교할 수 있는 기회를 얻을 수있으며, 궁극적으로 더욱 심층적으로 살펴볼 GUI 프레임워크를 선택할 수 있다.

나는 Tkinter와 PyQt5를 이용한 Python GUI 프로그래밍에 매우 중점을 둔 두 개의 Packt 비디오 과정을 만들었다. 팩트 웹사이트에서 찾을 수 있으며 10장의 끝에서 해당 링크를 제공한다.

다음 화면은 10장에 필요한 파이썬 모듈의 개요다.

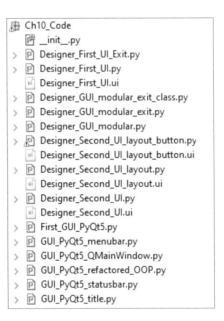

다음 레시피들을 다룰 예정이다.

- PyQt5 설치하기
- PyQt5 디자이너 도구 설치하기
- 첫 PyQt5 GUI 작성하기
- GUI 타이틀 변경하기
- 객체지향 코드로 리팩터링하기
- QMainWindow 상속하기
- 상태바 위젯 추가하기

- 메뉴바 위젯 추가하기
- PyQt5 디자이너 도구 시작하기
- PyQt5 디자이너에서 미리보기
- PyQt5 디자이너 폼 저장하기
- 디자이너 .ui 코드를 .py 코드로 변환하기
- 변환된 디자이너 코드 이해하기
- 모듈식 GUI 디자인 구현하기
- 메뉴바에 다른 메뉴 아이템 추가하기
- Exit 메뉴 아이템에 기능 추가하기
- 디자이너를 통해 탭 위젯 추가하기
- 디자이너에서 레이아웃 사용하기
- 디자이너에서 버튼과 라벨 추가하기

PyQt5 설치하기

이 레시피에서는 PyQt5 GUI 프레임워크를 설치한다. PyQt5 휠 포맷 설치 관리자를 다운로드하기 위해 파이썬 pip 도구를 사용한다. 공식 문서는 다음 링크에서 찾을 수 있다.

https://www.riverbankcomputing.com/static/Docs/PyQt5/installation.html

시작하기

컴퓨터에 파이썬 pip 도구가 설치돼 있어야 한다. 이미 설치돼 있을 것이다.

실행 방법

파이썬 pip 도구를 사용해 PyQt5를 설치하는 방법을 살펴보자.

1. 윈도우 파워셸이나 명령 프롬프트를 연다.
2. pip install pyqt5 명령을 입력한다.
3. Enter 키를 누른다.
4. pip list 명령을 실행해 설치 여부를 확인한다.

동작 원리

1단계에서는 파워셸 윈도우를 열고 2단계에서는 파이썬 pip 도구를 사용한다. Enter 키를 눌러 3단계에서 명령을 실행하면 설치가 시작되고 실행된다. 다음과 유사한 결과가 표시된다.

4단계에서는 pip를 다시 사용해 PyQt5를 성공적으로 설치했는지 확인한다. 결과는 다음 스크린샷과 유사하게 표시된다.

컴퓨터에 설치된 패키지가 더 많을 수 있다. 중요한 것은 PyQt5 패키지가 나열돼 있다는 것이다. 설치된 버전 번호는 패키지 이름 오른쪽에 나열된다.

PyQt5 디자이너 도구 설치하기

이 레시피에서는 PyQt5 Designer 도구를 설치한다. 파이썬 `pip` 도구를 사용한다. 이 단계는 PyQt5를 설치한 이전 레시피와 매우 유사하다.

시작하기

컴퓨터에 파이썬 `pip` 도구가 설치돼 있어야 한다.

실행 방법

PyQt5 Designer를 파이썬 `pip` 도구를 사용해 설치하는 방법을 살펴보자. 패키지에는 Designer 도구 이상의 기능이 포함돼 있다.

1. 윈도우 파워셸이나 명령 프롬프트를 연다.

2. 다음 명령을 입력한다.

   ```
   pip install pyqt5-tools
   ```

3. Enter 키를 누른다.

4. 다음 명령으로 설치 여부를 확인한다.

   ```
   pip list
   ```

5. 하드 드라이브에 Designer.exe 파일을 찾아본다.

동작 원리

1단계에서는 PowerShell 창을 열고 2단계에서는 파이썬 pip 도구를 사용한다. Enter 키를 눌러 3단계에서 명령을 실행하면 설치가 시작되고 실행된다. 다음과 유사한 결과가 표시된다.

이전 스크린샷에서 설치에 오류가 발생했다. 이유는 모르지만 설치 과정에서 오류가 발생하는 경우가 있다. 설치를 다시 실행하기만 하면 이번에는 오류 없이 실행된다. 디자이너를 포함해 필요한 도구가 성공적으로 설치됐다.

4단계는 이전 레시피와 완전히 동일한 단계이며, 출력은 정확히 동일하다. 자세한 내용은 PyQt5 설치 레시피의 출력 스크린샷을 참조한다.

5단계에서는 나중에 사용할 Visual Designer 도구인 `Designer.exe` 파일을 찾는다. 찾은 후에는 바탕 화면에 바로가기를 만들 수 있다.

다음은 `Designer.exe`가 내 컴퓨터에 설치돼 있는 스크린샷이다.

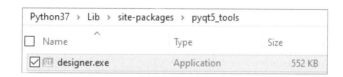

위치가 다를 수 있지만 도구를 찾을 위치를 알 수 있다.

첫 PyQt5 GUI 작성하기

이 레시피에서 첫 번째 PyQt5 GUI를 작성할 것이다. 디자이너를 사용하지 않고도 PyQt5를 직접 사용할 수 있다.

시작하기

PyQt5가 설치돼 있어야 한다. PyQt5 설치 방법을 보려면 PyQt5 설치 방법을 참조한다. 좋아하는 파이썬 편집기를 사용해 코드를 작성한다. 이클립스, PyCharm 등의 최신 IDE에 익숙하지 않은 경우 파이썬과 함께 제공되는 IDLE 편집기를 사용할 수 있다.

이제 PyQt5를 사용해 첫 번째 GUI를 구축하는 방법을 살펴보자.

1. 좋아하는 파이썬 에디터를 연다.
2. 새로운 파이썬 모듈을 만들고 First_GUI_PyQt5.py로 저장한다.
3. 다음 임포트 구문을 타이핑한다.

```
import sys
from PyQt5.QtWidgets import QApplication, QWidget
```

4. 임포트 구문 아래에 다음 4줄의 코드를 추가한다.

```
app = QApplication(sys.argv)
gui = QWidget()
gui.show()
sys.exit(app.exec_())
```

5. 앞의 코드를 실행한다. 결과 GUI를 최대화, 최소화 및 크기 조정한다. 오른쪽 상단 모서리에 있는 × 기호를 클릭해 애플리케이션을 닫는다.

이제 더 잘 이해하기 위해 동작 원리를 살펴보자.

1단계와 2단계에서 새로운 파이썬 모듈을 생성한다. 3단계에서는 몇 가지 임포트 구문을 작성한다. 명령행 인수를 GUI에 전달할 수 있도록 sys를 임포트한다. PyQt5 패키지에서 QtWidgets 모듈에 있는 QApplication 및 QWidget 클래스를 임포트한다.

추가 명령행 인수를 전달할 수 있도록 sys.argv로 전달해 QApplication 클래스의 인스턴스를 생성한다. 이 인스턴스를 app 변수에 저장한다. 이렇게 하면 애플리케이션이 만들어진다. 그런 다음 QWidget 클래스의 인스턴스를 만들고 GUI가 된다. 이 인스턴스를 gui라는 로컬 변수에 저장한다.

다음으로, GUI를 볼 수 있도록 gui 클래스 인스턴스의 show 메서드를 호출한다.

그런 다음 애플리케이션 클래스 인스턴스에서 exec_ 메서드를 호출해 애플리케이션을 실행한다. 발생할 수 있는 예외 사항을 파악하기 위해 호출을 sys.exit 내에 래핑한다. 예외가 발생하면 파이썬 애플리케이션이 정상적으로 종료되고 충돌하지 않는다.

GUI 타이틀 변경하기

이 레시피에서 이전 레시피에서 만든 GUI의 제목을 변경한다.

시작하기

이전 레시피의 코드를 사용할 예정이니, 모듈을 스스로 입력하거나 이 책의 팩트 웹사이트에서 다운로드한다.

실행 방법

이 GUI의 제목을 변경해 이전 레시피에서 GUI를 향상시킨다. 시작해보자.

1. First_GUI_PyQt5.py를 열어서 GUI_PyQt5_title.py로 저장한다.
2. 기존 코드의 중간 부분에 다음 코드를 추가한다.

    gui.setWindowTitle('PyQt5 GUI')

3. 코드를 실행하고 새로운 타이틀을 살펴본다.

이제 동작 원리를 살펴보자.

동작 원리

1단계에서는 이전 레시피의 코드를 새 이름으로 저장해 재사용하고 있다. 2단계에서는 gui 인스턴스에서 setWindowTitle 메서드를 문자열로 전달해 호출한다. 이 문자열은 애플리케이션을 실행할 때 새 타이틀이 된다. 전체 코드는 다음과 같다.

```
import sys
from PyQt5.QtWidgets import QApplication, QWidget

app = QApplication(sys.argv)
gui = QWidget()
gui.setWindowTitle('PyQt5 GUI')            # <-- 중간 지점에서 메서드 호출
gui.show()
sys.exit(app.exec_())
```

3단계에서는 코드를 실행해 윈도우 제목에 파이썬 대신 **PyQt5 GUI**가 표시되는 것을 확인한다.

추가 사항

이전 코드에서 주의해야 할 점은 setWindowTitle을 호출하는 위치다. 이는 모든 PyQt5 애플리케이션이 따르는 일반적인 코드 구조를 보여주기 때문이다. 임포트 명령문 이후 맨 위에서 PyQt5 애플리케이션을 만든다. 맨 아래에서는 애플리케이션을 실행한다. GUI에 추가하는 모든 기능은 코드의 상단과 하단 사이에 있다.

객체지향 코드로 리팩터링하기

이 레시피에서 클래스를 사용해 코드를 객체지향 프로그래밍[OOP]으로 리팩터링할 것이다. 이는 PyQt5 Designer 코드와 10장의 뒷부분에 작성될 레시피를 준비하기 위한 것이다.

이 레시피에서 GUI의 결과 출력은 같아 보이지만 코드는 다르다.

QWidget에서 상속하는 클래스를 만든다.

시작하기

이전 레시피의 코드를 리팩터링할 예정이니, 반드시 그 코드를 이해하길 바란다.

실행 방법

이전 절차적 코드를 객체지향 코드로 변환한다. 방법은 다음과 같다.

1. 새로운 모듈을 생성하고 이름을 GUI_PyQt5_refactored_OOP.py한다.
2. 동일한 임포트 구문을 작성한다.

```python
import sys
from PyQt5.QtWidgets import QApplication, QWidget
```

3. QWidget을 상속하는 클래스를 만든다.

```python
class GUI(QWidget):
    def __init__(self):
        super().__init__()
        # 윈도우를 생성하고 슈퍼클래스를 초기화한다.
        self.initUI()

    def initUI(self):
        self.setWindowTitle('PyQt5 GUI')
```

4. 위 코드 아래에 파이썬 셀프 테스팅 코드를 추가한다.

```python
if __name__ == '__main__':
    app = QApplication(sys.argv)
    gui = GUI()
    gui.show()
    sys.exit(app.exec_())
```

5. 애플리케이션을 실행한다. 결과는 이전 레시피의 GUI와 동일하다.

동작 원리

1단계에서는 새 모듈을 생성하는 반면 2단계에서는 10장의 이전 레시피에서 사용한 것과 동일한 import문을 추가했다.

3단계에서는 QWidget을 상속하는 새 클래스를 만들었다. 부모를 초기화하기 위해 super를 호출하고, 차례로 GUI를 만든다. 그런 다음 윈도우 제목을 설정하는 클래스 메서드를 만들고 호출한다.

4단계에서는 파이썬의 자체 테스트 기능을 사용해 PyQt5 애플리케이션과 GUI를 생성한 다음 코드를 실행한다. 이 코드를 실행하면 이전 레시피와 동일한 GUI가 생성되지만, 우리 코드는 현재 OOP를 사용하고 있다.

QMainWindow 상속하기

이제 PyQt5 클래스에서 상속하는 방법을 확인했으므로 이 레시피에서 QMainWindow를 상속한다. 이를 통해 QWidgets을 상속하는 것보다 GUI를 설계할 때 더 많은 옵션이 제공된다. GUI 윈도우 제목을 설정하는 것 외에도 특정 사이즈도 제공한다.

시작하기

여기에 작성하고 있는 코드를 이해할 수 있도록 이전 레시피를 읽어보자.

실행 방법

QMainWindow에서 상속하고 GUI의 크기를 명시할 것이다. 시작해보자.

1. 새로운 모듈을 생성하고 이름을 GUI_PyQt5_QMainWindow.py로 한다.
2. 다음 임포트 구문을 작성한다.

```
import sys
from PyQt5.QtWidgets import QApplication, QMainWindow
```

3. 다음 클래스를 생성한다.

```
class GUI(QMainWindow):
    def __init__(self):
        super().__init__()
        self.initUI()

    def initUI(self):
        self.setWindowTitle('PyQt5 GUI')
        self.resize(400, 300)
```

4. 이전 레시피에서 본 __main__ 코드를 추가한다.
5. 코드를 실행한다. 결과 GUI는 이전 두 레시피에서와 동일하게 보이지만 더 작아질 것이다.

동작 원리

1단계에서는 새 모듈을 생성하는 반면 2단계에서는 import문을 작성한다. 그러나 이번에는 QWidgets를 import하지 않고 대신 QMainWindow를 import한다. 3단계에서는 QMainWindow를 상속하는 새로운 클래스를 만든다.

이전처럼 메서드를 호출해 제목을 설정했다. 하지만 제목 설정 외에도 GUI의 특정 크기도 제공하고 있다. 크기 조정 메서드를 호출해 폭과 높이를 전달한다.

4단계와 5단계는 이전 레시피와 동일하지만, 결과 GUI는 이제 resize 메서드에서 지정한 크기이다.

상태바 위젯 추가하기

이 레시피에서는 위젯을 이전에 만든 GUI에 추가한다. 상태바를 추가하는 것부터 시작한다. 이는 PyQt5와 함께 제공되는 위젯이므로 사용하기만 하면 된다.

시작하기

이전 레시피에서 GUI를 확장할 예정이니, 여기에 쓰고 있는 코드를 이해하기 위해 이전 레시피를 읽어보자.

실행 방법

시작해보자.

1. 새로운 모듈을 생성하고 이름을 `GUI_PyQt5_statusbar.py`로 한다.
2. `GUI_PyQt5_QMainWindow.py`에서 찾을 수 있는 이전 레시피와 똑같은 코드를 작성한다.
3. 다음 코드 블록처럼 클래스 내에서 새 메서드 `add_widgets`를 만들고 호출한다.

```python
def initUI(self):
    self.setWindowTitle('PyQt5 GUI')
    self.resize(400, 300)
    self.add_widgets()                      # <== 새로운 메서드 호출

def add_widgets(self):
    self.statusBar().showMessage('Text in statusbar')
```

4. 이전 코드를 실행하고 GUI 아래에 새로운 상태바를 확인한다.

이제 더 잘 이해하기 위해 동작 원리를 살펴보자.

동작 원리

1단계에서는 새로운 모듈을 만들고 2단계에서는 이전 레시피의 코드를 재사용하고 있다. 3단계에서는 PyQt5 기본 제공 상태바를 생성하는 새로운 메서드 add_widget을 생성한다.

상태바 위젯은 QMainWindow의 일부이므로, 이 위젯에 액세스하기 위해 self를 사용한다. 이것이 QWidgets가 아닌 QMainWindow에서 GUI를 구축하는 이유 중 하나다.

상태바를 만든 후 즉시 showMessage 메서드를 호출한다. 상태바를 만들고 이 클래스의 인스턴스를 로컬 변수에 저장한 다음 변수를 사용해 showMessage를 호출하는 두 단계로 수행할 수 있다. 여기서는 코드를 한 줄로 간소화했다.

메뉴바 위젯 추가하기

이 레시피에서는 이전 레시피에서 만든 GUI에 메뉴바를 추가한다. 9장에서는 tkinter를 사용했지만, 이 레시피에서는 PyQt5로 메뉴 모음을 만드는 것이 훨씬 간편하고 직관적인지 알아본다. 또한 GUI에 기능을 추가하는 PyQt5 작업을 생성한다.

시작하기

상태 표시줄을 추가한 이전 레시피에서 GUI를 확장한다. 여기에 작성할 코드를 이해하기 위해 이전의 레시피를 읽어보자.

실행 방법

첫 번째 위젯을 추가한 이전의 레시피에서 확장한다. 어떻게 해야 하는지 알아보자.

1. 새로운 모듈을 생성하고 이름을 GUI_PyQt5_menubar.py로 저장한다.
2. GUI_PyQt5_statusbar.py에서 찾을 수 있는 이전 레시피의 코드를 복사한다.
3. add_widgets 메서드에 다음 코드를 추가한다.

```
def add_widgets(self):
    self.statusBar().showMessage('Text in statusbar')
    menubar = self.menuBar()
    file_menu = menubar.addMenu('File')

    new_action = QAction('New', self)
    file_menu.addAction(new_action)
    new_action.setStatusTip('New File')
```

4. 앞의 코드를 실행한다. 메뉴 항목이 있는 새 메뉴바가 표시된다. **파일** 메뉴를 클릭 한 다음 **New**를 클릭한다. 상태바의 텍스트를 보자.

코드를 더 잘 이해하기 위해 동작 원리를 살펴보자.

동작 원리

1단계에서는 새로운 모듈을 만들고 2단계에서는 이전 레시피의 코드를 재사용하고 있다. 3단계에서는 add_widgets 메서드에 새 코드를 추가한다. 다시, QMainWindow에 내장된 menuBar 클래스에 접근하기 위해 self를 사용한다.

메뉴 모음의 인스턴스를 만든 후 addMenu 메서드를 사용해 메뉴를 만든다. QAction 클래스를 사용해 메뉴 항목을 생성한 다음 addAction 메서드를 사용해 이 메뉴 항목을 메뉴에 추가한다. new_action 변수를 사용해 setStatusTip을 호출한다. 이제 File > New를 클릭하면 4단계와 같이 상태바에 표시되는 텍스트를 볼 수 있다.

PyQt5 디자이너 도구 시작하기

이 레시피에서는 PyQt5 Designer 도구를 사용한다. GUI를 시각적으로 설계하고 위젯을 윈도우 기본 폼에 드래그 앤 드롭한다. 이 폼은 QWidget 폼이거나 QMainWindow 폼이 될 수 있다.

시작하기

컴퓨터에 PyQt5 및 Qt Designer 도구가 모두 설치돼 있어야 한다. 자세한 내용은 PyQt5 설치 및 PyQt5 Designer 도구 설치 레시피를 참조한다.

실행 방법

Designer.exe 파일을 실행해야 한다. 위치는 PyQt5 Designer 도구 설치 레시피에서 확인할 수 있다.

시작해보자.

1. Designer.exe를 찾아 더블클릭해 실행한다.
2. 다음과 같은 Designer GUI가 열린다.

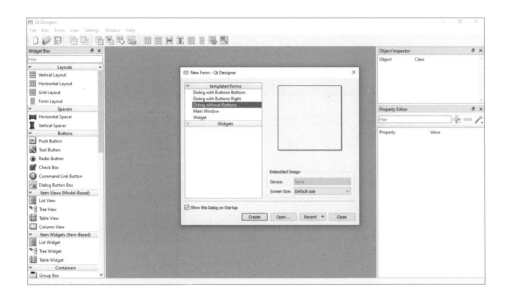

3. New Form—Qt Designer 대화 상자에서 앞의 스크린샷과 같이 왼쪽 상단 모서리의 기본값을 Main Window로 변경한다.

4. 대화 상자에서 Create 버튼을 클릭한다.

5. Qt Designer가 다음처럼 변경되는 것을 볼 수 있다.

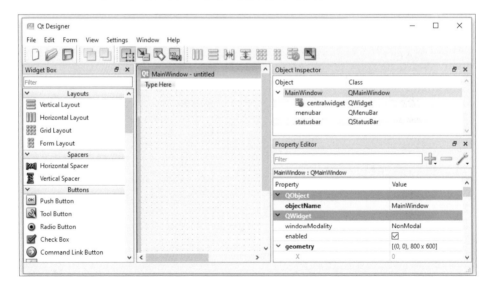

보고 있는 것을 이해하기 위해 동작 원리를 살펴보자.

동작 원리

1단계에서는 실행 파일을 더블클릭해 **Qt Designer**를 시작했다. 2단계에서는 기본적으로 새 UI를 만들거나 기존 UI를 열 수 있는 대화 상자가 표시된다. 대화 상자 바로 뒤에 있는 폼은 어두운 회색이며, 비어 있음을 의미한다. 이것은 실제로 GUI를 디자인하는 영역이다.

왼쪽에는 **위젯 상자** 영역이 있다. 이 영역에는 설계자가 액세스할 수 있는 모든 PyQt5 위젯이 포함돼 있다. 위젯을 이 **위젯 상자**에서 UI 폼에 드래그 앤 드롭한다. Designer 오른쪽에는 Object Inspector와 Property Editor라는 두 개의 창이 있다. 현재 둘 다 비어 있다.

3단계에서는 QMainWindow 애플리케이션을 생성하고자 하기 때문에 기본 설정을 **기본 원도우**로 변경한다. 이전 레시피에서는 수동으로 했지만 여기서는 디자이너를 사용해 이 작업을 한다.

4단계에서는 **Create**(만들기) 버튼을 클릭하면 대화 상자가 닫히고 Designer의 중앙 영역에 새 **기본 윈도우** 폼이 만들어진다. 동시에 오른쪽에 있는 두 개의 창은 더 이상 비어 있지 않다.

5단계에서는 **기본 창**에 있는 클래스 및 속성에 주목한다. Object Inspector에서는 QMainWindow, QWidget, QMenuBar, QStatusBar의 네 가지 클래스를 볼 수 있다. 이전 레시피에서는 메뉴 모음과 상태 표시줄을 수동으로 추가했다. 새로운 QMainWindow를 생성할 때 Designer 도구를 사용하면 Designer에서 이 기능을 자동으로 추가했음을 알 수 있다.

속성 편집기에서 중앙 위젯 개체의 **지오메트리** 속성을 볼 수 있다. 이것은 QWidget이며 전체 기본 윈도우의 **중앙 부분**이다. **메뉴바**와 **상태바**는 각각 중앙 폼 위와 아래에 있다. **지오메트리** 속성 값은 기본적으로 800×600으로 설정되며, 이는 코드를 그대로 실행할 때 GUI의 결과 크기가 된다.

이 속성을 사용해 UI 크기를 변경할 수 있다. 또는 UI 폼을 디자이너의 중앙으로 끌어 크기를 변경할 수 있다. 이 속성은 두 가지 방법으로 모두 작동하도록 업데이트된다.

Designer가 어떻게 작동하는지, 어떤 정보를 제공하는지 살펴본다.

PyQt5 Designer에서 폼 미리보기

이 레시피에서는 Designer를 사용해 작성하는 폼을 미리 보는 방법에 대해 알아본다. 이 기능은 Designer가 제공하는 매우 유용한 기능이다. Designer가 만족할 때까지 변경, 실행 취소, 미리보기 등을 수행할 수 있기 때문이다. 그 시점에서 설계를 저장할 수 있다.

시작하기

컴퓨터에 PyQt5 및 Qt Designer 도구가 모두 설치돼 있어야 한다.

실행 방법

이전 레시피에서 설명한 대로 Designer.exe를 실행한다. 기본 윈도우 크기를 변경한 다음 미리보기한다. 다음 단계에 따라 폼을 미리 보는 방법에 대해 배운다.

1. 이전 레시피 1에서 5단계를 실행한다.
2. **속성 편집기**에서 다음 스크린샷과 같이 **geometry** 속성을 400 x 300으로 변경한다.

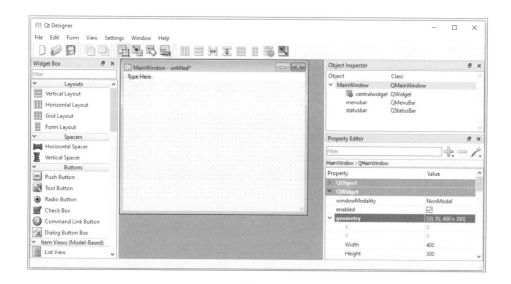

3. Designer 메뉴에서 Form > Preview를 클릭하거나 Ctrl + R 키를 누른다.

4. 다음과 같은 미리보기를 볼 수 있다.

코드를 더 잘 이해하기 위해 동작 원리를 살펴보자.

동작 원리

1단계에서는 이전 레시피에서 수행한 것과 동일한 단계를 수행한다. Designer 도구를 닫을 때 저장하지 않으면 UI가 손실되기 때문에 동일한 단계로 되돌아간다. 지금까지는 저장하지 않았다.

2단계에서는 Designer 오른쪽에 있는 **속성 편집기**를 사용해 UI 크기를 변경하고 있다. 이 편집기에서 **QMainWindows**가 아닌 **QWidget**이 선택돼 있는지 확인한다. 편집기가 다음과 같은 스크린샷을 표시하는 경우, 편집기의 왼쪽에 있는 화살표를 클릭해 **QWidget** 속성을 확장하면 된다.

3단계에서는 현재 UI 디자인을 미리 보고 있다. 이 작업을 수행하는 방법에는 메뉴 항목을 클릭하거나 키 바로가기를 누르는 두 가지가 있다.

4단계는 결과 UI를 보여준다. 윈도우 제목 표시줄에 [Preview]라는 단어를 확인한다.

PyQt5 디자이너 폼 저장하기

이 레시피에서 이전에 만든 것과 동일한 메뉴와 메뉴 항목을 추가한다. UI를 미리 보고 저장한다.

시작하기

컴퓨터에 PyQt5 및 Qt Designer 도구가 모두 설치돼 있어야 한다.

이전 레시피에서 설명한 대로 Designer.exe를 실행한다. 메뉴 및 메뉴 항목을 작성하기
위해 Designer 내의 기본 창에 간단히 입력할 수 있다. 다음 단계를 수행한다.

1. 이전 레시피의 1단계, 2단계를 실행한다.
2. 다음 스크린샷과 같이 Designer의 MainWindow-untitled * 내부에서 Type Here 메
   뉴에 File을 입력한다.

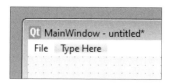

3. File을 클릭하고 New를 입력 한 다음 Enter 키를 눌러 메뉴 항목을 만든다.

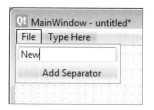

4. Ctrl+R 키를 눌러 UI 미리보기를 한다.

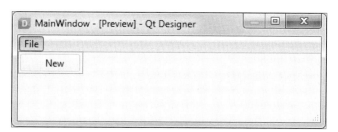

5. 다음 스크린샷에처럼 미리보기를 닫고 Designer의 디자인을 Designer_First_
   UI.ui로 저장한다.

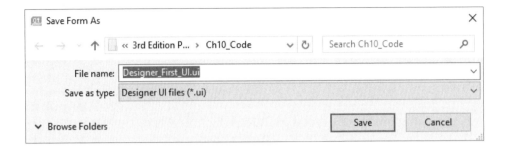

이 단계를 더 잘 이해하기 위해 동작 원리를 살펴보자.

동작 원리

1단계에서는 이전 레시피에서 수행한 것과 동일한 단계를 수행하고 있다. 2단계에서는 Designer가 제공한 메뉴 표시줄에 간단히 입력해 **파일** 메뉴를 만든다. 3단계에서는 새 메뉴 아래의 **Type Here**에 간단히 입력해 이 메뉴에 메뉴 항목을 추가한다.

4단계에서는 UI 설계를 미리 보고 5단계에서는 설계를 처음으로 저장한다.

Designer에서 디자인하는 UI의 확장자가 .ui인 방법에 유의하자.

Designer .ui 코드를 .py 코드로 변환하기

이 레시피에서는 Qt Designer 툴에 디자인을 저장할 때 이전 레시피에서 저장한 .ui 코드를 살펴본다. 그 후 PyQt5 도구를 설치할 때 설치된 유틸리티를 사용해 ui 코드를 파이썬 py 코드로 변환한다. 특별히 **pyuic5**(py from ui coverting PyQt version 5의 줄임) 도구를 사용한다.

컴퓨터에 PyQt5 도구를 설치해야 한다. pyuic5.exe가 설치된 위치를 찾는다면 실제로 Python 스크립트 하위 폴더에 설치된다. 나의 설치 위치는 C:\Python37\Scripts\pyuic5.exe이다. 성공적으로 실행하려면 PATH가 Scripts 폴더로 설정돼 있는지 확인한다.

시작해보자.

컴퓨터에 PyQt5 도구가 설치돼 있어야 한다.

실행 방법

먼저 Designer에서 UI를 저장할 때 이전 레시피에서 생성한 .ui 코드를 연다. 이제 다음 단계를 수행한다.

1. Notepad++와 같은 편집기에서 이전 레시피의 Designer_First_UI.ui를 연다.
2. .ui 코드를 살펴보자.

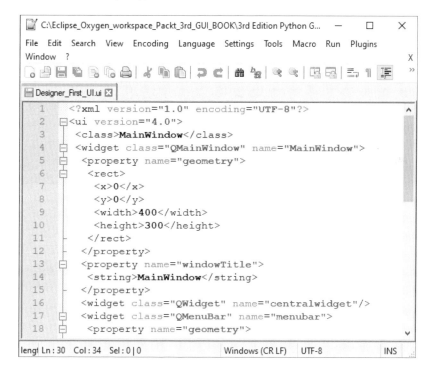

3. Designer_First_UI.ui를 저장한 하드 드라이브의 위치로 이동하고 윈도우 PowerShell 또는 명령 프롬프트 창을 연다.

4. pyuic5 -x -o Designer_First_UI.py Designer_First_UI.ui 명령을 입력하고 다음 스크린샷과 같이 Enter 키를 누른다.

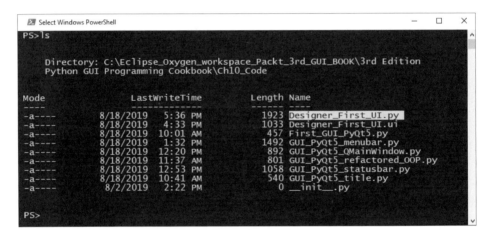

5. PowerShell에서 ls 명령을 실행하거나 명령 프롬프트 창에서 dir 명령을 실행해 새로 생성된 .py 파일을 확인한다. 또는 윈도우 파일 탐색기를 사용해 새 파일을 확인한다.

이 변환 단계를 더 잘 이해하기 위해 동작 원리를 살펴보자.

동작 원리

1단계와 2단계에서는 Designer에 저장된 .ui 파일을 연다. 이를 위해 Notepad++ 또는 다른 워드 편집기를 사용했다. 결과 .ui 출력은 분명히 XML이다. 이것은 확실히 파이썬 코드가 아니다. 우리는 3단계와 4단계에서 XML을 파이썬 코드로 변환해야 한다.

pyuic5.exe 뒤의 −x 인수는 결과 Python 모듈을 실행 가능하게 하고, −o는 출력 파일의 이름을 지정한다. 우리는 .ui 파일과 동일한 이름이지만 확장자는 .py 이다. 확장자가 .py인 경우 원하는 이름을 선택할 수 있다. pyuic5 유틸리티는 또한 둘 이상의 .ui 파일을 하나의 .py 파일로 변환하는 기능을 가지고 있어서 이름을 선택할 수 있는 것이 편리하다.

pyuic5.exe를 실행할 때, 변환이 성공적이면 아무 출력도 얻을 수 없다. 오류가 발생하지 않으면 변환이 성공했음을 의미한다.

5단계에서 새 결과 파일 Designer_First_UI.py가 있는지 확인한다.

변환된 디자이너 코드 이해하기

이전 레시피에서는 pyuic5 변환 도구를 사용해 디자이너 UI 코드를 파이썬 코드로 변환했다. 이 레시피에서는 생성된 코드를 살펴본다. 디자이너를 사용해 생성한 모든 GUI를 변환해야 하며 변경한 내용은 이전 코드를 모두 덮어쓴다. 이를 통해 파이썬의 모듈식 접근 방식을 사용해 UI에 추가할 기능에서 UI 코드를 분리하는 방법을 이해할 수 있다.

시작하기

이전 레시피에서 변환된 코드를 사용할 수 있어야 한다. 10장의 이전 레시피를 따르지 않았다면, 이 책에 필요한 코드를 팩트 웹사이트에서 다운로드하기만 하면 된다. 웹사이트는 이 책의 모든 코드를 제공하며 깃허브를 통해 다운로드하기 위해 하나의 버튼을 클릭하기만 하면 된다.

실행 방법

구조를 이해하려면 .ui 코드에서 변환한 .py 코드를 열어야 한다. 이 작업을 완료했으니 이제 다음 단계를 따를 수 있다.

1. 이전 레시피에서 Designer_First_UI.py를 연다.

2. 자동 생성된 모듈의 상단 절을 참고한다.

```
Designer_First_UI ⊠

  # -*- coding: utf-8 -*-

⊖ # Form implementation generated from reading ui file 'Designer_First_UI.ui'
  #
  # Created by: PyQt5 UI code generator 5.11.3
  #
  # WARNING! All changes made in this file will be lost!
```

3. 이전 절 바로 아래에 있는 import 구문을 살펴보자.

```
from PyQt5 import QtCore, QtGui, QtWidgets
```

4. 생성된 클래스와 첫 번째 메서드를 살펴보자.

```
class Ui_MainWindow(object):
    def setupUi(self, MainWindow):
        MainWindow.setObjectName("MainWindow")
        MainWindow.resize(400, 300)
        self.centralwidget = QtWidgets.QWidget(MainWindow)
        self.centralwidget.setObjectName("centralwidget")
        MainWindow.setCentralWidget(self.centralwidget)
        self.menubar = QtWidgets.QMenuBar(MainWindow)
        self.menubar.setGeometry(QtCore.QRect(0, 0, 400, 21))
        self.menubar.setObjectName("menubar")
        self.menuFile = QtWidgets.QMenu(self.menubar)
        self.menuFile.setObjectName("menuFile")
        MainWindow.setMenuBar(self.menubar)
        self.statusbar = QtWidgets.QStatusBar(MainWindow)
        self.statusbar.setObjectName("statusbar")
        MainWindow.setStatusBar(self.statusbar)
        self.actionNew = QtWidgets.QAction(MainWindow)
        self.actionNew.setObjectName("actionNew")
        self.menuFile.addAction(self.actionNew)
        self.menubar.addAction(self.menuFile.menuAction())

        self.retranslateUi(MainWindow)
        QtCore.QMetaObject.connectSlotsByName(MainWindow)
```

5. 클래스 내 첫 번째 메서드 아래에 있는 두 번째 메서드를 살펴보자.

```
def retranslateUi(self, MainWindow):
    _translate = QtCore.QCoreApplication.translate
    MainWindow.setWindowTitle(_translate("MainWindow", "MainWindow"))
    self.menuFile.setTitle(_translate("MainWindow", "File"))
    self.actionNew.setText(_translate("MainWindow", "New"))
```

6. 마지막으로 코드 아래쪽의 __main__ 섹션을 살펴보자.

```python
if __name__ == "__main__":
    import sys
    app = QtWidgets.QApplication(sys.argv)
    MainWindow = QtWidgets.QMainWindow()
    ui = Ui_MainWindow()
    ui.setupUi(MainWindow)
    MainWindow.show()
    sys.exit(app.exec_())
```

7. 코드를 실행한다. 결과는 실행되는 파이썬 GUI여야 한다.

코드를 더 잘 이해하기 위해 동작 원리를 살펴보자.

동작 원리

1단계에서는 변환된 UI를 파이썬 모듈로 연다. 2단계에서는 중요한 경고를 볼 수 있다.

 이 경고를 진지하게 받아들이길 강력히 권한다. 이 모듈에 코드를 추가한 후 pyuic5.exe를 통해 코드를 다시 생성하면 모든 변경 사항이 손실된다!

3단계에서는 세 가지 임포트 구문을 보여준다. Eclipse/PyDev 편집기에서 노란색 경고와 밑줄을 볼 수 있듯이 QtGui는 필요하지 않지만 항상 임포트한다.

4단계는 항상 만들어지는 클래스를 보여준다. setupUi 메서드가 바로 이어진다. 사이에 __init__ 메서드가 없다. 이 메서드의 코드는 생성된 이름을 통해 클래스 속성에 액세스할 수 있기 때문에 매우 중요하다.

5단계에서 retranslateUi 메서드에 주목한다. 이 메서드도 자동으로 생성된다. 자세히 살펴보면 UI 디자인 단계에서 추가한 메뉴와 메뉴 항목의 이름을 확인할 수 있다.

6단계에서는 코드 하단의 "_main__" 섹션이 보인다. 이에 대해 알아야 할 중요한 점은 이 절은 pyuic5 변환 중에 -x 옵션을 지정할 때만 작성된다는 것이다. 이 옵션을 빼놓으면 이 절이 보이지 않는다.

7단계에서는 GUI를 실행한다. UI를 더 이상 미리 보지 않는지 확인한다. 이것은 이제 진짜 순수 파이썬 코드이다.

모듈식 GUI 디자인 만들기

이전 레시피에서 봤듯이, 디자이너로 설계하고 있는 UI의 모든 자동 생성 코드는 puyic5 유틸리티를 다시 실행하는 즉시 덮어쓰게 된다. 이것은 파이썬 모듈을 모듈 방식으로 설계하도록 장려하기 때문에 좋은 것이다(그래서 이름이 모듈이다).

이 레시피에서는 생성된 UI를 새로운 파이썬 모듈에서 임포트하고 그 안에 기능을 추가할 것이다. puyic5 유틸리티를 다시 실행할 때마다, UI에서 로직을 분리하기 때문에 코드를 실수로 덮어쓰지 않는다.

 관심사의 분리(Separation of Concerns)는 우수한 모듈식 설계의 이점을 가리키는 소프트웨어 용어이다.

그럼 코드 하나를 작성해보자!

시작하기

Designer_First_UI.py에서 찾을 수 있는 이전 레시피에서 변환된 코드가 필요하다.

UI 코드에 기능을 추가하는 새로운 모듈을 만들 것이다. 파이썬 코드로 변환한 Qt Designer에서 생성한 UI를 가져올 것이다. 시작해보자.

1. 새로운 파이썬 모듈을 생성하고 이름을 Designer_GUI_modular.py로 한다.
2. 이 모듈에 다음 코드를 작성한다.

```
from Ch10_Code.Designer_First_UI import Ui_MainWindow
```

 위치와 일치하도록 Ch10_Code 접두사를 조정해야 할 수도 있다.

3. 앞의 코드를 실행한다. 오류가 발생하지 않아야 한다.
4. 다음은 Designer_First_UI.py에서 __main__ 섹션을 새로운 모듈에 복사한다.
5. 이 작업을 수행하려면 QtWidgets도 임포트해야 한다.

```
from PyQt5 import QtWidgets
from Ch10_Code.Designer_First_UI import Ui_MainWindow

if __name__ == "__main__":
    import sys
    app = QtWidgets.QApplication(sys.argv)
    MainWindow = QtWidgets.QMainWindow()
    ui = Ui_MainWindow()
    ui.setupUi(MainWindow)
    MainWindow.show()
    sys.exit(app.exec_())
```

6. 이제 앞 코드를 실행한다. 이전에 디자인하고 독립형으로 실행한 GUI가 나타나 야한다.

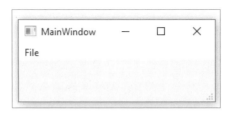

코드를 더 잘 이해하기 위해 동작 원리를 살펴보자.

동작 원리

1단계에서 새로운 파이썬 모듈을 생성한다. 2단계에서는 UI를 파이썬 생성 코드로 가져오는 것이 전부다.

 이것은 SoC의 원리를 보여주기 때문에 매우 중요하다!

3단계에서는 코드 한 줄을 실행한다. GUI는 보이지 않지만 여기서 중요한 것은 오류가 발생하지 않는다는 것이다. 오류가 발생하면 일반적으로 모듈이 가져오려는 모듈을 찾을 수 없어 임포트가 실패했음을 의미한다.

4단계는 변환된 .py 파일에서 "__main__" 섹션을 복사한다. 모듈이 단독으로 실행되지만, QtWidgets도 임포트해야 한다. 모듈을 임포트할 때 이러한 모듈을 자동으로 임포트 하지 않기 때문이다. 이 작업은 5단계에서는 한다. 6단계에서는 GUI가 실행되지만 이번에는 모듈식 접근 방식을 사용한다.

메뉴바에 다른 메뉴 추가하기

이 레시피에서는 GUI에 두 번째 메뉴 항목을 추가한다. 디자이너를 사용한 후 UI 코드를 다시 생성한다. 이후 모듈형 파이썬 모듈의 메뉴 항목에 기능을 추가한다. 디자이너^{Designer}

에서 특정 기능을 사용해 이 기능을 추가할 수 있지만 여기서는 UI 코드를 GUI의 기능과 분리해 유지한다.

시작하기

이전 레시피의 UI 코드를 사용할 수 있어야 한다. 다른 모든 레시피의 전제조건은 이 레시피에도 적용된다.

실행 방법

두 번째 메뉴 항목을 추가해 이전 레시피보다 UI 디자인을 향상시킨다. 이후, 이전에 했던 것처럼 UI 코드를 파이썬 코드로 변환한다. 시작해보자.

1. Qt 디자이너에서 `Designer_First_UI.ui`를 연다.
2. File > New 메뉴 항목 아래 새로운 메뉴 항목을 만들고 이름을 Exit로 한다.

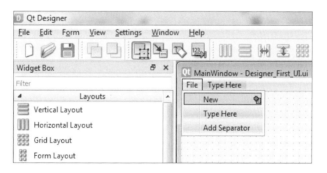

새 메뉴 항목을 Type Here 영역에 입력한다. 다음과 같이 표시된다.

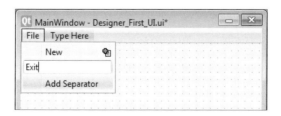

3. Enter 키를 누르고 .ui 파일을 저장한다. 다음으로 UI를 미리 본다.

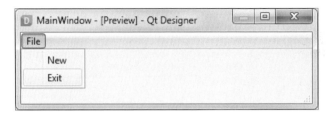

4. pyuic5.exe 유틸리티를 실행해 .ui 파일을 .py 파일로 변환한다. 원래 모듈과 구별하기 위해 새 이름으로 저장한다. PowerShell 또는 명령 프롬프트 창에서 pyuic5.exe -x -o Designer_First_UI_Exit.py Designer_First_UI.ui를 입력한 다음 Enter 키를 누른다.

```
PS>pyuic5.exe -x -o Designer_First_UI_Exit.py Designer_First_UI.ui
PS>
```

이제 Designer_First_UI_Exit.py라는 새 파이썬 모듈이 있어야 한다.

5. 새 파이썬 모듈을 만들고 이름을 Designer_GUI_modular_exit.py로 지정한다. 새로 변환된 파일을 가져온다. 코드는 다음과 같다.

```python
from PyQt5 import QtWidgets
from Ch10_Code.Designer_First_UI_Exit import Ui_MainWindow

if __name__ == "__main__":
    import sys
    app = QtWidgets.QApplication(sys.argv)
    MainWindow = QtWidgets.QMainWindow()
    ui = Ui_MainWindow()
    ui.setupUi(MainWindow)
    MainWindow.show()
    sys.exit(app.exec_())
```

6. GUI를 실행하고 File 메뉴를 클릭해 새 Exit 메뉴 항목을 확인한다. 결과는 변환하기 전에 Designer에서 실행 중인 GUI를 미리보기하면 3단계와 동일하다.

이제 무슨 일이 일어나고 있는지 이해하기 위해 동작 원리를 살펴보자.

동작 원리

1단계에서는 이전에 생성한 .ui 디자인 파일을 열었다. 다른 이름으로 저장하는 것이 아니라, 기본적으로 기존 디자인에 새로운 메뉴 항목을 추가했다.

2단계에서는 Designer 도구를 사용해 새 메뉴 항목을 추가하고 이름을 Exit로 한다.

3단계에서는 Enter 키를 누른다. 솔직히 매우 사소한 것처럼 들리지만, 이렇게 하지 않으면 새 항목이 저장되지 않는다. 또한 이전 버전을 덮어쓰는 .ui 파일을 동일한 이름으로 저장한다. UI에 몇 가지 작은 기능을 추가하는 것이므로 괜찮다.

4단계에서는 pyuic5.exe 유틸리티를 실행해 ui 파일의 XML을 파이썬 코드로 변환했다. 그러나 이번에는 결과 .py 출력 파일의 이름이 .ui 파일과 다르다. 이전 파이썬 모듈을 덮어쓰지 않도록 한다.

5단계에서는 새로운 파이썬 모듈을 생성하고 변환된 .ui를 가져온다. 전에도 이렇게 했었다. 마지막으로 6단계에서는 새로운 메뉴 항목을 볼 수 있도록 순수 파이썬 코드를 실행한다.

추가 사항

다음 레시피에서는 새로운 Exit 메뉴 항목에 기능을 추가해 클릭 시 GUI가 종료되고 애플리케이션을 종료한다.

메뉴 항목에 기능 연결하기

이 레시피에서는 이전 레시피에서 만든 **Exit** 메뉴 항목에 기능을 추가한다. 지금까지 두 가지 메뉴 항목이 있지만 상호작용하지 않았다. 여기서 코딩에 관한 모듈식 접근 방식을 사용해 UI 외부에 기능을 추가하는 방법을 배운다. 또한 "__main__" 자체 테스트 섹션을 자체 클래스로 변환해 코드를 개선한다.

시작하기

이전 레시피의 .ui 코드가 있어야 한다. 다른 모든 전제 조건도 이 레시피에 적용된다.

실행 방법

SoC의 모듈식 접근 방식을 사용해 GUI에 기능을 추가한다. 코드를 더욱 견고하게 만들기 위해 새 클래스를 만든다. 시작해보자.

1. 새로운 파이썬 모듈을 생성하고 이름을 Designer_GUI_modular_exit_class.py 로 한다.

2. 모듈 내 임포트 구문 아래에 다음 코드를 입력한다.

```python
import sys
from PyQt5 import QtWidgets
from Ch10_Code.Designer_First_UI_Exit import Ui_MainWindow
```

3. __init__ 메서드를 포함하는 새로운 파이썬 클래스를 생성한다.

```python
class ExitDesignerGUI():
    def __init__(self):
        app = QtWidgets.QApplication(sys.argv)
        self.MainWindow = QtWidgets.QMainWindow()
```

```
        self.ui = Ui_MainWindow( )
        self.ui.setupUi(self.MainWindow)
        self.update_widgets( )
        self.widget_actions( )
        self.MainWindow.show( )
        sys.exit(app.exec_( ))
```

4. 상태바를 업데이트하고 작업을 메뉴 항목에 연결하는 메서드를 만든다.

```
def widget_actions(self):
    self.ui.actionExit.setStatusTip(
    'Click to exit the application')
    self.ui.actionExit.triggered.connect(self.close_GUI)
```

5. GUI를 종료하는 콜백 메서드를 작성한다.

```
def close_GUI(self):
    self.MainWindow.close( )
```

6. GUI 타이틀을 업데이트하는 클래스 메서드를 작성한다.

```
def update_widgets(self):
    self.MainWindow.setWindowTitle('PyQt5 GUI')
```

7. __main__ 섹션 내에서 클래스 인스턴스를 생성한다.

```
if __name__ == "__main__":
    ExitDesignerGUI( )
```

이제 어떻게 동작하는지 살펴보자.

동작 원리

1단계에서는 새로운 파이썬 모듈을 생성하고 2단계에서는 모듈 상단에 필요한 임포트 구문을 작성했다.

 모듈 상단에 모든 임포트 구문을 작성하는 것이 파이썬 모범 사례이며 권장된다.

3단계에서는 자체 파이썬 클래스를 만들고 일반적인 이니셜라이저부터 시작한다. 이니셜라이저 메서드가 끝날 무렵, 이니셜라이저 아래에 만들고 있는 메서드를 호출했다. 이렇게 하기 때문에 클래스를 인스턴스화만 하면 되고 클래스 인스턴스(개체)가 생성된 후 클래스 인스턴스에서 특정 메서드를 호출하지 않아도 메서드가 실행된다.

4단계에서는 self.ui.actionExit를 통해 메뉴 항목의 이름에 액세스하고 있다. self.ui 는 "__init__" 메서드에서 기본 윈도우의 인스턴스를 생성해 저장했기 때문에 사용할 수 있다. 다음은 코드다.

```
self.ui = Ui_MainWindow()
```

어떻게 actionExit를 사용했을까. 이 객체 이름을 찾으려면 자동 생성된 코드를 확인해야 한다.

디자이너에서 UI를 디자인했고 디자이너는 이름을 선택했다. 원한다면 그 객체 이름을 바꿀 수 있지만, 그럴 필요는 없다. 우리가 찾고 있는 이름만 찾으면 된다. 이제 Designer_First_UI_Exit.py에 대해 살펴보자.

```
 P Designer_First_UI_Exit 

        self.menuFile.setObjectName("menuFile")
        MainWindow.setMenuBar(self.menubar)
        self.statusbar = QtWidgets.QStatusBar(MainWindow)
        self.statusbar.setObjectName("statusbar")
        MainWindow.setStatusBar(self.statusbar)
        self.actionNew = QtWidgets.QAction(MainWindow)
        self.actionNew.setObjectName("actionNew")
        self.actionExit = QtWidgets.QAction(MainWindow)
        self.actionExit.setObjectName("actionExit")
        self.menuFile.addAction(self.actionNew)
        self.menuFile.addAction(self.actionExit)
        self.menubar.addAction(self.menuFile.menuAction())

        self.retranslateUi(MainWindow)
        QtCore.QMetaObject.connectSlotsByName(MainWindow)

    def retranslateUi(self, MainWindow):
        _translate = QtCore.QCoreApplication.translate
        MainWindow.setWindowTitle(_translate("MainWindow", "MainWindow"))
        self.menuFile.setTitle(_translate("MainWindow", "File"))
        self.actionNew.setText(_translate("MainWindow", "New"))
        self.actionExit.setText(_translate("MainWindow", "Exit"))
```

이 파일에서 "actionExit" 이름을 찾을 수 있다. Object Inspector의 Qt Designer에서도 확인할 수 있다.

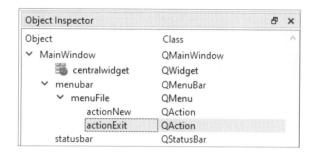

어떤 방법이든 동작한다.

또한 4단계에서는 원하는 기능, 즉 Exit 메뉴 항목을 통해 GUI를 닫는다. 이 작업은 5단계에서 생성한 메서드를 호출하는 다음 코드 행에서 수행한다.

```
self.ui.actionExit.triggered.connect(self.close_GUI)
```

매우 중요한 점은 이 기능을 달성하기 위해 triggered.connect(<method name>)를 호출한다는 것이다. 그러면 작업이 트리거되는 메뉴 항목의 이벤트에 연결된다.

 이는 PyQt5의 문법 및 의미이다.

5단계에서는 GUI를 닫기 위해 기본 제공 닫기 방법을 호출한다. 메인 윈도우에 대한 참조를 "__init__" 메서드에 저장해 동일한 파이썬 클래스 내에서 이 메서드를 참조할 수 있도록 했다.

6단계에서 동일한 self.MainWindow 참조를 사용해 GUI 창에 제목을 지정한다. 7단계에서는 파이썬의 자체 테스트 "__main__" 섹션을 사용해 클래스 인스턴스를 만든다. 이것이 GUI를 실행하기 위해 해야 할 전부다.

이제 **Exit** 메뉴 항목을 클릭하면 GUI가 종료된다.

디자이너를 통해 탭 위젯 추가하기

이 레시피에서는 디자이너 도구를 사용해 탭 위젯을 UI에 추가한다. 그런 다음, `.ui` 코드를 파이썬 코드로 변환한다. 이는 GUI에 더 많은 위젯과 기능을 추가할 수 있는 준비에 도움이 된다.

시작하기

이전 레시피의 `.ui` 코드가 있어야 한다. 다른 모든 전제 조건도 이 레시피에 적용된다.

실행 방법

디자이너를 사용해 UI 디자인에 탭 위젯을 추가할 예정이다. 이것은 드래그 앤 드롭처럼 간단하다. 시작해보자.

1. Qt Designer에서 `Designer_First_UI.ui`를 열어서 `Designer_Second_UI.ui`로 저장한다.
2. Designer의 왼쪽에서 **탭 위젯**을 기본 양식으로 드래그한다.

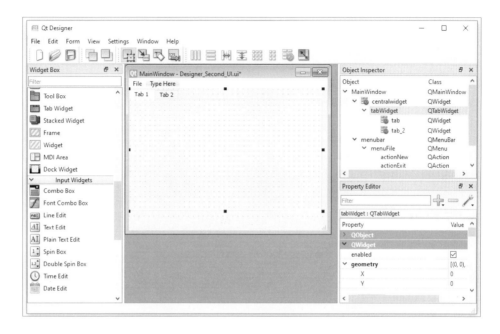

3. 앞의 스크린샷에 표시된 대로 **탭 위젯**의 크기를 조정해 MainWindow의 대부분을 채운다.

4. .ui 디자인을 저장하고 미리보기한다.

5. Tab 1과 Tab 2를 클릭한다.

6. Exit 메뉴 항목을 클릭한다.

7. pyuic5.exe 도구를 사용해 .ui 코드를 파이썬 코드로 변환한다.

8. 변환된 파이썬 UI 코드를 실행한다.

1단계에서는 Qt Designer에서 기존 .ui 파일을 열지만 이번에는 다른 파일 이름으로 저장한다. 다른 버전의 UI 설계를 다른 이름으로 저장하는 것은 일반적으로 UI 설계가 엉망인 경우 이전 버전으로 되돌리는 것이 좋다.

우연히 엉망이 된 멋진 UI 디자인은 아주 쉽게 일어날 수 있으므로 .ui 파일을 백업해야 한다. 깃허브와 같은 버전 제어 시스템을 사용해 코드를 백업할 수도 있다.

2단계에서는 디자이너의 환상적인 드래그 앤 드롭 기능을 사용해 위젯을 캔버스 폼으로 시각적으로(물리적) 이동한다. 크기 조정 핸들을 사용해 원하는 대로 위젯을 조정할 수 있다. 이것을 3단계에서 한다.

디자이너의 오른쪽에 있는 Object Inspector를 보고 새 탭 위젯과 이 위젯이 속한 두 개의 탭, 객체 이름 및 PyQt5 클래스를 확인한다.

기본 창 제목 오른쪽에 별(*)이 표시될 수도 있다. 이는 아직 디자인을 저장하지 않았다는 것을 의미한다. UI 디자인을 저장하지 않고 닫으면 아름다운 디자인이 사라지기 때문에 이에 유의한다.

4단계에서는 UI 디자인을 저장하고 미리본다. 5단계에서는 두 개의 새 탭 사이를 클릭할 수 있다. 각 탭의 색상이 흰색으로 기본 설정되며 미리보기 모드에서는 디자인 모드와 다르게 표시된다.

UI 닫기 기능이 UI에서 분리돼 있으므로 6단계에서는 UI를 닫지 않는다. 다른 파이썬 모듈에서 GUI를 닫을 수 있도록 코드를 작성했다.

7단계는 주로 연습으로 남겨둔다.

디자이너에서 작은 변경, 코드 변환, 가져오기, 실행, 디자이너에서 추가 변경 등에 익숙해진다. 디자이너 도구를 사용할 때 이러한 GUI 개발 리듬에 익숙해지자.

8단계에서는 코드를 실행한다. -x 옵션을 사용하면 자가 테스트 "__main__" 섹션이 생성되므로, 변환된 파이썬 코드를 가져올 필요 없이 실행할 수 있다.

디자이너 레이아웃 사용하기

이 레시피에서는 PyQt5와 함께 레이아웃을 사용하는 매우 중요한 개념을 살펴보고 Designer 도구를 사용해 실습해본다. tkinter에서는 라벨 프레임을 살펴봤다. PyQt5에서는 가로 및 세로 레이아웃은 UI를 디자인하는 주요 방법이다.

 이 작업은 좀 까다로울 수 있으므로, 앞서 말한 것처럼 UI 디자인을 자주 백업해 상황이 안 좋아지면 다시 되돌릴 기반을 가진다.

다음 레시피에서는 위젯을 이러한 레이아웃에 배치한다.

시작하기

이전 레시피의 .ui 코드가 있어야 한다. 다른 모든 전제 조건도 이 레시피에 적용된다.

실행 방법

Qt 디자이너 내부의 드래그 앤 드롭을 사용해 두 개의 수평 레이아웃을 기본 창에 추가한다. 시작해보자.

1. 디자이너에서 `Designer_Second_UI.ui`를 열어 `Designer_Second_UI_layout`으로 저장한다.

2. 하나의 수평 레이아웃을 폼의 맨 아래로 끌어 크기를 조정한다.

3. 두 번째 수평 레이아웃을 끌어 첫 번째 레이아웃 위에 놓는다.

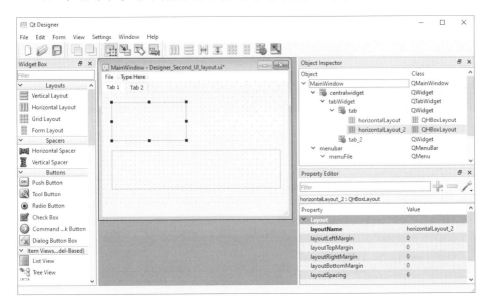

이제 기본 창이 이전 스크린샷처럼 표시된다.

4. 디자인을 저장하고 파이썬으로 변환한 다음 실행해 오류가 발생하지 않도록 한다. 코드는 실행되지만 결과 GUI에는 아무런 차이가 없다.

동작 원리

1단계에서는 UI 설계를 다른 이름으로 저장해 실제로 백업을 만들었다. 2단계와 3단계에서는 수평 레이아웃을 메인 폼으로 시각적으로 끌어다 놓는다. 이전 스크린샷에서 볼 수 있지만 미리보기 모드에서는 아무런 차이가 없다.

한 가지 매우 중요한 점은 디자이너의 오른쪽 상단 모서리에 있는 **Object Inspector**의 이름과 클래스뿐만 아니라 디자이너의 오른쪽 하단 모서리에 있는 **Property Editor**에서 자동으로 사용할 수 있는 속성이다.

또한 이러한 위젯을 Tab 1에 배치하는 방법에 유의한다. Tab 2가 아직 비어 있다.

 이러한 PyQt5 레이아웃을 사용해 위젯을 이러한 레이아웃에 배치하면 레이아웃을 이동하기만 하면 전체 위젯 그룹을 이동할 수 있다. 심지어 그것들을 모두 숨겨 보이지 않게 만들 수 있다!

4단계에서는 디자이너에서 변경한 다음 이를 파이썬 코드로 변환하는 프로세스를 알고 있는지 확인하고 있다. 코드를 실행하지 않으면 문제가 생겼을 수 있다. 작은 변경을 한 다음 코드를 테스트하는 것이 좋다.

디자이너에서 버튼과 라벨 추가하기

이 레시피에서는 버튼과 라벨을 추가하며, 두 가지 모두 이전 레시피에서 UI 디자인에 추가했던 레이아웃에 배치한다.

시작하기

이전 레시피의 .ui 코드가 있어야 한다. 다른 모든 전제 조건도 이 레시피에 적용된다.

실행 방법

UI 디자인에 버튼과 라벨을 추가한다. 또한 디자이너를 사용해 두 가지를 연결해 디자이너 내에서 사용 가능한 기능 중 일부를 만든다. 다음 단계를 살펴보자.

1. 디자이너에서 Designer_Second_UI_layout.ui를 열어서 Designer_Second_UI_layout_button.ui로 저장한다.

2. PushButton을 왼쪽에서 아래쪽 수평 레이아웃으로 드래그한다.

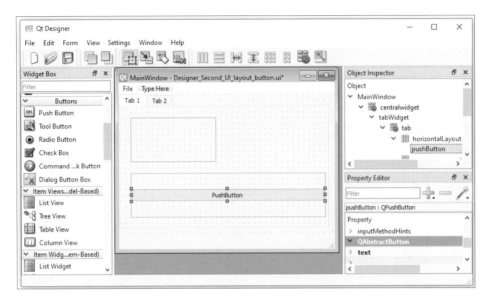

버튼이 수평 레이아웃의 왼쪽과 오른쪽 가장자리에 자동으로 어떻게 맞춰지는
지 유의한다.

3. UI를 저장하고 미리 본다. UI의 미리보기 실행 중 버튼을 클릭한다.

이 버튼을 클릭하면 버튼이 눌러져 있으며 변경할 수 있는 기본 이름이 제공된다.

4. 왼쪽에서 **라벨** 위젯을 드래그해 위쪽 수평 레이아웃에 놓는다.

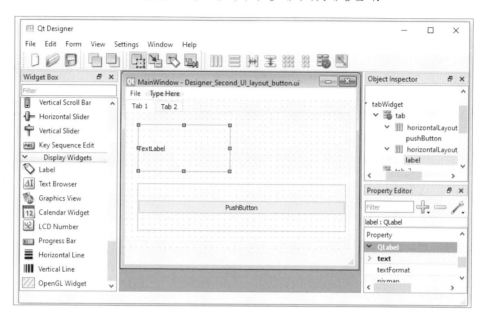

5. `.ui` 디자인을 저장하고 미리보기한다.

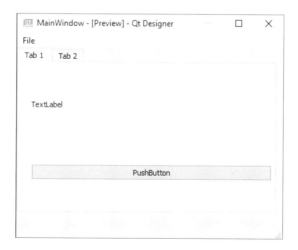

6. 다음으로 Designer 내의 라벨에 PushButton을 연결한다. **F4** 키를 눌러 signals /slots 편집 모드로 들어가거나 Designer 내의 **Edit** 메뉴를 사용한다. signals/ slots 연결을 버튼에서 라벨로 드래그한다. 이제 Designer는 다음과 같다.

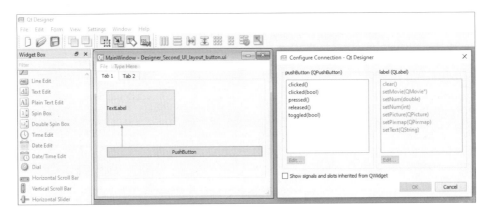

7. **Cofigure Connection** 팝업 대화 상자의 왼쪽 상단 모서리에 있는 clicked( )를 클릭한다. 그러면 대화 상자의 오른쪽이 활성화된다. clear( ) 메서드를 선택한다.

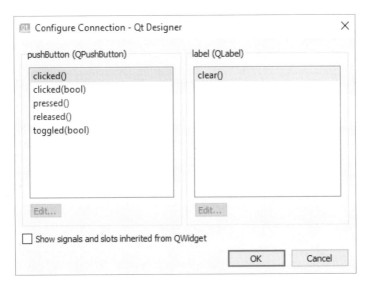

8. OK를 누르고 .ui 파일을 저장한다. 이제 버튼과 라벨 사이의 연결이 표시된다.

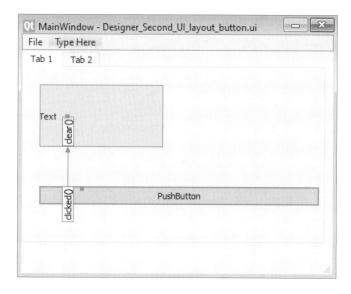

9. ui 코드를 미리 보고 버튼을 클릭한다. 라벨 텍스트가 지워진 것을 알 수 있다.

10. 전에 했던 것처럼 pyuic5.exe를 사용해 .ui 코드를 파이썬 코드로 변환한다.

변환된 코드를 보고 버튼을 연결해 라벨을 지우는 이 기능이 어떻게 작동하는지 알아보자.

동작 원리

1단계에서는 UI 설계를 새 이름으로 저장하고 2단계에서는 PushButton을 MainWindow 폼에 드래그 앤 드롭한다. 이 버튼 자체로는 아무 작업도 하지 않지만 디자이너 내에서 기능을 추가할 수 있는 몇 가지 방법이 있다.

3단계에서는 UI를 미리보기한다. 버튼이 전체 수평 레이아웃 상자를 채우도록 자동으로 늘어났다. 수직으로 기본 텍스트를 표시하는 데 필요한 만큼의 높이다. Property Editor에서 변경할 수 있는 속성이다.

4단계에서는 텍스트 라벨 위젯을 MainWindow로 시각적으로 끌어다 놓는다. 이 위젯은 미리 정의된 너비와 함께 제공되므로 수평 레이아웃의 왼쪽 및 오른쪽에 붙지 않는다. 그것은 왼쪽에 붙는다. Property Editor에서 원하는 경우 변경할 수 있다.

5단계에서는 디자이너 내에서 실행되는 UI를 미리 볼 수 있다.

6단계에서는 Signal/Slot Editor로 이동한다. Signals 및 slots는 PyQt5에만 해당된다. 다음 스크린샷에서는 이 편집기를 활성화하는 방법을 보여준다.

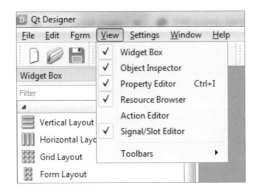

편집기는 View 메뉴에서 찾을 수 있다. 그러면 오른쪽의 Property Editor 아래에 새 창이 열린다.

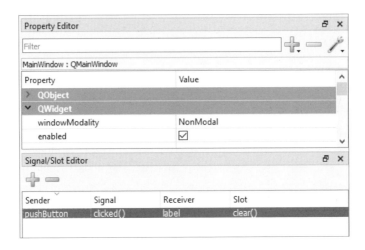

pushButton 객체가 송신자이고, Signal은 clicked( ), Receiver는 라벨이며, 슬롯이 clear( )임을 알 수 있다.

7단계에서는 PushButton과 라벨 위젯 사이에 신호와 슬롯을 연결할 때 사용할 수 있는 몇 가지 기능을 보여준다. clear( ) 메서드가 내장돼 있어서 버튼을 누를 때마다 간단히 선택해 라벨을 지울 수 있다.

8단계에서는 OK를 클릭해 두 위젯을 연결한 후 편집기가 변경됐음을 확인할 수 있다.

디자이너 내에 기능이 추가됐기 때문에 UI를 미리 볼 때 실제로 작동한다. 이 버튼을 클릭하면 9단계에서 볼 수 있듯이 라벨이 지워진다.

.ui 코드를 파이썬 코드로 변환하면 다음과 같은 결과를 얻을 수 있다.

```
                Designer_Second_UI_layout_button
                self.retranslateUi(MainWindow)
                self.pushButton.clicked.connect(self.label.clear)
                QtCore.QMetaObject.connectSlotsByName(MainWindow)

        def retranslateUi(self, MainWindow):
            _translate = QtCore.QCoreApplication.translate
            MainWindow.setWindowTitle(_translate("MainWindow", "MainWindow"))
            self.pushButton.setText(_translate("MainWindow", "PushButton"))
            self.label.setText(_translate("MainWindow", "TextLabel"))
            self.tabWidget.setTabText(self.tabWidget.indexOf(self.tab), _translate("MainWindow", "Tab 1"))
            self.tabWidget.setTabText(self.tabWidget.indexOf(self.tab_2), _translate("MainWindow", "Tab 2"))
            self.menuFile.setTitle(_translate("MainWindow", "File"))
            self.actionNew.setText(_translate("MainWindow", "New"))
            self.actionExit.setText(_translate("MainWindow", "Exit"))
```

pushButton의 clicked.connect(<method>)와 동일한 구문을 갖는지 유의한다. 이 구문은 Exit 메뉴 항목을 활성화할 때 디자이너 외부에서 가졌던 것과 동일하다.

추가 사항

PyQt5 GUI 프레임워크는 매우 흥미로운 작업 도구다. 특히 Qt Designer 도구를 즐겨 사용한다. 팩트출판사와 함께 PyQt5 사용해 Python GUI 프로그래밍 레시피로 몇 가지 비디오 과정을 만들었다. 한 과정은 특히 PyQt5 GUI 개발에 중점을 두고 있으며, 4시간이 조금 넘는다.

다음 링크에서 볼 수 있는 해당 코스의 스크린샷은 다음과 같다.

https://www.packtpub.com/application-development/python-gui-program
ming-recipes-using-pyqt5-video

이 과정이 너무 길면(이 과정에서 많은 PyQt5 자료를 다룬다) tkinter와 PyQt5에 초점을 맞
춘 단축 과정도 있다.

https://www.packtpub.com/application-development/hands-python-3x-gui-
programming-video

여러분의 소프트웨어 개발 노력에 행운이 깃들기를 바란다. 파이썬은 훌륭한 프로그래밍 언어다.

11

베스트 프랙티스

11장에서는 유지 보수 및 확장 가능한 효과적인 방법으로 GUI를 만드는 데 도움을 줄 여러 좋은 예제들을 살펴볼 것이다. 이 최고의 예제들은 우리가 원하는 방식으로 GUI를 디버깅하는 데 도움이 된다. 11장을 위한 파이썬 모듈들은 다음과 같다.

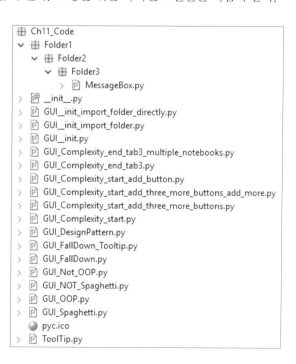

베스트 프랙티스를 사용해 코딩하는 방법을 알면 파이썬 프로그래밍 기술이 크게 향상된다.

11장에서 설명할 레시피는 다음과 같다.

- 스파게티 코드 피하기
- 커넥트 모듈 __init__ 사용하기
- 절차지향과 객체지향 방식의 혼합
- 코드 명명 규칙 사용하기
- OOP를 사용하지 않을 때
- 성공적으로 디자인 패턴 사용하는 방법
- 복잡성 피하기
- 다중 노트북을 사용한 GUI 디자인

스파게티 코드 피하기

11장에서는 스파게티 코드를 만드는 전형적인 방법을 살펴보고 그런 코드들 피하는 더 나은 방법을 살펴본다.

 스파게티 코드는 많은 기능이 얽혀 있는 코드를 말한다.

시작하기

내장된 tkinter 라이브러리를 사용해 파이썬으로 작성했던 간단한 GUI 프로그램을 새로 만들 것이다.

온라인에서 문서를 찾아 읽었다면 GUI를 만들기 위해 다음과 같은 코드를 작성해야 한다.

1. 새로운 모듈 GUI_Spaghetti.py를 생성한다.
2. 다음 코드를 추가한다.

```
# 스파게티 코드 #########################
def PRINTME(me):print(me)
import tkinter
x=y=z=1
PRINTME(z)
from tkinter import *
scrolW=30;scrolH=6
win=tkinter.Tk()
if x:chVarUn=tkinter.IntVar()
from tkinter import ttk
WE='WE'
import tkinter.scrolledtext
outputFrame=tkinter.ttk.LabelFrame(win,text=' Type into the scrolled text
control: ')
scr=tkinter.scrolledtext.ScrolledText(outputFrame,width=scrolW,height=
scrolH,wrap=tkinter.WORD)
e='E'
scr.grid(column=1,row=1,sticky=WE)
outputFrame.grid(column=0,row=2,sticky=e,padx=8)
lFrame=None
if y:chck2=tkinter.Checkbutton(lFrame,text="Enabled",variable=chVarUn)
wE='WE'
if y==x:PRINTME(x)
lFrame=tkinter.ttk.LabelFrame(win,text="Spaghetti")
chck2.grid(column=1,row=4,sticky=tkinter.W,columnspan=3)
PRINTME(z)
lFrame.grid(column=0,row=0,sticky=wE,padx=10,pady=10)
chck2.select()
try: win.mainloop()
except:PRINTME(x)
chck2.deselect()
```

```
if y==x:PRINTME(x)
# End Pasta #########################
```

3. 코드를 실행하고 다음 결과를 살펴본다.

4. 다음과 같이 의도한 GUI 디자인과 이전의 GUI 디자인을 비교한다.

5. 새로운 모듈 GUI_NOT_Spaghetti.py를 생성하고 다음 코드를 추가한다.

```
#=====================
# imports
#=====================
import tkinter as tk
from tkinter import ttk
from tkinter import scrolledtext
#=====================
# 인스턴스 생성
#=====================
```

```
win = tk.Tk()
#=====================
# 타이틀 추가
#=====================
win.title("Python GUI")
#========================
# GUI 리사이즈 비활성화
#========================
win.resizable(0,0)
```

6. 다음으로 몇 가지 제어를 추가한다.

```
#=============================================================
# LabelFrame, Textbox (Entry) and Combobox   추가하기
#=============================================================
lFrame = ttk.LabelFrame(win, text="Python GUI Programming Cookbook")
lFrame.grid(column=0, row=0, sticky='WE', padx=10, pady=10)
#=============================================================
# 스크롤되는 텍스트 컨트롤 사용하기
#=============================================================
outputFrame = ttk.LabelFrame(win, text=' Type into the scrolled text
control: ')
outputFrame.grid(column=0, row=2, sticky='E', padx=8)
scrolW = 30
scrolH =  6
scr = scrolledtext.ScrolledText(outputFrame, width=scrolW,
height=scrolH, wrap=tk.WORD)
scr.grid(column=1, row=0, sticky='WE')
```

7. 더 많은 위젯을 추가한다.

```
#=============================================================
# 체크 버튼 생성
#=============================================================
chVarUn = tk.IntVar()
check2 = tk.Checkbutton(lFrame, text="Enabled", variable=chVarUn)
check2.deselect()
check2.grid(column=1, row=4, sticky=tk.W, columnspan=3)
#=====================
# GUI 시작
```

```
#====================
win.mainloop()
```

8. 코드를 실행하고 다음 결과를 살펴보자.

코드를 더 잘 이해하기 위해 동작 원리를 살펴보자.

동작 원리

스파게티 코드가 GUI를 만들었지만 이 코드는 매우 복잡하기 때문에 읽기 어렵다. 먼저 스파게티 코드의 예를 살펴보자.

```
def PRINTME(me):print(me)
import tkinter
x=y=z=1
PRINTME(z)
from tkinter import *
```

이제 이 좋은 코드를 살펴보자(코드를 읽는 데 큰 혼란이 없음에 유의한다).

```
#====================
# imports
#====================
import tkinter as tk
from tkinter import ttk
#--------------------------------
```

좋은 코드에는 명확하게 설명된 부분이 있다. import문을 쉽게 찾을 수 있다.

```
#---------------------------------
```

다음의 스파게티 코드를 살펴보자.

```
import tkinter.scrolledtext
outputFrame=tkinter.ttk.LabelFrame(win,text=' Type into the scrolled text
control: ')
scr=tkinter.scrolledtext.ScrolledText(outputFrame,width=scrolW,height=scrol
H,wrap=tkinter.WORD)
e='E'
scr.grid(column=1,row=1,sticky=WE)
outputFrame.grid(column=0,row=2,sticky=e,padx=8)
lFrame=None
if y:chck2=tkinter.Checkbutton(lFrame,text="Enabled",variable=chVarUn)
wE='WE'
if y==x:PRINTME(x)
lFrame=tkinter.ttk.LabelFrame(win,text="Spaghetti")
```

이제 좋은 코드를 살펴보자. 앞서 언급했듯이 import문을 쉽게 찾을 수 있다.

```
#==========================================================
# LabelFrame,Textbox, Combobox 추가하기
#==========================================================
lFrame = ttk.LabelFrame(win, text="Python GUI Programming Cookbook")
lFrame.grid(column=0, row=0, sticky='WE', padx=10, pady=10)


#==========================================================
# 스크롤되는 텍스트 컨트롤 사용하기
#==========================================================
outputFrame = ttk.LabelFrame(win, text=' Type into the scrolled text
control: ')
outputFrame.grid(column=0, row=2, sticky='E', padx=8)
```

앞의 블록에서 볼 수 있듯이 좋은 코드는 위젯이 기본 GUI 형태로 배치되는 방식을 따르는 자연스러운 흐름을 가진다. 스파게티 코드에서 하단 LabelFrame은 상단 LabelFrame 이전에 생성되며 import문 및 일부 위젯 생성과 섞인다.

#---------------------------------

다음은 이 기능을 설명하는 스파게티 코드의 예다.

```
def PRINTME(me):print(me)
x=y=z=1
e='E'
WE='WE'
scr.grid(column=1,row=1,sticky=WE)
wE='WE'
if y==x:PRINTME(x)
lFrame.grid(column=0,row=0,sticky=wE,padx=10,pady=10)
PRINTME(z)
try: win.mainloop()
except:PRINTME(x)
chck2.deselect()
if y==x:PRINTME(x)
```

좋은 코드에는 불필요한 변수 할당을 포함하지 않고 코드를 읽을 때 예상되는 디버깅을 하지 않는 PRINTME 함수도 없다.

#---------------------------------

다음 코드 블록은 이 측면을 열거한다. 다음은 스파게티 코드다.

```
import tkinter
x=y=z=1
PRINTME(z)
from tkinter import *
scrolW=30;scrolH=6
win=tkinter.Tk()
if x:chVarUn=tkinter.IntVar()
from tkinter import ttk
WE='WE'
import tkinter.scrolledtext
```

이제 좋은 코드를 살펴보자.

```
import tkinter as tk
from tkinter import ttk
from tkinter import scrolledtext
```

좋은 코드는 스파게티 코드에 언급된 인스턴스가 없다. import 구문은 필요한 모듈만 임포트하고 코드가 어수선하지 않다. 중복된 import 구문과 import * 구문도 없다.

```
#---------------------------------
```

다음 코드 블록은 이런 측면을 열거한다. 이는 스파게티 코드다.

```
x=y=z=1
if x:chVarUn=tkinter.IntVar()
wE='WE'
```

다음 좋은 코드를 보자.

```
#========================================================
# 스크롤 가능한 Text 컨트롤 사용하기
#========================================================
outputFrame = ttk.LabelFrame(win, text=' Type into the scrolled text
control: ')
outputFrame.grid(column=0, row=2, sticky='E', padx=8)
scrolW = 30
scrolH =  6
scr = scrolledtext.ScrolledText(outputFrame, width=scrolW,
height=scrolH, wrap=tk.WORD)
scr.grid(column=1, row=0, sticky='WE')
```

앞의 예에서 보듯이 스파게티 코드와 비교할 때 좋은 코드에는 의미 있는 변수 이름을 쓴다. True 대신 숫자 1을 사용하는 불필요한 if문이 없고 코드를 훨씬 더 읽기 쉽게 들여쓰기 돼 있다. GUI_NOT_Spaghetti.py에서 의도한 윈도우 타이틀을 잃지 않았고 체크 버튼은 올바른 위치에 있다. 또한 체크 버튼 주변의 LabelFrame을 볼 수 있게 만들었다.

GUI_Spaghetti.py에서 윈도우 타이틀을 모두 잃어버렸고 최상위 LabelFrame이 나타나지 않는다. 체크 버튼이 잘못된 위치에 나타난다.

커넥트 모듈 __init__ 사용하기

이클립스 IDE에 PyDev 플러그인을 사용해 새로운 파이썬 패키지를 만들면, 자동으로 __init__.py 모듈이 생성된다. 이클립스를 사용하지 않아도 수동으로 추가할 수도 있다.

 __init__.py 모듈은 보통 빈 파일이고 사이즈는 0킬로바이트이다.

이 빈 모듈을 사용해 코드를 입력해 다른 파이썬 모듈에 연결할 수 있다. 이번 레시피는 그 방법을 보여준다.

시작하기

이전 레시피 '스파게티 코드 피하기'에서 만들었던 것과 비슷한 새로운 GUI를 만든다.

실행 방법

프로젝트가 점점 더 커지면서 자연스럽게 여러 개의 파이썬 모듈로 분리된다. 때로는 임포트가 필요한 코드의 위 또는 아래에 있는 다른 하위 폴더에 있는 모듈을 찾는 것이 약간 복잡할 수 있다. 순차적으로 이 레시피를 살펴보자.

1. 빈 파일을 생성하고 __init__.py로 저장한다.
2. 사이즈를 살펴본다.

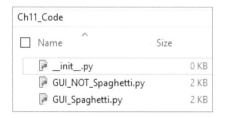

3. 새로운 모듈 GUI__init.py를 생성하고 다음 코드를 추가한다.

```
#=====================
# 임포트
#=====================
import tkinter as tk
from tkinter import ttk
#=====================
# 인스턴스 생성
#=====================
win = tk.Tk( )
#=====================
# 타이틀 추가
#=====================
win.title("Python GUI")
```

4. 다음에 몇 가지 위젯과 콜백함수를 추가한다.

```
#============================================================
# 라벨 프레임과 버튼 추가하기
#============================================================
lFrame = ttk.LabelFrame(win, text="Python GUI Programming Cookbook")
lFrame.grid(column=0, row=0, sticky='WE', padx=10, pady=10)
def clickMe( ):
    from tkinter import messagebox
    messagebox.showinfo('Message Box', 'Hi from same Level.')
button = ttk.Button(lFrame, text="Click Me ", command=clickMe)
button.grid(column=1, row=0, sticky=tk.S)
#=====================
# Start GUI 시작
#=====================
win.mainloop( )
```

5. 코드를 실행하고 Click Me 버튼을 클릭한다.

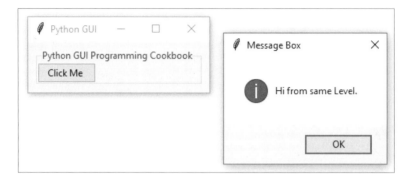

6. 파이썬 모듈을 실행하는 아래에 세 개의 하위 폴더를 만든다.

7. 이름은 Folder1, Folder2, Folder3이다.

8. Folder3에서 새 모듈 MessageBox.py를 만든다.

9. 다음 코드를 추가한다.

```
from tkinter import messagebox

def clickMe():
    messagebox.showinfo('Imported Message Box', 'Hi from Level 3')
```

10. GUI__init.py를 열고 GUI__init_import_folder.py로 저장한다.

11. 다음 import문을 추가한다.

```
from Ch11_Code.Folder1.Folder2.Folder3.MessageBox import clickme
```

12. clickMe 함수를 주석 처리하거나 삭제한다.

```
# def clickMe():  # 주석 처리
# from tkinter import messagebox
```

```
# messagebox.showinfo('Message Box', 'Hi from same Level.')
```

13. 개발 환경에서 코드를 실행하고 결과를 살펴본다.

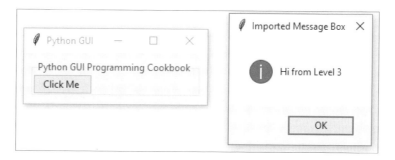

14. 명령 프롬프트를 열고 실행해본다. 코드 실행에 실패하면 다음 결과를 볼 수 있다.

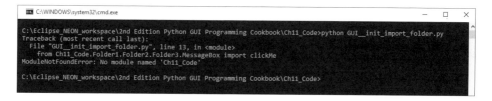

15. __init__.py를 연다.

16. __init__.py 모듈에 다음 코드를 추가한다.

```
print('hi from GUI init\n')
from sys import path
from pprint import pprint
#===================================================================
# 모든 패키지 폴더를 찾기 위한 PYTHONPATH에 대한 필수 설정
#===================================================================
from site import addsitedir
from os import getcwd, chdir, pardir
while True:
    curFull = getcwd()
    curDir = curFull.split('\\')[-1]
    if 'Ch11_Code' == curDir:
        addsitedir(curFull)
        addsitedir(curFull + 'Folder1\Folder2\Folder3')
```

```
        break
    chdir(pardir)
pprint(path)
```

17. GUI__init_import_folder.py를 열고 GUI__init_import_folder_directly.py
로 저장한다.

18. 다음 두 개의 import문을 추가하고 이전의 import 구문을 주석 처리한다.

```
# from Ch11_Code.Folder1.Folder2.Folder3.MessageBox import clickMe
# 주석 처리
import __init__
from MessageBox import clickMe
```

19. 커맨드 프롬프트에서 코드를 실행한다.

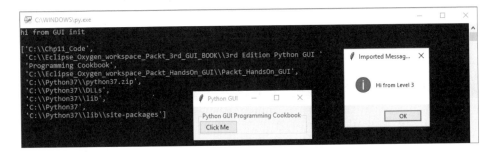

코드를 더 잘 이해하기 위해 동작 원리를 살펴보자.

동작 원리

__init__.py 모듈을 만들면 일반적으로 파일 크기가 0KB로 비어 있다.

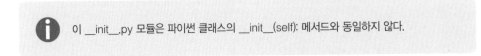

이 __init__.py 모듈은 파이썬 클래스의 __init__(self): 메서드와 동일하지 않다.

앞의 코드에 파이썬 메시지박스를 임포트하고 메시지박스에 메시지를 보여주는 다음과 같

448

은 함수를 만들었다. clickMe( ) 메시지박스 코드를 중첩된 디렉터리 폴더로 옮기고 GUI 모듈로 가져오면 몇 가지 문제가 발생할 수 있다.

파이썬 모듈이 있는 곳 아래에 세 개의 하위 폴더를 만들었다. 그런 다음 MessageBox.py 라는 새로운 파이썬 모듈에 clickMe( ) 메시지박스 코드를 삽입했다. 이 모듈은 3단계 아래인 Folder3에 있다.

이 모듈에 포함된 clickMe( ) 함수를 사용하려면 이 MessageBox.py 모듈을 가져와야 한다. 파이썬의 연관 임포트 문법을 사용할 수 있다.

```
from Ch11_Code.Folder1.Folder2.Folder3.MessageBox import clickMe
```

앞의 코드에서 경로는 하드코딩됐다. Folder2를 제거하면 더 이상 작동하지 않는다.

GUI__init_import_folder.py에서 지역함수 clickMe( )를 삭제했고 이제 콜백함수는 가져온 clickMe( ) 함수를 사용해야 한다. 이는 코드를 개발하는 프로젝트에 PYTHONPATH를 설정하는 이클립스 및 기타 IDE 내에서 작동한다.

PYTHONPATH를 Ch11_Code\Folder1\Folder2\Folder3 폴더가 있는 루트로 설정했는지 여부에 따라 명령 프롬프트에서 작동하거나 작동하지 않을 수 있다. 이 에러를 해결하려면 __init__.py 모듈에 다음의 코드를 추가해 __init__.py 내부의 파이썬 검색 경로를 초기화할 수 있다. 이 방법은 종종 상대적인 임포트 오류를 해결한다.

GUI__init_import_folder_directly.py 모듈에서 clickMe 함수를 가져올 때 더 이상 전체 폴더 경로를 명시하지 않아도 된다. 해당 모듈과 함수를 바로 가져올 수 있다.

 코드가 동작하도록 __init__를 명시적으로 import해야 한다.

이 레시피는 이러한 종류의 문제가 발생할 경우를 대비해 몇 가지 문제 해결 방법을 보여준다.

절차지향과 객체지향 방식의 혼합

파이썬은 객체지향 언어지만 항상 OOP를 사용하는 게 합리적이진 않다. 간단한 스크립트 작업은 전통적인 절차식 코딩 스타일이 여전히 적합하다. 이번 레시피는 절차식 코딩 스타일과 좀 더 현대적인 객체지향 스타일을 혼합해 새로운 GUI를 만들어볼 것이다.

폭포수 스타일로 만들어진 파이썬 GUI를 마우스 오버하면 툴팁을 보여주는 객체지향 스타일의 클래스를 생성할 것이다.

 절차식과 폭포수 코딩 스타일은 같은 방식이다. 이 방식은 아래쪽에서 코드를 호출하기 전에 물리적으로 코드가 위이 위치해야 함을 의미한다. 이 패러다임에는 코드가 실행될 때 문자 그대로 코드가 프로그램의 위에서 아래쪽으로 진행된다.

시작하기

이번 레시피에서 이 책의 첫 장에서 만들었던 것과 비슷하게 tkinter를 사용해 GUI를 생성한다.

실행 방법

이 레시피를 수행하는 방법을 살펴보자.

1. 절차적 방식으로 tkinter를 사용해 GUI를 만든 다음 GUI 위젯에 툴팁을 표시하는 클래스를 추가한다.
2. 다음으로 새로운 모듈 GUI_FallDown.py를 생성한다.
3. 다음 코드를 추가한다.

```
#=====================
# imports
```

```
#=====================
import tkinter as tk
from tkinter import ttk
from tkinter import messagebox
#=====================
# 인스턴스 생성
#=====================
win = tk.Tk( )
#=====================
# 타이틀 추가하기
#=====================
win.title("Python GUI")
#=====================
# GUI 리사이즈 비활성화
#=====================
win.resizable(0,0)
```

4. 다음으로 몇 가지 위젯을 추가한다.

```
#==============================================================
# LabelFrame, Textbox (Entry), Combobox 추가하기
#==============================================================
lFrame = ttk.LabelFrame(win, text="Python GUI Programming Cookbook")
lFrame.grid(column=0, row=0, sticky='WE', padx=10, pady=10)
#==============================================================
# 라벨
#==============================================================
ttk.Label(lFrame, text="Enter a name:").grid(column=0, row=0)
ttk.Label(lFrame, text="Choose a number:").grid(column=1, row=0,
sticky=tk.W)
#==============================================================
# 버튼 클릭 명령
#==============================================================
def clickMe(name, number):
    messagebox.showinfo('Information Message Box', 'Hello '+name+
    ', your number is: ' + number)
```

5. 순환문에 더 많은 위젯을 추가한다.

```
#==============================================================
```

```
# 순환문에서 컨트롤 생성
#=============================================================
names  = ['name0', 'name1', 'name2']
nameEntries  = ['nameEntry0', 'nameEntry1', 'nameEntry2']
numbers  = ['number0', 'number1', 'number2']
numberEntries = ['numberEntry0', 'numberEntry1', 'numberEntry2']
buttons = []
for idx in range(3):
    names[idx] = tk.StringVar()
    nameEntries[idx] = ttk.Entry(lFrame, width=12,
    textvariable=names[idx])
    nameEntries[idx].grid(column=0, row=idx+1)
    nameEntries[idx].delete(0, tk.END)
    nameEntries[idx].insert(0, '<name>')
    numbers[idx] = tk.StringVar()
    numberEntries[idx] = ttk.Combobox(lFrame, width=14,
    textvariable=numbers[idx])
    numberEntries[idx]['values'] = (1+idx, 2+idx, 4+idx, 42+idx, 100+idx)
    numberEntries[idx].grid(column=1, row=idx+1)
    numberEntries[idx].current(0)
    button = ttk.Button(lFrame, text="Click Me "+str(idx+1),
    command=lambda idx=idx: clickMe(names[idx].get(),
    numbers[idx].get()))
    button.grid(column=2, row=idx+1, sticky=tk.W)
    buttons.append(button)
#=====================
# GUI 시작
#=====================
win.mainloop()
```

6. 코드를 실행하고 버튼 중 하나를 클릭한다.

7. 새로운 모듈 GUI_FallDown_Tooltip.py를 생성한다.

8. GUI_FallDown.py의 코드를 사용하고 맨 위에 다음 코드를 추가한다.

```python
import tkinter as tk
from tkinter import ttk
from tkinter import messagebox
#==============================================================
# 맨 위에 다음 코드를 추가
class ToolTip(object):
    def __init__(self, widget, tip_text=None):
        self.widget = widget
        self.tip_text = tip_text
        widget.bind('<Enter>', self.mouse_enter)
        widget.bind('<Leave>', self.mouse_leave)
    def mouse_enter(self, _event):
        self.show_tooltip()
    def mouse_leave(self, _event):
        self.hide_tooltip()
    def show_tooltip(self):
        if self.tip_text:
            x_left = self.widget.winfo_rootx()
            # get widget top-left coordinates
            y_top = self.widget.winfo_rooty() - 18
            # 위젯 위에 툴팁 배치
            self.tip_window = tk.Toplevel(self.widget)
            self.tip_window.overrideredirect(True)
            self.tip_window.geometry("+%d+%d" % (x_left, y_top))
            label = tk.Label(self.tip_window, text=self.tip_text,
                    justify=tk.LEFT, background="#ffffe0",
                    relief=tk.SOLID, borderwidth=1,
                     font=("tahoma", "8", "normal"))
            label.pack(ipadx=1)
    def hide_tooltip(self):
        if self.tip_window:
            self.tip_window.destroy()
#===================================
# …
# 아래쪽에 이 코드를 추가
    # 툴팁 위젯 추가
```

```
        ToolTip(nameEntries[idx], 'This is an Entry widget.')
        ToolTip(numberEntries[idx], 'This is a DropDown widget.')
        ToolTip(buttons[idx], 'This is a Button widget.')
#=====================
# GUI 시작
#=====================
win.mainloop()
```

9. 코드를 실행하고 여러 위젯 위로 마우스를 움직인다.

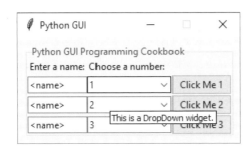

코드를 더 잘 이해하기 위해 동작 원리를 살펴보자.

동작 원리

tkinter를 사용해 GUI_FallDown.py를 생성하고 폭포수 스타일로 코드를 작성했다. 툴팁을 추가해 파이썬 GUI를 향상시킨다. GUI에서 툴팁 기능을 생성하는 코드를 분리하는 것이 가장 좋은 방법이다. 툴팁 기능이 있는 분리된 클래스를 만든 후 GUI를 만드는 파이썬 모듈과 동일한 이 클래스의 인스턴스를 생성한다.

파이썬을 사용하면 별도의 모듈에 ToolTip 클래스를 배치할 필요가 없다. 절차 코드 바로 위에 위치시키고 클래스 코드 아래에서 호출할 수 있다. GUI_FallDown_Tooltip.py 코드는 GUI_FallDown.py와 거의 동일하지만 이제 툴팁이 있다.

동일한 파이썬 모듈에서 절차적 프로그래밍과 객체지향 프로그래밍을 모두 쉽게 혼합할 수 있었다.

코드 명명 규칙 사용하기

이 레시피는 프로그램의 디자인을 상기시킬 뿐만 아니라 확장하려는 코드를 찾는 데 도움이 되기 때문에 코드 명명 규칙을 지키는 것의 가치를 알려줄 것이다.

시작하기

이번 레시피에서 이 책의 첫 인쇄본의 첫 장에서 파이썬 모듈 이름을 살펴보고 더 나은 명명 규칙을 비교할 것이다.

실행 방법

이름을 비교하기 위해 다른 파이썬 모듈 이름으로 예제 프로젝트를 생성한다.

1. `Folder1` 아래에 새 `ModuleNames` 폴더를 만든다.
2. 다음 파이썬 모듈 1, 11, 2, 3을 추가한다.

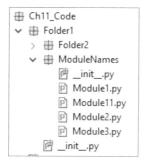

3. 다음으로 `Folder1` 아래에 새로 `ModuleNames_` 폴더를 생성한다.

4. 다음과 같이 파이썬 모듈 1, 11, 2, 3을 추가한다.

5. 다음으로 Folder1 아래에 새 ModuleNames_Desc 폴더를 만든다.

6. 다음 파이썬 모듈, Logger, UnitTests, GUI 및 debug를 추가한다.

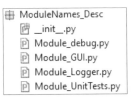

7. 이 예제로 명명 규칙을 살펴본다.

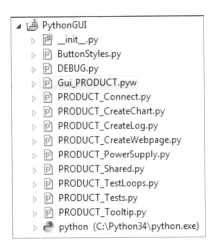

코드를 더 잘 이해하기 위해 동작 원리를 살펴보자.

동작 원리

1단계에서는 ModuleNames라는 패키지 하위 폴더를 만든다.

2단계에서는 여기에 파이썬 모듈을 추가한다.

3단계에서 다른 패키지 폴더를 만들고 이름에 언더바를 추가한다. ModuleNames_.

4단계에서는 2단계의 이름과 동일한 이름을 가진 새 파이썬 모듈을 추가한다.

5단계에서는 훨씬 더 구체적인 이름인 ModuleNames_Desc를 사용해 또 다른 패키지 폴더를 만든다.

6단계에서는 파이썬 모듈을 추가하지만 이번에는 각 파이썬 모듈의 목적을 설명하는 훨씬 더 구체적인 이름을 사용한다.

마지막으로 7단계에서는 이것이 어떻게 보일 수 있는지에 대한 전체 예를 보여준다.

추가 사항

종종 코딩을 시작하는 일반적인 방법은 ModuleNames에서 볼 수 있듯이 숫자를 늘리는 것이다. 나중에 이 코드를 다시 봤을 때 파이썬 모듈이 어떤 기능을 제공하는지 간혹 마지막 증가된 모듈이 이전 버전보다 좋은지 알 수 없다.

 TIP 명확한 명명 규칙은 도움이 된다.

약간의 개선은 ModuleNames_에서처럼 모듈 이름을 더 읽기 쉽게 만드는 밑줄을 추가하는 것이다. 더 나은 방법은 ModuleNames_Desc에 표시된 대로 모듈이 수행하는 작업에 대한 설명을 추가하는 것이다.

완벽하진 않지만 다른 파이썬 모듈들의 선택된 이름들은 각 모듈의 역할을 나타낸다. 유닛테스트를 더 추가하려면 모듈이 어디에 위치하는지 명확해야 한다.

마지막 예에서는 실제 이름으로 플레이스홀더 **PRODUCT**를 사용한다.

 PRODUCT라는 단어를 현재 작업 중인 제품으로 바꾼다.

전체 애플리케이션이 GUI다. 모든 부분이 연결돼 있다. `DEBUG.py` 모듈은 코드를 디버깅하는 데만 사용된다. GUI를 실행하는 메인함수는 다른 모듈과 비교하면 반대로 된 이름을 가진다. `Gui`로 시작하고 `.pyw` 확장자로 끝난다. 이 확장자를 가진 유일한 파이썬 모듈이다.

이 명명 규칙을 통해 파이썬에 충분히 익숙하다면 GUI를 실행하기 위해 `Gui_PRODUCT.pyw` 모듈을 더블클릭해도 된다. 다른 모든 파이썬 모듈은 GUI에 제공할 기능성뿐만 아니라 GUI가 지향하는 목적을 만족시키는 비즈니스 로직도 실행한다.

파이썬 코드 모듈의 명명 규칙은 원래 설계를 기억하는 데 도움을 주고 효율적으로 유지하는 데 많은 도움을 준다. 새로운 기능을 추가하거나 디버그하고 수정할 필요가 있을 때 보게 되는 첫 번째 리소스다.

 숫자로 모듈 이름을 증가시키는 것은 매우 의미 없고 결국은 개발 시간을 낭비하게 된다.

반면 파이썬 변수 이름은 더 자유로운 형식이다. 파이썬은 타입을 추론하기 때문에 `<list>` 형으로 변수를 정의할 필요가 없다(코드에 없을 수도 있고 나중에 코드에서 다른 타입이 될 수도 있다). 변수 이름을 만드는 좋은 방법은 변수 이름으로 설명이 되도록 만들면서 너무 짧게 하지 않는 것이다.

어떤 변수가 `<list>` 타입으로 설계됐다는 걸 나타내려면 `lst_of_things` 대신에 전체 단어 `list_of_things`를 사용하는 것이 더 직관적이다. `num` 대신 `number`를 사용하는 것과 유사하다.

변수를 자세히 설명하는 이름을 사용하는 것이 좋은 생각이지만 때로는 너무 길어질 수가 있다. 애플의 오브젝티브 C 언어처럼 몇몇 변수와 함수 이름은 극단적이기도 하다.

```
thisIsAMethodThatDoesThisAndThatAndAlsoThatIfYouPassInNIntegers:1:2:3
```

 상식적인 변수, 메서드, 함수 이름을 사용하라.

이제 다음 레시피를 살펴보자.

OOP를 사용하지 않을 때

파이썬은 객체지향 프로그래밍 능력이 내장돼 있지만 동시에 OOP가 필요 없는 스크립트를 작성할 수도 있다. 몇몇 작업에서 OOP는 적합하지 않다.

이번 레시피에서 OOP를 사용하지 않는 경우를 보여줄 것이다.

시작하기

이 레시피에서는 이전 레시피와 유사한 파이썬 GUI를 생성한다. OOP 코드를 비 OOP 대체 GUI 프로그래밍 방법과 비교한다. 결과 출력은 동일하지만 두 버전의 코드는 약간 다르다.

실행 방법

이 레시피의 수행 방법을 살펴보자.

1. OOP 방법론을 사용해 새로운 GUI를 생성해보자. 다음 코드는 GUI를 표시하고 그 코드를 생성한다.

2. 새 모듈 GUI_OOP.py를 생성한다.

3. 다음 코드를 추가한다.

```python
import tkinter as tk
from tkinter import ttk
from tkinter import scrolledtext
from tkinter import Menu
```

4. 클래스를 생성한다.

```python
class OOP():
    def __init__(self):
        self.win = tk.Tk()
        self.win.title("Python GUI")
        self.createWidgets()
```

5. 위젯을 생성하는 메서드를 추가한다.

```python
def createWidgets(self):
    tabControl = ttk.Notebook(self.win)
    tab1 = ttk.Frame(tabControl)
    tabControl.add(tab1, text='Tab 1')
    tabControl.pack(expand=1, fill="both")
    self.monty = ttk.LabelFrame(tab1, text=' Mighty Python ')
    self.monty.grid(column=0, row=0, padx=8, pady=4)

    ttk.Label(self.monty, text="Enter a name:").grid(column=0,
    row=0, sticky='W')
    self.name = tk.StringVar()
    nameEntered = ttk.Entry(self.monty, width=12,
    textvariable=self.name)
    nameEntered.grid(column=0, row=1, sticky='W')

    self.action = ttk.Button(self.monty, text="Click Me!")
    self.action.grid(column=2, row=1)

    ttk.Label(self.monty, text="Choose a number:")
```

```
.grid(column=1, row=0)

number = tk.StringVar()
numberChosen = ttk.Combobox(self.monty, width=12,
textvariable=number)
numberChosen['values'] = (42)
numberChosen.grid(column=1, row=1)
numberChosen.current(0)

scrolW = 30; scrolH = 3
self.scr = scrolledtext.ScrolledText(self.monty, width=scrolW,
height=scrolH, wrap=tk.WORD)
self.scr.grid(column=0, row=3, sticky='WE', columnspan=3)
```

6. 메뉴바를 생성한다.

```
menuBar = Menu(tab1)
self.win.config(menu=menuBar)
fileMenu = Menu(menuBar, tearoff=0)
menuBar.add_cascade(label="File", menu=fileMenu)
helpMenu = Menu(menuBar, tearoff=0)
menuBar.add_cascade(label="Help", menu=helpMenu)

nameEntered.focus()
#==========================
oop = OOP()
oop.win.mainloop()
```

7. 코드를 실행하고 결과를 관찰한다.

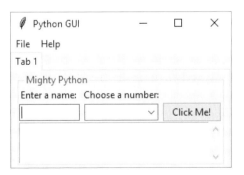

새로운 시나리오를 살펴보자.

1. 새로운 모듈 GUI_NOT_OOP.py를 생성하고 다음 코드를 추가한다.

```python
import tkinter as tk
from tkinter import ttk
from tkinter import scrolledtext
from tkinter import Menu

def createWidgets():
    tabControl = ttk.Notebook(win)
    tab1 = ttk.Frame(tabControl)
    tabControl.add(tab1, text='Tab 1')
    tabControl.pack(expand=1, fill="both")
    monty = ttk.LabelFrame(tab1, text=' Mighty Python ')
    monty.grid(column=0, row=0, padx=8, pady=4)
```

2. 더 많은 위젯을 생성한다.

```python
ttk.Label(monty, text="Enter a name:").grid(column=0, row=0,
sticky='W')
name = tk.StringVar()
nameEntered = ttk.Entry(monty, width=12, textvariable=name)
nameEntered.grid(column=0, row=1, sticky='W')

action = ttk.Button(monty, text="Click Me!")
action.grid(column=2, row=1)

ttk.Label(monty, text="Choose a number:").grid(column=1, row=0)
number = tk.StringVar()
numberChosen = ttk.Combobox(monty, width=12, textvariable=number)
numberChosen['values'] = (42)
numberChosen.grid(column=1, row=1)
numberChosen.current(0)

scrolW = 30; scrolH = 3
scr = scrolledtext.ScrolledText(monty, width=scrolW,
height=scrolH, wrap=tk.WORD)
scr.grid(column=0, row=3, sticky='WE', columnspan=3)
```

3. 메뉴바를 생성한다.

```
menuBar = Menu(tab1)
win.config(menu=menuBar)
fileMenu = Menu(menuBar, tearoff=0)
menuBar.add_cascade(label="File", menu=fileMenu)
helpMenu = Menu(menuBar, tearoff=0)
menuBar.add_cascade(label="Help", menu=helpMenu)

nameEntered.focus()
```

4. 이제 위젯을 만드는 함수를 호출해 전체 GUI를 만든다.

```
#=====================
win = tk.Tk()
win.title("Python GUI")
createWidgets()
win.mainloop()
```

5. 코드를 실행한다. 결과 GUI는 이전에 표시된 GUI_OOP.py의 GUI와 동일하다.

동작 원리

먼저 OOP 스타일 GUI_OOP.py로 파이썬 tkinter GUI를 만든다. 그런 다음 절차적 스타일인 GUI_NOT_OOP.py로 동일한 GUI를 만든다. OOP 접근 방식을 사용하지 않고 코드를 약간 재설계해 동일한 GUI를 만들 수 있다. 먼저 OOP 클래스와 __init__ 메서드를 제거한다.

그다음 왼쪽으로 모든 메서드를 이동하고 self 클래스 레퍼런스를 제거하면 언바운드 함수로 전환된다. 이전 코드가 가지고 있던 self 참조도 제거한다. 그런 다음 createWidgets 함수 호출을 함수의 선언부 아래로 이동한다. mainloop 호출 바로 위에 위치한다.

마지막으로 OOP를 사용하지 않고 동일한 GUI를 만들었다. 수정된 코드는 다음과 같다.

파이썬은 적합한 경우에 OOP를 사용할 수 있게 해준다. 자바, C# 같은 다른 언어는 코딩에 항상 OOP 접근만 가능하도록 강제한다. 이번 레시피에서 OOP를 사용하는게 적절하지 않은 상황을 살펴봤다.

 OOP 접근 방식은 코드베이스가 성장할수록 더 확장 가능하지만 필요한 코드가 유일한 것이라면 OOP를 사용할 필요가 없다.

이제 다음 레시피를 살펴보자.

성공적으로 디자인 패턴 사용하는 방법

이번 레시피에서 팩토리 디자인 패턴을 사용해 파이썬 GUI 위젯을 생성한다. 이전 레시피에서는 한 번에 하나씩 수동으로 생성하거나 순환문에서 동적으로 생성했다. 팩토리 디자인 패턴을 사용하면 위젯을 만들기 위해 팩토리를 사용한다.

시작하기

각각 다른 스타일의 3개 버튼이 있는 파이썬 GUI를 만든다.

실행 방법

다양한 버튼 스타일로 파이썬 GUI를 만들고 팩토리 디자인 패턴을 사용해 다음과 같은 다양한 스타일을 만든다.

1. 새로운 모듈 GUI_DesignPattern.py를 생성한다.
2. 다음 코드를 추가한다.

```
import tkinter as tk
from tkinter import ttk
from tkinter import scrolledtext
```

```
from tkinter import Menu
```

3. 팩토리 클래스를 생성한다.

```
class ButtonFactory():
    def createButton(self, type_):
        return buttonTypes[type_]()
```

4. 기본 클래스를 생성한다.

```
class ButtonBase():
    relief     ='flat'
    foreground ='white'
    def getButtonConfig(self):
        return self.relief, self.foreground
```

5. 기본 클래스를 상속하는 클래스를 생성한다.

```
class ButtonRidge(ButtonBase):
    relief     ='ridge'
    foreground ='red'


class ButtonSunken(ButtonBase):
    relief     ='sunken'
    foreground ='blue'


class ButtonGroove(ButtonBase):
    relief     ='groove'
    foreground ='green'
```

6. 이전 클래스들을 포함하는 리스트를 생성한다.

```
buttonTypes = [ButtonRidge, ButtonSunken, ButtonGroove]
```

7. 이전 코드를 사용하는 새로운 클래스를 생성한다.

```
class OOP():
    def __init__(self):
        self.win = tk.Tk()
        self.win.title("Python GUI")
        self.createWidgets()
```

```python
def createWidgets(self):
    tabControl = ttk.Notebook(self.win)
    tab1 = ttk.Frame(tabControl)
    tabControl.add(tab1, text='Tab 1')
    tabControl.pack(expand=1, fill="both")
    self.monty = ttk.LabelFrame(tab1, text=' Monty Python ')
    self.monty.grid(column=0, row=0, padx=8, pady=4)
    scr = scrolledtext.ScrolledText(self.monty, width=30,
    height=3, wrap=tk.WORD)
    scr.grid(column=0, row=3, sticky='WE', columnspan=3)
    menuBar = Menu(tab1)
    self.win.config(menu=menuBar)
    fileMenu = Menu(menuBar, tearoff=0)
    menuBar.add_cascade(label="File", menu=fileMenu)
    helpMenu = Menu(menuBar, tearoff=0)
    menuBar.add_cascade(label="Help", menu=helpMenu)
    self.createButtons()

def createButtons(self):
    factory = ButtonFactory() # <-- create the factory
    # 버튼 1
    rel = factory.createButton(0).getButtonConfig()[0]
    fg = factory.createButton(0).getButtonConfig()[1]
    action = tk.Button(self.monty, text="Button "+str(0+1),
    relief=rel, foreground=fg)
    action.grid(column=0, row=1)
    # 버튼 2
    rel = factory.createButton(1).getButtonConfig()[0]
    fg = factory.createButton(1).getButtonConfig()[1]
    action = tk.Button(self.monty, text="Button "+str(1+1),
    relief=rel, foreground=fg)
    action.grid(column=1, row=1)
    # 버튼 3
    rel = factory.createButton(2).getButtonConfig()[0]
    fg = factory.createButton(2).getButtonConfig()[1]
    action = tk.Button(self.monty, text="Button "+str(2+1),
    relief=rel, foreground=fg)
    action.grid(column=2, row=1)
```

466

```
#========================
oop = OOP()
oop.win.mainloop()
```

8. 코드를 실행하고 결과를 살펴보자.

코드를 더 잘 이해하기 위해 동작 원리를 살펴보자.

동작 원리

서로 다른 버튼 스타일 클래스가 상속하는 기본 클래스를 만들고 각 클래스가 relief 및 foreground 구성 속성을 재정의한다. 모든 서브클래스는 이 기본 클래스에서 getButton Config 메서드를 상속하고 메서드는 튜플을 반환한다. 또한 버튼 팩토리 클래스와 버튼 서브클래스 이름을 저장하는 리스트를 생성한다. 리스트 이름을 buttonTypes로 하고 factory는 다른 타입의 버튼들을 생성할 것이다.

모듈의 더 아래쪽에 동일한 buttonTypes 리스트를 사용해 버튼 위젯을 생성한다.

버튼 팩토리의 인스턴스를 생성하고나서 버튼을 만들기 위한 팩토리를 사용한다.

 buttonType 리스트 안의 아이템들은 서브클래스 이름이다.

createButton 메서드를 실행하고 나서 바로 기본 클래스의 getButtonConfig 메서드를 호출하고 닷 표기를 사용해 설정 속성을 가져온다. 파이썬 GUI 팩토리가 실제로 각각 다른 스타일을 가진 다른 버튼을 만들었음을 알 수 있다. 버튼들의 텍스트 색깔과 relief 속성이 다르다.

디자인 패턴은 소프트웨어 개발 도구에서 매우 흥미로운 도구다.

복잡성 피하기

이번 레시피에서 파이썬 GUI를 확장하고 소프트웨어 개발 노력의 증가하는 복잡성을 다루는 방법을 배운다. 우리가 만든 파이썬 GUI를 좋아하는 동료와 고객이 더 많은 요구 사항과 GUI에 추가되는 더 많은 기능을 요청한다.

이는 복잡성을 증가시키고 원래의 좋은 설계를 쉽게 망친다.

시작하기

이전 레시피와 비슷한 새로운 Python GUI를 만들고 위젯 형태로 많은 기능을 추가할 것이다.

실행 방법

이 레시피를 수행하는 방법을 살펴보자.

1. 다음 그림처럼 2개의 탭을 갖는 파이썬 GUI로 시작하고 더 많은 위젯을 추가한다.
2. 새로운 모듈 GUI_Complexity_start.py를 생성한다.
3. 다음 코드를 추가한다.

```
#====================
# imports
#====================
import tkinter as tk
```

```
from tkinter import ttk
from tkinter import scrolledtext
from tkinter import Menu
from tkinter import Spinbox
from Ch11_Code.ToolTip import ToolTip
```

4. 전역변수와 클래스를 생성한다.

```
GLOBAL_CONST = 42
#========================================================
class OOP():
    def __init__(self):
        # 인스턴스 생성
        self.win = tk.Tk()
        # 타이틀 추가
        self.win.title("Python GUI")
        self.createWidgets()
    # 콜백 버튼
    def clickMe(self):
        self.action.configure(text='Hello ' + self.name.get())
    # 텍스트를 지우는 콜백 버튼
    def clearScrol(self):
        self.scr.delete('1.0', tk.END)
    # 스핀박스 콜백
    def _spin(self):
        value = self.spin.get()
        print(value)
        self.scr.insert(tk.INSERT, value + '\n')
    # 체크박스 콜백
    def checkCallback(self, *ignoredArgs):
        # 1개의 체크 버튼만 활성화
        if self.chVarUn.get():
            self.check3.configure(state='disabled')
        else: self.check3.configure(state='normal')
        if self.chVarEn.get():
            self.check2.configure(state='disabled')
        else: self.check2.configure(state='normal')
    # 라디오 버튼 콜백함수
    def radCall(self):
```

```
            radSel=self.radVar.get()
            if radSel == 0: self.monty2.configure(text='Blue')
            elif radSel == 1: self.monty2.configure(text='Gold')
            elif radSel == 2: self.monty2.configure(text='Red')
        # 깔끔한 GUI 종료
        def _quit(self):
            self.win.quit()
            self.win.destroy()
            exit()
        def usingGlobal(self):
            GLOBAL_CONST = 777
            print(GLOBAL_CONST)
```

5. 위젯을 생성하는 멤버 추가하기

```
#########################################################
def createWidgets(self):
    tabControl = ttk.Notebook(self.win) # 탭컨트롤 생성
    tab1 = ttk.Frame(tabControl) # 탭 생성
    tabControl.add(tab1, text='Tab 1') # 탭 추가
    tab2 = ttk.Frame(tabControl) # 두 번째 탭 추가
    tabControl.add(tab2, text='Tab 2') # 두 번째 탭 가시화
    tabControl.pack(expand=1, fill="both") # 가시화를 위한 패키징
    self.monty = ttk.LabelFrame(tab1, text=' Mighty Python ')
    self.monty.grid(column=0, row=0, padx=8, pady=4)

    ttk.Label(self.monty, text="Enter a name:").grid(column=0,
    row=0, sticky='W')
    self.name = tk.StringVar()
    nameEntered = ttk.Entry(self.monty, width=12,
    textvariable=self.name)
    nameEntered.grid(column=0, row=1, sticky='W')

    self.action = ttk.Button(self.monty, text="Click Me!",
    command=self.clickMe)
    self.action.grid(column=2, row=1)
    ttk.Label(self.monty, text="Choose a number:").grid(column=1,
    row=0)
    number = tk.StringVar()
```

```
numberChosen = ttk.Combobox(self.monty, width=12,
textvariable=number)
numberChosen['values'] = (1, 2, 4, 42, 100)
numberChosen.grid(column=1, row=1)
numberChosen.current(0)

self.spin = Spinbox(self.monty, values=(1, 2, 4, 42, 100),
width=5, bd=8, command=self._spin)
self.spin.grid(column=0, row=2)

scrolW = 30; scrolH = 3
self.scr = scrolledtext.ScrolledText(self.monty, width=scrolW,
height=scrolH, wrap=tk.WORD)
self.scr.grid(column=0, row=3, sticky='WE', columnspan=3)
self.monty2 = ttk.LabelFrame(tab2, text=' Holy Grail ')
self.monty2.grid(column=0, row=0, padx=8, pady=4)

chVarDis = tk.IntVar()
check1 = tk.Checkbutton(self.monty2, text="Disabled",
variable=chVarDis, state='disabled')
check1.select()
check1.grid(column=0, row=0, sticky=tk.W)
self.chVarUn = tk.IntVar()
self.check2 = tk.Checkbutton(self.monty2, text="UnChecked",
variable=self.chVarUn)
self.check2.deselect()
self.check2.grid(column=1, row=0, sticky=tk.W )
self.chVarEn = tk.IntVar()
self.check3 = tk.Checkbutton(self.monty2, text="Toggle",
variable=self.chVarEn)
self.check3.deselect()
self.check3.grid(column=2, row=0, sticky=tk.W)

self.chVarUn.trace('w', lambda unused0, unused1, unused2 :
self.checkCallback())
self.chVarEn.trace('w', lambda unused0, unused1, unused2 :
self.checkCallback())

colors = ["Blue", "Gold", "Red"]
```

```python
self.radVar = tk.IntVar()
self.radVar.set(99)

for col in range(3):
    curRad = 'rad' + str(col)
    curRad = tk.Radiobutton(self.monty2, text=colors[col],
    variable=self.radVar, value=col, command=self.radCall)
    curRad.grid(column=col, row=6, sticky=tk.W, columnspan=3)
    ToolTip(curRad, 'This is a Radiobutton control.')
labelsFrame = ttk.LabelFrame(self.monty2,
text=' Labels in a Frame ')
labelsFrame.grid(column=0, row=7)

ttk.Label(labelsFrame, text="Label1").grid(column=0, row=0)
ttk.Label(labelsFrame, text="Label2").grid(column=0, row=1)

for child in labelsFrame.winfo_children():
    child.grid_configure(padx=8)

menuBar = Menu(tab1)
self.win.config(menu=menuBar)

fileMenu = Menu(menuBar, tearoff=0)
fileMenu.add_command(label="New")

fileMenu.add_separator()
fileMenu.add_command(label="Exit", command=self._quit)
menuBar.add_cascade(label="File", menu=fileMenu)

helpMenu = Menu(menuBar, tearoff=0)
helpMenu.add_command(label="About")
menuBar.add_cascade(label="Help", menu=helpMenu)

self.win.iconbitmap('pyc.ico')

strData = tk.StringVar()
strData.set('Hello StringVar')
intData = tk.IntVar()
strData = tk.StringVar()
```

472

```
        strData = self.spin.get()
        self.usingGlobal()
        nameEntered.focus()

        ToolTip(self.spin, 'This is a Spin control.')
        ToolTip(nameEntered, 'This is an Entry control.')
        ToolTip(self.action, 'This is a Button control.')
        ToolTip(self.scr, 'This is a ScrolledText control.')
#====================
# GUI 시작
#====================
oop = OOP()
oop.win.mainloop()
```

6. 코드를 실행하고 두 탭을 모두 클릭한다.

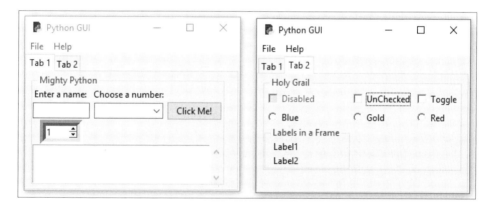

7. GUI_Complexity_start.py를 열고 GUI_Complexity_start_add_button.py로 저장한다.

8. createWidgets 메서드에 다음 코드를 추가한다.

```
# 다른 버튼 추가하기
self.action = ttk.Button(self.monty, text="Clear Text",
command=self.clearScrol)
self.action.grid(column=2, row=2)
```

9. __init__(self) 아래에 다음 코드를 추가한다.

```python
# 버튼 콜백
def clickMe(self):
    self.action.configure(text='Hello ' + self.name.get())

# 텍스트를 지우는 버튼 콜백
def clearScrol(self):
    self.scr.delete('1.0', tk.END)
```

10. 코드를 실행하고 결과를 관찰한다.

11. GUI_Complexity_start_add_button.py를 열어 GUI_Complexity_start_add_three_more_buttons.py로 저장한다.

12. createWidgets 메서드에 다음 코드를 추가한다.

```python
# 더 많은 Feature 버튼 추가하기
for idx in range(3):
    b = ttk.Button(self.monty, text="Feature" + str(idx+1))
    b.grid(column=idx, row=4)
```

13. 코드를 실행하고 결과를 관찰한다.

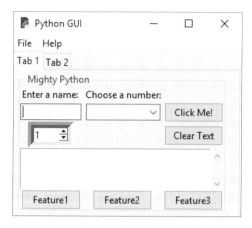

14. GUI_Complexity_start_add_three_more_buttons.py를 열어 GUI_Complexity_start_add_three_more_buttons_add_more.py로 저장한다.

15. createWidgets 메서드에 다음 코드를 추가한다.

```
# 더 많은 Feature 버튼 추가하기
startRow = 4
for idx in range(24):
    if idx < 2:
    colIdx = idx
    col = colIdx
    else:
    col += 1
    if not idx % 3:
        startRow += 1
        col = 0

    b = ttk.Button(monty3, text="Feature " + str(idx+1))
    b.grid(column=col, row=startRow)
```

16. 코드를 실행하고 결과를 관찰한다.

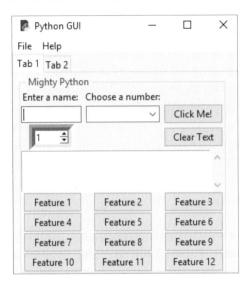

17. GUI_Complexity_start_add_three_more_buttons_add_more.py를 열어 GUI_Com plexity_end_tab3.py로 저장한다.

18. createWidgets 메서드에 다음 코드를 추가한다.

```
# 탭 컨트롤 3 ----------------------------------------
    tab3 = ttk.Frame(tabControl) # 탭 추가
    tabControl.add(tab3, text='Tab 3') # 탭을 보이게 세팅

    monty3 = ttk.LabelFrame(tab3, text=' New Features ')
    monty3.grid(column=0, row=0, padx=8, pady=4)

    # 더 많은 Feature 버튼 추가하기
    startRow = 4
    for idx in range(24):
        if idx < 2: col = idx
        else: col += 1
        if not idx % 3:
            startRow += 1
            col = 0
```

```
        b = ttk.Button(monty3, text="Feature " + str(idx+1))
        b.grid(column=col, row=startRow)

    # 각 라벨 주변에 공간 추가하기
    for child in monty3.winfo_children():
        child.grid_configure(padx=8)
```

19. 코드를 실행하고 Tab3를 클릭한다.

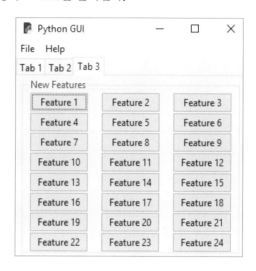

코드를 더 잘 이해하기 위해 동작 원리를 살펴보자.

동작 원리

tkinter, GUI_Complexity_start.py로 빌드된 GUI로 시작하며 두 개의 탭에 몇 가지 위 젯이 있다. 이 책 전체에서 유사한 GUI를 만들었다.

첫 번째 요청된 새로운 기능은 Tab 1에 기능을 추가해 ScrolledText 위젯을 지우는 것이다.

충분히 쉽다. Tab 1에 다른 버튼을 추가하기만 하면 된다.

GUI_Complexity_start_add_button.py에 콜백 메서드를 만들어 원하는 기능을 추가해 야 한다. 위젯을 생성하는 메서드와 클래스의 맨 위쪽에 정의한다. 이제 GUI에는 새로운 버튼이 추가됐다. 이 버튼을 클릭하면 ScrolledText 위젯의 텍스트가 지워진다. GUI_Complexity_start_add_button.py를 실행하면 새로운 버튼이 생긴다.

이 기능을 추가하기 위해 동일한 파이썬 모듈 내에서 두 군데에 코드를 추가해야 했다. 새 버튼을 createWidgets 메서드(표시되지 않음)에 삽입한 다음 새로운 콜백 메서드를 작성했다. 새 콜백 메서드는 클릭할 때 이 버튼을 호출한다. 이 코드는 첫 번째 버튼의 콜백 바로 아래에 배치했다.

다음 기능 요청은 더 많은 기능을 추가하는 것이다. 비즈니스 로직은 다른 파이썬 모듈에 캡슐화돼 있다. GUI_Complexity_start_add_three_more_buttons.py의 Tab 1에 세 개의 버튼을 더 추가해 이 새로운 기능을 호출한다. 순환문을 사용해 다음을 수행한다.

다음으로 고객은 더 많은 기능을 요구하고 동일한 접근 방법을 사용한다. GUI는 이제 다음과 같다. GUI_Complexity_start_add_three_more_buttons_add_more.py

 이는 그리 나쁘지 않다. 또 다른 50가지 새로운 기능에 대한 요청을 받았을 때, 우리의 접근 방식이 여전히 최상의 접근 방식인지 궁금해지기 시작한다.

GUI가 처리해야 하는 증가하는 복잡성을 관리하는 한 가지 방법은 탭을 추가하는 것이다. 더 많은 탭을 추가하고 관련 기능을 탭에 배치함으로써 복잡성을 제어하고 좀 더 직관적인 GUI를 만들 수 있다. GUI_Complexity_end_tab3.py는 다음은 새로운 Tab 3를 생성하는 코드다.

큰 기능을 더 작은 조각으로 분해하고 탭을 사용해 기능적으로 관련된 영역에 배열함으로써 GUI를 모듈화해 복잡성을 처리하는 방법을 살펴 봤다.

복잡성에는 많은 측면이 있지만 코드를 모듈화하고 리팩터링하는 것이 일반적으로 소프트웨어 코드 복잡성을 처리하는 매우 좋은 방법이다.

다중 노트북을 사용한 GUI 디자인

이 레시피에서는 여러 개의 Notebook을 사용해 GUI를 생성한다. 놀랍게도 tkinter는 이 기능과 같이 제품을 출시하지는 않지만 위젯을 디자인할 수 있다. 여러 개의 Notebook 을 사용하면 이전 레시피에서 설명한 복잡성을 더욱 줄일 수 있다.

시작하기

이전 레시피의 것과 비슷한 새로운 파이썬 GUI를 만들 것이다. 이번에는 두 개의 노트북 으로 GUI를 디자인한다. 이 기능에 집중하기 위해 클래스 메서드 대신 함수를 사용한다.

이전 레시피를 읽는 것이 이번 레시피에 대한 좋은 안내가 될 것이다.

실행 방법

이 레시피를 수행하는 방법을 살펴보자.

1. 동일한 GUI 내에서 여러 Notebook을 사용하기 위해 두 개의 프레임을 만든다. 첫 번째 프레임은 Notebook과 해당 탭을 갖고 두 번째 프레임은 각 탭이 표시하 도록 설계된 위젯의 표시 영역으로 사용된다.

2. 새로운 모듈 GUI_Complexity_end_tab3_multiple_notebooks.py를 생성한다.

3. 다음 코드를 추가한다.

    ```python
    import tkinter as tk
    from tkinter import ttk
    from tkinter import scrolledtext
    from tkinter import Menu
    from tkinter import Spinbox
    from tkinter.messagebox import showinfo
    ```

4. 콜백함수를 생성한다.

    ```python
    def clickMe(button, name, number):
    ```

```python
    button.configure(text='Hello {} {}'.format(name.get(),
    number.get()))

def clearScrol(scr):
    scr.delete('1.0', tk.END)

def _spin(spin, scr):
    value = spin.get()
    print(value)
    scr.insert(tk.INSERT, value + '\n')

def checkCallback(*ignoredArgs):
    pass
#----------------------------------------
def create_display_area():
    # 여백을 위해 빈 라벨을 추가
    display_area_label = tk.Label(display_area, text="", height=2)
    display_area_label.grid(column=0, row=0)
#----------------------------------------
def clear_display_area():
    # display_area에서 이전 위젯을 제거
    for widget in display_area.grid_slaves():
        if int(widget.grid_info()["row"]) == 0:
            widget.grid_forget()
#----------------------------------------
def _quit():
    win.quit()
    win.destroy()
    exit()
```

5. 메뉴바를 생성한다.

```python
def create_menu():
    menuBar = Menu(win_frame_multi_row_tabs)
    win.config(menu=menuBar)

    fileMenu = Menu(menuBar, tearoff=0)
    fileMenu.add_command(label="New")
    fileMenu.add_separator()
```

480

```
fileMenu.add_command(label="Exit", command=_quit)
menuBar.add_cascade(label="File", menu=fileMenu)

helpMenu = Menu(menuBar, tearoff=0)
helpMenu.add_command(label="About")
menuBar.add_cascade(label="Help", menu=helpMenu)
```

6. 탭 표시 영역 1을 생성한다.

```
def display_tab1():
    monty = ttk.LabelFrame(display_area, text=' Mighty Python ')
    monty.grid(column=0, row=0, padx=8, pady=4)

    ttk.Label(monty, text="Enter a name:").grid(column=0, row=0,
    sticky='W')

    name = tk.StringVar()
    nameEntered = ttk.Entry(monty, width=12, textvariable=name)
    nameEntered.grid(column=0, row=1, sticky='W')
    ttk.Label(monty, text="Choose a number:").grid(column=1, row=0)
    number = tk.StringVar()
    numberChosen = ttk.Combobox(monty, width=12,
    textvariable=number)
    numberChosen['values'] = (1, 2, 4, 42, 100)
    numberChosen.grid(column=1, row=1)
    numberChosen.current(0)
    action = ttk.Button(monty, text="Click Me!",
    command= lambda: clickMe(action, name, number))
    action.grid(column=2, row=1)

    scrolW = 30; scrolH = 3
    scr = scrolledtext.ScrolledText(monty, width=scrolW,
    height=scrolH, wrap=tk.WORD)
    scr.grid(column=0, row=3, sticky='WE', columnspan=3)

    spin = Spinbox(monty, values=(1, 2, 4, 42, 100), width=5, bd=8,
    command= lambda: _spin(spin, scr))
    spin.grid(column=0, row=2, sticky='W')
```

```
clear = ttk.Button(monty, text="Clear Text", command= lambda:
clearScrol(scr))
clear.grid(column=2, row=2)

startRow = 4
for idx in range(12):
    if idx < 2:col = idx
    else: col += 1
    if not idx % 3:
        startRow += 1
        col = 0
    b = ttk.Button(monty, text="Feature " + str(idx+1))
    b.grid(column=col, row=startRow)
```

7. 탭 표시 영역 2를 생성한다.

```
def display_tab2():
    monty2 = ttk.LabelFrame(display_area, text=' Holy Grail ')
    monty2.grid(column=0, row=0, padx=8, pady=4)

    chVarDis = tk.IntVar()
    check1 = tk.Checkbutton(monty2, text="Disabled",
    variable=chVarDis, state='disabled')
    check1.select()
    check1.grid(column=0, row=0, sticky=tk.W)
    chVarUn = tk.IntVar()
    check2 = tk.Checkbutton(monty2, text="UnChecked",
    variable=chVarUn)
    check2.deselect()
    check2.grid(column=1, row=0, sticky=tk.W )
    chVarEn = tk.IntVar()
    check3 = tk.Checkbutton(monty2, text="Toggle",
    variable=chVarEn)
    check3.deselect()
    check3.grid(column=2, row=0, sticky=tk.W)
    labelsFrame = ttk.LabelFrame(monty2,
    text=' Labels in a Frame ')
    labelsFrame.grid(column=0, row=7)
```

```
ttk.Label(labelsFrame, text="Label1").grid(column=0, row=0)
ttk.Label(labelsFrame, text="Label2").grid(column=0, row=1)

for child in labelsFrame.winfo_children():
    child.grid_configure(padx=8)
```

8. 탭 표시 영역 3을 생성한다.

```
def display_tab3():
    monty3 = ttk.LabelFrame(display_area, text=' New Features ')
    monty3.grid(column=0, row=0, padx=8, pady=4)

    startRow = 4
    for idx in range(24):
        if idx < 2: col = idx
        else: col += 1
        if not idx % 3:
            startRow += 1
            col = 0
        b = ttk.Button(monty3, text="Feature " + str(idx + 1))
        b.grid(column=col, row=startRow)

    for child in monty3.winfo_children():
        child.grid_configure(padx=8)
```

9. 다른 모든 탭에 버튼을 표시하는 코드를 작성한다.

```
def display_button(active_notebook, tab_no):
    btn = ttk.Button(display_area, text=active_notebook +' - Tab '+
    tab_no, \ command= lambda: showinfo("Tab Display",
    "Tab: " + tab_no) )
    btn.grid(column=0, row=0, padx=8, pady=8)
```

10. 노트북 콜백을 생성한다.

```
def notebook_callback(event):
    clear_display_area()
    current_notebook = str(event.widget)
    tab_no = str(event.widget.index("current") + 1)
    if current_notebook.endswith('notebook'):
```

```
        active_notebook = 'Notebook 1'
    elif current_notebook.endswith('notebook2'):
        active_notebook = 'Notebook 2'
    else:
        active_notebook = ''
    if active_notebook is 'Notebook 1':
        if tab_no == '1': display_tab1()
        elif tab_no == '2': display_tab2()
        elif tab_no == '3': display_tab3()
        else: display_button(active_notebook, tab_no)
    else:
        display_button(active_notebook, tab_no)
```

11. 다중 노트북을 가진 GUI를 생성한다.

```
win = tk.Tk()                    # 인스턴스 생성
win.title("Python GUI")          # 타이틀 추가
#---------------------------------------
win_frame_multi_row_tabs = ttk.Frame(win)
win_frame_multi_row_tabs.grid(column=0, row=0, sticky='W')
display_area = ttk.Labelframe(win, text=' Tab Display Area ')
display_area.grid(column=0, row=1, sticky='WE')
note1 = ttk.Notebook(win_frame_multi_row_tabs)
note1.grid(column=0, row=0)
note2 = ttk.Notebook(win_frame_multi_row_tabs)
note2.grid(column=0, row=1)
# 노트북에 탭 생성 및 추가
for tab_no in range(5):
    tab1 = ttk.Frame(note1, width=0, height=0)
    # 노트북 1용 탭 생성
    tab2 = ttk.Frame(note2, width=0, height=0)
    # 노트북 2용 탭 생성
    note1.add(tab1, text=' Tab {} '.format(tab_no + 1))
    # 노트북 1에 탭 추가
    note2.add(tab2, text=' Tab {} '.format(tab_no + 1))
    # 노트북 2에 탭 추가

# 노트북에 클릭 이벤트 연결
note1.bind("<ButtonRelease-1>", notebook_callback)
```

```
note2.bind("<ButtonRelease-1>", notebook_callback)

create_display_area()
create_menu()
display_tab1()
#-------------
win.mainloop()
#-------------
```

12. 코드를 실행하고 **Tab 1**을 클릭 한 후 다음 결과를 관찰한다.

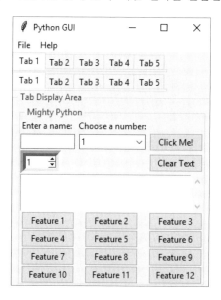

13. Tab 2를 클릭하고 다음 결과를 살펴보자.

14. Tab 3를 클릭하고 다음 결과를 살펴보자.

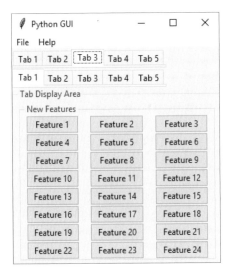

15. 두 번째 행의 Tab 4를 클릭하고 다음 결과를 살펴보자.

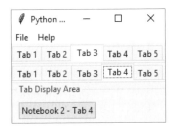

16. 첫 번째 행에서 Tab 5를 클릭한 다음 **탭 표시 영역**에서 버튼을 클릭하면 다음 결과가 표시된다.

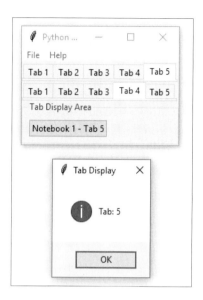

코드를 더 잘 이해하기 위해 동작 원리를 살펴보자.

동작 원리

GUI_Complexity_end_multiple_notebook.py에서 그리드 레이아웃 관리자를 사용해 두 프레임을 정렬한다. 그런 다음 두 개의 노트를 만들고 첫 번째 프레임 내에 정렬한다.

```python
#-------------------------------------------------------------
# Create GUI
#-------------------------------------------------------------
win = tk.Tk()              # Create instance
win.title("Python GUI")   # Add title
#-------------------------------------------------------------

win_frame_multi_row_tabs = ttk.Frame(win)
win_frame_multi_row_tabs.grid(column=0, row=0, sticky='W')

display_area = ttk.Labelframe(win, text=' Tab Display Area ')
display_area.grid(column=0, row=1, sticky='WE')

note1 = ttk.Notebook(win_frame_multi_row_tabs)
note1.grid(column=0, row=0)

note2 = ttk.Notebook(win_frame_multi_row_tabs)
note2.grid(column=0, row=1)
```

다음으로 반복문을 사용해 5개의 탭을 만들어 각 Notebook에 추가한다.

```
# create and add tabs to Notebooks
for tab_no in range(5):
    tab1 = ttk.Frame(note1, width=0, height=0)       # Create a tab for notebook 1
    tab2 = ttk.Frame(note2, width=0, height=0)       # Create a tab for notebook 2
    note1.add(tab1, text=' Tab {} '.format(tab_no + 1))   # Add tab notebook 1
    note2.add(tab2, text=' Tab {} '.format(tab_no + 1))   # Add tab notebook 2
```

콜백함수를 생성하고 두 Notebook의 click 이벤트를 이 콜백함수에 바인딩한다. 이제 사용자가 두 Notebook에 속한 탭을 클릭하면 이 콜백함수가 호출된다.

```
# bind click-events to Notebooks
note1.bind("<ButtonRelease-1>", notebook_callback)
note2.bind("<ButtonRelease-1>", notebook_callback)
```

이 콜백함수에는 탭을 클릭한 후 보일 위젯을 결정하는 로직이 추가된다.

```
#-------------------------------------------
def notebook_callback(event):
    clear_display_area()

    current_notebook = str(event.widget)
    tab_no = str(event.widget.index("current") + 1)

    if current_notebook.endswith('notebook'):
        active_notebook = 'Notebook 1'
    elif current_notebook.endswith('notebook2'):
        active_notebook = 'Notebook 2'
    else:
        active_notebook = ''

    if active_notebook is 'Notebook 1':
        if   tab_no == '1': display_tab1()
        elif tab_no == '2': display_tab2()
        elif tab_no == '3': display_tab3()
        else: display_button(active_notebook, tab_no)
    else:
        display_button(active_notebook, tab_no)
```

표시 영역을 만드는 함수와 그 영역을 지우는 다른 함수를 추가한다.

```
#----------------------------------------
def create_display_area():
    # add empty label for spacing
    display_area_label = tk.Label(display_area, text="", height=2)
    display_area_label.grid(column=0, row=0)


#----------------------------------------
def clear_display_area():
    # remove previous widget(s) from display_area:
    for widget in display_area.grid_slaves():
        if int(widget.grid_info()["row"]) == 0:
            widget.grid_forget()
```

 콜백함수가 clear_display_area() 함수를 호출하는 방법에 주목하자.

clear_display_area() 함수는 탭이 생성한 위젯의 행과 열을 모두 알고 있고 0행을 찾아 grid_forget()로 표시를 지울 수 있다.

첫 번째 Notebook의 탭 1~3에 대해 더 많은 위젯을 담을 새 프레임을 만든다. 세 탭 중 하나를 클릭해보면 GUI가 이전 레시피에서 만든 것과 매우 유사하다.

처음 세 개의 탭은 해당 탭을 클릭할 때 display_tab1(), display_tab2() 및 display_tab3()과 같은 콜백함수에서 호출된다.

첫 번째 Notebok의 **Tab 3**를 클릭하면 실행되는 코드는 다음과 같다.

```
#-------------------------------------------
def display_tab3():
    monty3 = ttk.LabelFrame(display_area, text=' New Features ')
    monty3.grid(column=0, row=0, padx=8, pady=4)

    # Adding more Feature Buttons
    startRow = 4
    for idx in range(24):
        if idx < 2:
            colIdx = idx
            col = colIdx
        else:
            col += 1
        if not idx % 3:
            startRow += 1
            col = 0

        b = ttk.Button(monty3, text="Feature " + str(idx + 1))
        b.grid(column=col, row=startRow)

    # Add some space around each label
    for child in monty3.winfo_children():
        child.grid_configure(padx=8)
```

Notebook 1의 처음 세 탭 이외의 다른 탭을 클릭하면 같은 기능인 display_button( )이
호출돼 버튼이 표시되고 텍스트 속성이 노트북 및 탭 번호를 표시하도록 설정된다.

```
#-------------------------------------------
def display_button(active_notebook, tab_no):
    btn = ttk.Button(display_area, text=active_notebook +' - Tab '+ tab_no, \
                     command= lambda: showinfo("Tab Display", "Tab: " + tab_no) )
    btn.grid(column=0, row=0, padx=8, pady=8)
```

이 버튼 중 하나를 클릭하면 메시지박스에 결과가 나타난다. 코드의 끝에서 display_
tab1( ) 함수를 호출한다. GUI가 처음 시작되면 이 탭의 위젯이 표시 영역에 표시된다.

```
# bind click-events to Notebooks
note1.bind("<ButtonRelease-1>", notebook_callback)
note2.bind("<ButtonRelease-1>", notebook_callback)

create_display_area()

create_menu()

display_tab1()

#-------------
win.mainloop()
#-------------
```

이 레시피의 GUI_Complexity_end_tab3_multiple_notebooks.py 코드를 실행하면 다음 GUI가 생성된다.

첫 번째 Notebook의 **Tab 2**를 클릭하면 탭 표시 영역이 지워지고 display_tab2( ) 함수에서 생성된 위젯이 표시된다.

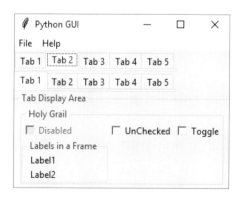

탭 표시 영역이 작성 중인 위젯의 크기에 자동으로 조정되는 방식에 유의하자.

Tab 3를 클릭하면 다음의 GUI 화면에 결과로 나타난다.

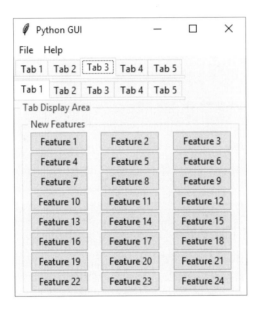

첫 번째 또는 두 번째 Notebook에서 다른 탭을 클릭하면 버튼이 탭 표시 영역에 표시된다.

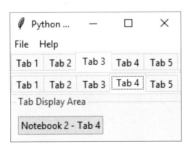

이 버튼 중 하나를 클릭하면 메시지박스에 결과가 나타난다.

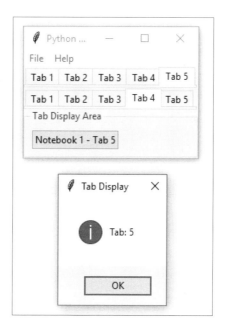

Notebook을 만드는 데는 제한이 없다. 디자인에 필요한 만큼의 Notebook을 만들 수 있다.

찾아보기

파이썬 GUI 프로그래밍 쿡북 3/e

Tkinter, PyQt5를 활용한 반응형 사용자 인터페이스 개발

발 행 | 2021년 9월 30일

옮긴이 | 김 동 호
지은이 | 부르크하르트 메이어

펴낸이 | 권 성 준
편집장 | 황 영 주
편 집 | 김 진 아
          임 지 원
디자인 | 윤 서 빈

에이콘출판주식회사
서울특별시 양천구 국회대로 287 (목동)
전화 02-2653-7600, 팩스 02-2653-0433
www.acornpub.co.kr / editor@acornpub.co.kr

한국어판 ⓒ 에이콘출판주식회사, 2021, Printed in Korea.
ISBN 979-11-6175-571-7
http://www.acornpub.co.kr/book/python-gui-3e

책값은 뒤표지에 있습니다.